拨云开雾，
　　一睹四大汗国的盛衰荣辱
观照史实，
　　且看汗位更替的跌宕起伏

蒙古四大汗国之

同源黄金血脉的不同治世
助推欧亚交流的蒙古风暴

金帐汗国

包丽英/著

内蒙古人民出版社

图书在版编目（CIP）数据

蒙古四大汗国之金帐汗国 / 包丽英著 .—呼和浩特：
内蒙古人民出版社 ,2017.9（2023.3 重印）

ISBN 978-7-204-14983-4

Ⅰ.①蒙… Ⅱ.①包… Ⅲ.①金帐汗国—历史

Ⅳ.① K512.32

中国版本图书馆 CIP 数据核字 (2017) 第 237990 号

蒙古四大汗国之金帐汗国

作　　者	包丽英
责任编辑	朱莽烈
装帧设计	宋双成
封面绘图	海日瀚
出版发行	内蒙古人民出版社
地　　址	呼和浩特市新城区中山东路 8 号波士名人国际 B 座 5 楼
印　　刷	内蒙古爱信达教育印务有限责任公司
开　　本	710mm×1000mm　1/16
印　　张	18.5
字　　数	293 千
版　　次	2018 年 6 月第 1 版
印　　次	2023 年 3 月第 2 次印刷
印　　数	3001—5000 册
书　　号	ISBN 978-7-204-14983-4
定　　价	36.00 元

图书营销部联系电话：（0471）3946298　3946267
如发现印装质量问题，请与我社联系，联系电话：（0471）3946120

内容导读

　　与出生饱受质疑以致郁郁而终的父亲不同，拔都是作为成吉思汗的嫡孙，走完了自己波澜壮阔的人生旅途的。

　　那是许多年前，拔都还只有五岁，有一次祖父问他："长大了，你想做个什么样的人？"他回答："我要像祖父一样，到许许多多地方，建立许许多多功勋。"听了他的回答，祖父惊叹不已，对人们说："拔都，是我家的千里驹。"

　　拔都少年从军，转战南北，与生俱来的聪慧，天赋的才干，使他在成吉思汗的孙辈中脱颖而出，逐渐成长为一名优秀的统帅，一位合格的领袖。他为人平和公允，不存私心，光明磊落；为政长于治理，处事敏决，执法如山；为军身先士卒，但有攻略，无不克捷。

　　由于他的卓越像无法遮挡的阳光，许多人质疑其父身世时，竟没有人怀疑他的血统。这的确是一种不可思议的崇尚英雄的心理。甚至，连他的二叔察合台，这位与他父亲术赤最格格不入的亲人，对他同样赞赏有加，推崇备至。

　　拔都自己，也从来不曾产生过相同的疑问。成吉思汗的嫡孙身份，远比长子系当家人的身份，更能激发起他一往无前的热情。

　　蒙古第一次西征结束，成吉思汗将锡尔河与阿姆河的下游地区，以及未来"蒙古马蹄所到之处"赐给长子。体弱多病的术赤没能来得及在封地建立起稳固的统治，这个使命要由拔都来完成。

　　蒙古第二次西征，作为统帅的拔都拓地最广，立下赫赫战功。窝阔台汗逝后，他回到风光秀丽的伏尔加河畔，定都于萨莱城（修建于今俄罗斯谢里特连诺耶，萨莱为波斯语，系宫殿之意），正式建立了四大汗国中疆域最广阔的金帐汗国（1242—1502 年，享国 261 年）。

金帐汗国为斡罗斯各公国对术赤汗国的通称，其疆域东起额尔齐斯河，西到斡罗思，南起巴尔喀什湖、里海、黑海，北到北极圈附近。汗国国境内的民族成分复杂，以突厥民族为主，社会发展水平不一。

统治着偌大的领土，拔都仿祖父之故事，对自己的十三个兄弟进行了分封。其中，长兄斡尔多受封咸海东北至额尔齐斯河及七河以北的钦察故地（包括今西西伯利亚、哈萨克斯坦等广阔地区），其地被称为"白帐汗国"。五弟昔班受封南乌拉尔地区，其地被称为"蓝帐汗国"。

随着成吉思汗诸子全部亡故，此时的拔都，系成吉思汗家族最具权势的宗王，拥有无人能及的威望，并掌握着左右蒙古政局的实力。拔都不是没有问鼎最高权位的机会，只是没有野心。然而，再豁达的人，也难免有自己的心结，拔都的心结是贵由，正如贵由的心结是拔都一样。

拔都的抵制，令汗位于贵由，犹如咫尺天涯。

当窝阔台家族的后代子孙越来越让人们失望，拔都凭借他的威望与实力，将四叔之子蒙哥推上了蒙古帝国的汗位，实现了汗位从窝阔台家族到拖雷家族的更迭。

拥立之功，令拔都的权势炙手可热，不过，他无意滥用权力。他在尊荣中离世，临终前，他的心愿很简单：假如有来生，愿做一匹马。这匹马，有着比烈焰还要明丽的毛色。当夕阳西下，晚霞像鲜花一样盛开，它在高山间、森林中、草原上自由来去。它不会轻易出现，它一出现，就是传奇……

拔都的两个儿子，继承父位不久即相继亡故。二人的猝亡，令兄弟们相信，父亲的汗位是个诅咒。为了远离诅咒，他们对汗位退避三舍。其实，所有的一切究竟是诅咒还是人为，已无从知晓，大家看到的结果是，拔都的弟弟别儿哥继承了汗位。

别儿哥是个颇具武将气质的人，当他遇上另一个颇具武将气质的人，一场日后席卷四大汗国的全面内战终将拉开序幕。

旷日持久的内战，成全了埃及玛麦鲁克王朝，成全了海都，成全了那海，也成为无数人的噩梦。

别儿哥在内战的漩涡中离去，人们拥戴拔都的孙子登上汗位，汗统重新回到拔都一系。

诅咒解除了，心病留下了。

这心病，是阿哲尔拜展。

别儿哥是金帐汗国的第四任汗。第五任汗到第七任汗在位时，汗国西部已为权臣那海据有。第八任汗在最初的八年，无奈地充当着那海的傀儡。可是，像越王勾践，谁又能小瞧卧薪尝胆的力量？

从此，是金帐汗国的盛世，是一匹毛色比烈焰还要明丽的马续写的传奇。

持续了半个多世纪的强盛，结束得异常匆促。一个叫别儿迪别的人，成为一场祸患的起源，他弑父篡位的行为引起臣民强烈的不满。残忍与愚蠢集合在一个人身上，注定要毁掉曾经强盛的汗国。

别儿迪别兄弟的手足相残，斩断了拔都的汗统。

与此同时，斡罗斯各公国走上团结和强大之路。

金帐汗国的天空上，最后一抹亮色属于白帐汗国斡尔多的后人。这个人，整合了金帐汗国的各方力量，重新战胜了斡罗斯大公。斡罗斯大公们已无法打败他，能够打败他的，只有另一个蒙古人。

事实上，摧毁蒙古人的，一直都是蒙古人。

金帐汗国世系表

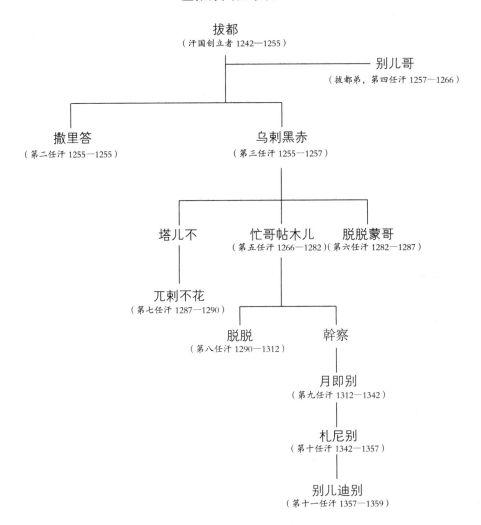

注：别儿迪别弑父自立，汗国由治而乱，其后二十年间，更换二十位大汗。拔都长兄斡尔多的后人趁势而起，最后一个统一金帐汗国的强盛之主是斡尔多后裔脱克汗，脱克汗逝后，汗国进入大分裂时代。

金帐汗国人物表

术赤：成吉思汗嫡长子

察合台：成吉思汗嫡次子，察合台汗国创立者，1229—1241 年在位

窝阔台：成吉思汗嫡三子，蒙古帝国第二任大汗，窝阔台汗国创立者，1229—1241 年在位

拖雷：成吉思汗嫡幼子

贵由：窝阔台长子，蒙古帝国第三任大汗，1246—1248 年在位

蒙哥：拖雷嫡长子，蒙古帝国第四任大汗，1251—1259 年在位

忽必烈：拖雷四子，嫡次子，元帝国创立者，庙号世祖，1260—1294 年在位

铁穆耳：忽必烈之孙，庙号成宗，1295—1307 年在位

海山：铁穆耳次兄答剌麻八剌之子，庙号武宗，1308—1311 年在位

拔都：术赤次子，金帐汗国创立者，1242—1255 年在位

撒里答：拔都长子，金帐汗国第二任汗，1255 年短暂即位，猝亡

乌剌黑赤：拔都幼子，金帐汗国第三任汗，1255—1257 年在位

别儿哥：拔都之弟，金帐汗国第四任汗，1257—1266 年在位

忙哥帖木儿：拔都之孙，乌剌黑赤之子，金帐汗国第五任汗，1266—1282 年在位

脱脱蒙哥：忙哥帖木儿之弟，金帐汗国第六任汗，1282—1287 年在位

兀剌不花：忙哥帖木儿长兄之子，金帐汗国第七任汗，1287—1290 年在位

脱脱：忙哥帖木儿之子，金帐汗国第八任汗，1290—1312 年在位

月即别：又译作"乌兹别克"，忙哥帖木儿之孙，斡察之子，金帐汗国第九任汗，1312—1342 年在位，系金帐汗国最伟大的君主

札尼别：月即别之子，金帐汗国第十任汗，1342—1357 年在位

别儿迪别：札尼别之子，金帐汗国第十一任汗，1357—1359 年在位，后为自己的弟弟杀害。此后，金帐汗国进入乱世，至 1362 年，拔都一系的汗统结束，汗权开始由别儿迪别的女婿马麦和白帐汗后王操控

脱克：白帐汗斡尔多的后人，金帐汗国中兴之主，1378—1397 年在位，脱脱死后，金帐汗国进入大分裂时代

昔班：术赤五子，蓝帐汗国创立者

斡尔多：术赤长子，白帐汗国创立者

苏如：拖雷正妻，蒙哥、忽必烈、旭烈兀、阿里不哥均为苏如所出

珠日查：成吉思汗庶长子

阔列坚：成吉思汗庶幼子

南图赣：察合台长子，殁于第一次西征战场，察合台建立汗国后，将汗位约定在南图赣一系

不里：察合台之孙，南图赣长子，第二次西征时担任察合台从征军统帅

哈剌旭烈：察合台之孙，南图赣次子，察合台汗国第二任汗

贝达尔：察合台之子，第二次西征中，指挥著名的里格尼志战役，征服波兰

合丹：窝阔台之子，贵由胞弟，名将，后辅佐蒙哥及忽必烈

不者克：蒙哥庶弟，随蒙哥参加第二次西征，名将

阔端：窝阔台次子，坐镇甘青之地，一手促成吐蕃和平归附蒙古

旭烈兀：拖雷嫡三子，伊儿汗国创立者

阿里不哥：拖雷嫡幼子，曾与忽必烈争夺汗位，失败后投降

合失：窝阔台之子，因酗酒早亡

海都：窝阔台之孙，合失之子，窝阔台汗国的真正创立者

也速蒙哥：察合台之子，察合台汗国第三任汗

乃马真：窝阔台六皇后，贵由生母，为窝阔台生育五子，窝阔台去世后，由乃马真摄政

失烈门：窝阔台嫡子阔出之子，阔出逝后，他成为帝国储君，但汗位为贵由夺取

海迷失：贵由皇后，贵由去世后，一度摄政

忽察：贵由长子

脑忽：贵由次子

忽图黑：窝阔台之孙，灭里之子

那海：术赤七子不哇勒之孙，塔塔尔之子，金帐汗国权臣

奴奴：蓝帐汗昔班嫡女，假名德安

那木日：驸马，宁边侯

昔洛：昔班长子，汗位继承人

塔布：蓝帐汗国勇将，驸马

安迪娅：昔班庶女

察必：元朝皇后

承平：那木日与奴奴的长女，金帐汗国第九任汗月即别的生母

阿鲁忽：察合台之孙，贝达尔之子，察合台汗国第五任汗

阿八哈：旭烈兀之子，伊儿汗国第二任汗

兀鲁忽乃：察合台第二任汗哈剌旭烈之妻，第四任汗及第六任汗木八剌沙之母，汗国女摄政，后改嫁第五任汗阿鲁忽

八剌合：南图赣之孙，帖散笃哇之子，察合台汗国第七任汗

别儿哥察儿：术赤四子，金帐军统帅

乞卜察克：窝阔台之孙，合丹之子

那木罕：忽必烈之子，北平王

阔阔出：忽必烈之子，宁远王

昔里吉：蒙哥之子，反叛元朝，自立为大汗

脱黑帖木儿：拖雷之孙，岁都之子

撒里蛮：蒙哥之孙

玉木忽儿：阿里不哥之子

明理帖木儿：阿里不哥之子

斡察：忙哥帖木儿之子，金帐汗国第九任汗月即别的生父

科齐：继任白帐汗

哲齐：继任蓝帐汗

都哇：察合台汗国第七任汗八剌合之子，第十任汗

宽彻：金帐汗国第七任汗兀剌不花之弟

斡勒灰：忙哥帖木儿之子

脱黑邻察：忙哥帖木儿之子

撒勒只带：脱脱的岳父

亦勒巴失：脱脱之子，脱脱逝后，短暂即位，其汗位未被认可

索兰塔：金帐汗国第九任汗月即别之女

忽都鲁帖木儿：花刺子模总督，月即别的儿女亲家

卡隆：忽都鲁帖木儿之子，月即别的驸马

合赞：旭烈兀曾孙，阿八哈孙，阿鲁浑子，伊儿汗国第七任汗

完者都：合赞之弟，伊儿汗国第八任汗

不赛因：完者都之子，伊儿汗国第九任汗

帖木儿：成吉思汗家族驸马，帖木儿帝国创立者，残破或消灭三大汗国

萨昔不花：白帐汗国政权体制真正的创立者

阿必散：萨昔不花之子

兀鲁思：阿必散之孙，沉台之子，白帐汗

斡黑兰：兀鲁思之弟，金帐汗国末代君主脱克之父

脱脱乞：兀鲁思次子

帖木儿灭里：脱脱乞族弟

忽都鲁：帖木儿扶持的傀儡汗

也迪该：黄金家族后裔，万户长，辅佐忽都鲁

哲别：蒙古帝国开国名将，常胜将军，"四狗"之一

速不台：蒙古帝国开国名将，常胜将军，"四狗"之一

耶律楚材：契丹皇族之后，蒙古名相

真帖木儿：大太子术赤麾下重要将领

绰儿马罕：蒙古名将，窝阔台汗执政时，率军剿灭花剌子模末代王札兰丁

兀良合台：速不台之子，常胜将军

阿勒赤带：海迷失皇后的亲信

呼格：蓝帐汗昔班治下制帐人，那木日之父

孛鲁台：呼格长子

额布勒：蓝帐汗国大断事官，其妻是奴奴的乳母

阿尔斯兰：蓝帐汗国管帐人

斡思昆：那木日的族兄，蓝帐汗国大将

哈纳图：金帐汗国驿站主官

安童：元朝右丞相

只儿斡带：弘吉剌部首领，支持昔里吉叛乱

伯颜：元朝名将，平南宋主帅，后升任右丞相

土土哈：元朝骁将，钦察卫主帅

钢特木尔：金帐汗国大将，第八任汗脱脱的挚友

亚木：月即别手下勇将

脱鲁伯：金帐汗国万户长，与札尼别之子别儿迪别交厚，乱世之臣

速来漫：花剌子模后任总督，被帖木儿击败后，归附金帐汗脱克

塔班：一名出色的间谍，为帖木儿服务

米哈伊尔八世·帕列奥列格：东罗马帝国皇帝，帕列奥列格王朝开国君主

摩诃末：花剌子模沙，即花剌子模国王

札兰丁：摩诃末之子，花剌子模末代王

嘉泰丁：札兰丁之弟

纳昔儿：报达国哈里发

忽失帖木儿：纳昔儿手下大将

月鲁伯：阿哲尔拜展君主

伊万涅：谷儿只总帅

博剌克：起儿漫长官

阿老瓦丁：亦思马因国教主

阿思剌夫：埃及算端哈米勒之弟

哈米勒：埃及算端

薛利夫：札兰丁复辟时任命的国相

斡儿罕：札兰丁麾下勇将

八赤蛮：钦察部一位首领

阔里吉：斡罗斯境梁赞公国梁赞城主

罗满：梁赞公国科洛姆纳城主

尤里：弗拉基米尔大公，斡罗斯各公国名义上的主君

瓦里：科尔在斯科城城主，斡罗斯勇将

忽滩：钦察部酋长，率部逃入匈牙利，后为匈牙利国主别剌四世所杀

别剌四世：匈牙利国主

博勒思老四世：波兰国主

亨利二世：波兰藩属西里西亚大公

玉果邻：匈牙利大主教

戈罗曼：别剌四世之弟

亚历山大·涅夫斯基：弗拉基米尔大公

丹尼尔·亚历山德罗维奇：亚历山大·涅夫斯基幼子，莫斯科第一任大公

雷凡一世：丹尼尔之子，月即别册封的全斡罗斯大公，此后，莫斯科大公开始垄断全斡罗斯大公之职

德米特里：袭莫斯科大公和全斡罗斯大公之职，击败马麦，是斡罗斯复兴时期的一位雄主

奥斯帖：德米特里的信臣，斡罗斯贵族

维托夫特：立陶宛大公

瓦迪斯瓦夫二世：波兰国王

目录 | contents

第一章　第二次西征

壹

在离万安宫大约一里的地方，昔班翻身跳下坐骑，略显疲惫的脸庞上，一双眼睛依旧显得炯炯有神。

随行的家将从昔班手中一并接过两匹战马的缰绳，将战马牵至一边。昔班只身来到守卫汗宫的侍卫面前，取出表明身份的金牌，让侍卫仔细地验看过。侍卫将金牌还给他时，他沉稳地说道："通报吧。"

侍卫不敢怠慢，急忙进入汗宫。不多时，另有一个人随侍卫走出汗宫，这个人见到昔班，立刻上前捶了一下他的肩膀，随即与他拥抱在了一起。

"昔班。"

"蒙哥。"

两个人亲热地呼唤着彼此的名字，又松开对方，四目相对之下，脸上都露出了喜悦的笑容。

"我早听大汗说起，拔都哥派来的信使今天会到，没想到这个信使竟然是你。"

"瞧你说得多轻松，好像是拔都汗派我来的。你可知道，为了向拔都汗争取到这个差事，我连两片嘴唇都磨薄了。"

"真的吗？那我得夸你一句：你做对了。拔都哥身体可好？"

"他很好。"

"也罢，闲话容后再叙。你跟我来吧，大汗在等你。"

"好。"

昔班整了整衣冠，按照规矩将随身佩带的弯刀和弓箭全都摘下来交给汗宫侍卫保管。随后，蒙哥在前面引路，昔班跟在他的后面，两个人一前一后进入万安宫。

此时，万安宫中光线明亮。窝阔台正端坐于高高的大汗宝座上，用一种温和的目光注视着风尘仆仆的昔班。

蒙哥退至一边，昔班以九叩之礼拜见大汗。

礼毕，窝阔台命他平身。昔班不及与三叔寒暄，从怀中取出书信，交给蒙哥，由蒙哥呈递给大汗。

窝阔台展信阅读。这是一封拔都的亲笔信，上面的内容是这样的：

长生天助力蒙古窝阔台大汗：

自与叔汗一别，虽只数月，臣在遥远异域，思念故国甚殷，思念叔汗甚殷，特遣臣弟昔班远赴汗廷代为觐见。奉上良马五百匹，红宝石一盒，蓝宝石一盒，绿宝石一盒，礼物虽薄，聊表寸心。

何时得便，臣定亲往汗宫，与叔汗一叙离情。

目下臣治境内政局不平，究其原因，与札兰丁复国之企图有关。想当年祖父西征，广大领土尽皆并域，无数逆酋俯首称臣。独札兰丁不思祖父赦免之恩，渡过申河，召集起旧部大约四千余人。印度君主担心札兰丁之势力扩张于其统治不利，决定向札兰丁用兵。札兰丁提前得到情报，与诸将商议后渡过申河，回到花剌子模，以图恢复父业。

在花剌子模，札兰丁又兼并其弟两万余军队，加之许多被蒙古征服的城市和军队起而复叛，札兰丁的势力进一步壮大。或因不想立刻与我正面交锋，札兰丁开始向周边地区扩张，先征服阿拉伯诸地，继而谋征谷儿只王国。臣因父王病逝，祖汗与叔汗用兵重心南移，只得暂时收紧兵力，以随时抗击札兰丁蚕食。至于一劳永逸解决问题，臣以为还得再次对花剌子模大举用兵，消灭札兰丁，铲除后患。

西部封地现状堪忧，帝国领土面临挑战，臣为大汗守边，万死莫辞！出兵与否，敬候大汗裁酌！

术赤子拔都携兄弟子侄遥拜九叩于玉龙杰赤城下

窝阔台阅毕，将信递给蒙哥。

蒙哥对着这封信看了许久。

万安宫突然陷入一片寂静，窝阔台眉头微蹙，似乎在想着什么。

这些年，札兰丁的复辟企图以及波斯高原的动乱状况，其实一直都在蒙古君臣的掌握之中。

许多年前，阿尔达希尔占领帕提亚首都泰西村，重新统一波斯高原，建立了萨珊王朝（226 年至 642 年）。萨珊王朝向东扩张，在呼罗珊和莫夫绿洲巩固了东部疆土；在西方与罗马争夺亚美尼亚和西里亚。至五世纪时，萨珊王朝已发展成为亚洲西部的一个大帝国，历史上也称为新波斯帝国，其疆域包括波斯高原、里海南岸、美索不达米亚南部、亚美尼亚和谷儿只的大部分。

七世纪初，阿拉伯国家兴起。阿拉伯人打着伊斯兰旗帜，进攻萨珊诸地，萨珊王朝由是灭亡。阿拉伯国家，唐代称大食，大食灭波斯，分设大酋，以治其地。至唐开元二年（714），整个比利牛斯半岛除北部山区外都被阿拉伯人占领。阿拉伯人继续扩展疆域，曾入侵高卢西南部，但因兵败侵入欧洲的行动受阻。

在东方，阿拉伯人一直扩张到申河流域和中亚，逐渐控制了中亚大部分地区，到达帕米尔高原，直接威胁唐代中国的边疆。八世纪中叶，阿拉伯帝国最后形成，其疆域东起申河流域，西临大西洋。

阿拉伯人立国近三百年，至九世纪后期走向分裂。九世纪末，塔吉克人的萨曼王朝推翻阿拉伯人在中亚的统治，占领不花剌，统一河中地区。十世纪初，萨曼王朝的版图北达咸海，南至申河上游，东至阿姆河、锡尔河上游，西至里海，成为中亚最强大的国家。该王朝历经百年而走向衰落，受到各突厥部落和伽斯尼王朝军队的联合进攻，终于灭亡。

而这时，统治着锡尔河及咸海、里海间大片土地的塞尔柱王朝（1037 年至 1194 年享国 158 年）逐渐开始兴起，其国在强盛时击败了伽斯尼王朝的军队，占领了波斯大部分土地，略地至地中海沿岸。经五十余年扩张，渐次将波斯、阿拉伯、西里亚、阿美尼亚、叙利亚、巴勒斯坦、阿富汗、俾路支与中亚南部等地都纳入突厥人建立起来的大塞尔柱帝国版图。

塞尔柱王朝传至玛里克沙王时，他对侍卫纳失的斤十分宠任，将其拔擢为花剌子模总管，令其掌管花剌子模之地。纳失的斤之子忽都不丁即位后，趁塞尔柱王朝衰落，诸酋内讧，互相攻伐之际，自立为王，称花剌子模沙。所谓沙、算端、汗、皇帝等，都是不同国家和民族对于君主的称谓。

忽都不丁逝后，阿即思即位，夺取呼罗珊西部。至阿即思之孙塔哈失，灭亡塞尔柱王朝，占据伊剌克、阿只迷之地。在花剌子模诸王中，塔哈失第一个接受了报达教主那昔儿的封赐。

塔哈失去世后，其子摩诃末继位。这时，成吉思汗尚未统一蒙古，而曾经称雄于中亚的西辽国已经开始衰落，对附庸国的控制力几乎消失。尽管如此，塔哈失在位时却坚持向西辽国纳贡称臣。塔哈失的遗嘱之一，就是要儿子不要消灭西辽国。他警告儿子：西辽国对花剌子模而言，是一道其后有着可怕敌人的长城。遗憾的是，塔哈失这个颇富预见性的遗嘱，并没有受到摩诃末的重视。

贰

摩诃末继承了其父的尚武精神，也不乏谋略和远见。在近二十年的时间里，他以战争为手段，先后将呼罗珊、祃挼答儿、起儿漫、巴里黑、也里、河中地区、古鲁王朝之地、哥疾宁纳入其领地范围。蒙古西征前，摩诃末统治下的花剌子模帝国进入全盛时期，版图东北至锡尔河，东南至申河，北至咸海、里海，西北至亚尔拜然，西邻报达，南滨印度洋，乃名副其实的中亚大国。

波斯地区的一个大国就是花剌子模，其地远较报达、木剌夷等国广阔。东北起自锡尔河，西南至波斯湾，东南至申河，南滨印度洋，西北抵阿哲尔拜展（今阿塞拜疆），西邻报达。其境内东南为兴都库斯山脉，西北为乌斯特乌尔特高地，中部则遍布红沙。里海南部为布尔兹山脉，西模娘以南地区为卡维尔沙漠地带。一般地势低平，气候温和，多桢松白草，宜于畜牧农作。

另外，当时花剌子模在波斯的领地，东西贯通，贸易繁荣，经花剌子模新都撒马尔罕、布哈尔等城，是通西域的孔道。区间有两大河流，阿姆河经布哈尔之南，入咸海，河中多沙碛，少舟楫。锡尔河则源远流长，其源一是出自天山的纳伦河，二是出自葱岭的塔尔河，二河在安集延之地会流后称锡尔河，河流旋折。两大河流横亘中央，对大部队的运动容易造成阻碍。

西域诸部，文化发达，历史悠久，因防守偏重筑城，是以各城堡修建极为坚固，利于凭险固守。境内人口稠密，城寨林立，境内仅有阿姆河两岸适于耕作，故而两岸城村相望。除这一狭长地带外，其余皆为沙碛。

成吉思汗在第一次西征中消灭了花剌子模国，继承王位的末代王札兰丁败于申河河畔，只身逃入印度境内。

俟成吉思汗率领主力自波斯东归，札兰丁与三弟嘉泰丁先后潜出纠合余众，企图恢复祖业。

嘉泰丁在哥疾宁被蒙古人击溃后退守祃掇答儿答伦堡。蒙古军撤走后，嘉泰丁得到占据伊剌克的突厥将领脱欢太石拥戴，复据伊剌克、呼罗珊、祃掇答儿诸地。

而此时，逃到印度境内的札兰丁也想借兵复国，却遭到信度国王的拒绝。在波斯嘉泰丁新建的小王国中，脱欢太石支持嘉泰丁，驻守伊剌克的其他将领中有数人对嘉泰丁不满，他们遂离开伊剌克，率军归附了札兰丁。札兰丁一旦握有军权，立刻对信度国发起进攻，攻掠数城，击败信度国军队。信度国王与诸邻国会盟，誓将花剌子模人驱逐出印度境外。札兰丁审时度势，料知以自己的力量无法抵御印度联军，遂与诸将商议，诸将皆劝他返回波斯，重振祖业。

札兰丁率军到达起儿漫境内时，身边仅有四千人追随。也是时来运转，札兰丁进入法儿思境内时，嘉泰丁手下亦有将领率众来附，札兰丁的力量进一步壮大，不过仍与嘉泰丁的力量相去甚远。札兰丁起意与其弟争夺势力范围，遂率一支精骑往攻嘉泰丁。札兰丁命军队皆执白旗，嘉泰丁以为蒙古人去而复返，不敢与之为敌，弃城而逃，札兰丁轻松夺得嘉泰丁据守的剌夷城。

札兰丁夺得剌夷城后，嘉泰丁才知道自己上了札兰丁的当。嘉泰丁惧怕蒙古人，却不惧怕其兄长，何况他的实力远远超过札兰丁。他在短短的时间内便纠合了两万骑兵，准备将其兄逐出剌夷城。

札兰丁见嘉泰丁有备而来，料知不是弟弟的对手，决定使诈。他派了几名能说会道的使者，携带大量礼物往见嘉泰丁。这些使者一见嘉泰丁，便用哀求的口吻转达了札兰丁的意思：自国家遭到残破，父亲的儿子中只有他和弟弟嘉泰丁还活在世间，他原本只想在弟弟的庇护下修整兵力，没想到会引起弟弟的误会。既然弟弟不能相容，欲与他兵戎相见，他当让出刺夷，往别处驻军。

嘉泰丁没想到兄长如此怯懦，不免心生不屑。既然兄弟已经谈开，他便网开一面，听任札兰丁率领本部人马离开刺夷城，并不追赶。嘉泰丁哪里知道，札兰丁的使者另有使命，他们带了许多黄金指环，一一分赠给嘉泰丁的手下将领，曲意结纳。在获得这些人效忠的保证后，札兰丁率领三千人，潜回刺夷，向嘉泰丁杀个回马枪。嘉泰丁纵然人多势众，奈何将领不予抵抗，且纷纷于阵前归附了札兰丁。嘉泰丁一战败北，逃入一座城堡中，札兰丁遣使劝说嘉泰丁降服于他。

至此，札兰丁大致恢复了花剌子模人在波斯高原的势力。

呼罗珊、祃拶答儿、伊剌克等地因战乱而产生的诸侯见札兰丁势力强盛，也纷纷主动纳款，愿奉札兰丁为君。

札兰丁兵强马壮，决定效法父祖，开疆拓土。他首攻目标不是与他有亡国之恨的蒙古人，而是他祖父曾经奉为教主的哈里发纳昔儿。

纳昔儿惊闻札兰丁来攻，急命大将忽失帖木儿率两万人出城御敌。札兰丁故伎重施，派使者往告忽失帖木儿，声称他绝无与哈里发对敌之意。他此来报达，只是为了寻求哈里发的帮助，商议一个联合出兵的对策，以共同抵御现如今仍威胁着整个伊斯兰国家的真正敌人——蒙古人。

忽失帖木儿并不相信札兰丁的诚意，也不予作答，依然整军备战。当他看出札兰丁对他颇有惧意时，不禁暗暗得意。

札兰丁一计不成，又施一计。他在城外设下伏兵，自己只率五百骑兵攻打忽失帖木儿的军队。二者兵力相差悬殊，札兰丁的骑兵一触即溃，札兰丁慌忙率领残兵败将四散溃逃。忽失帖木儿见札兰丁兵微将寡居然还敢来送死，心中又是好气又是好笑，当即率领将士紧紧追赶。

札兰丁逃而不慌，一步步将忽失帖木儿引进他设下的伏击圈。

眼见时机成熟，札兰丁立马挥旗，顿时伏兵四起，喊杀冲天。忽失帖木儿情知中计，边打边退，却被札兰丁追上。报达将士很快被伏兵冲散，首尾不能相顾。札兰丁与忽失帖木儿马头相撞，二人都是勇将，起先倒也杀个平手。该是忽失帖木儿倒霉，他正与札兰丁缠斗间，竟被流箭射中，死于马下。

札兰丁割下忽失帖木儿人头，挑于枪上，将士们见主帅已死，顿时失去斗志，一个个只顾夺路逃命。札兰丁一路追击溃兵，来到报达城下。

报达城城防坚固，易守难攻，札兰丁巡视一周，决定放弃报达城不打，转攻阿哲尔拜展。阿哲尔拜展君主的名字叫作月鲁伯，得知花剌子模国王引军来攻，胆怯畏战，留其妻守卫帖必力思，自己则出城避往干札一带。

札兰丁围攻帖必力思五日，城中守军不敌，向札兰丁投降。札兰丁命将月鲁伯夫人送往库亦城，他则在攻下帖必力思周围诸城后，准备乘胜攻取谷儿只。

此前，谷儿只人乘阿哲尔拜展君主月鲁伯不理政事，屡次入侵其国，信仰伊斯兰教的居民首当其冲，饱受劫掠之苦。札兰丁为寻求伊斯兰教众的拥戴，决定为他们报仇。他首先出兵收复了数年前被谷儿只人攻占的脱文城，接着攻破脱文城附近的谷儿只军防线。谷儿只军队七万人遭到攻击，两万人被歼，除总帅伊万涅逃走，退守克洛堡外，其他大小将领被俘者不计其数。

札兰丁数战告捷，想乘胜拿下克洛城堡，同时分兵各处大肆杀戮谷儿只人。克洛城堡危在旦夕，恰在这时，原已降服札兰丁的帖必力思长官暗中与月鲁伯接洽，意图重归月鲁伯治下。札兰丁闻讯大怒，弃克洛城堡不打，直奔帖必力思而来，帖必力思长官组织抵抗，却被札兰丁攻下其城。札兰丁以背叛者的罪名处死帖必力思诸长官，随即引军攻打干札。正在这里避祸的月鲁伯重演当年札兰丁的父王摩诃末之故事，放弃抵抗，匆忙逃往另一处坚固城堡阿兰札堡。

叁

成吉思汗二十年（1225）冬十二月，札兰丁复还谷儿只。此时，谷儿只人已重整军队，并联合附近阿兰、勒司格、钦察等部族，全力抵抗札兰丁的进攻。札兰丁兵锋正盛，且指挥有方，打败了谷儿只联军，杀戮甚众。次年三月，札兰丁乘胜进攻梯弗利思，得到该城伊斯兰教居民协助，尽屠城中谷儿只人。

札兰丁打着为伊斯兰教民复仇的旗号数战得手后，于六月进军起剌特。大军方至起剌特安下营帐，札兰丁又接到令他头疼的消息。原来，起儿漫长官博剌克谋求独立，派使者密告拔都，说札兰丁兵势日盛，不可不防。成吉思汗第一次西征期间，将花剌子模在波斯之地一并纳入版图，因此，起儿漫也归蒙古人统辖。札兰丁的崛起，直接威胁到拔都对封地的统治，奈何拔都兵力有限，无法分兵各处，只得派人将札兰丁在波斯复国的企图通报汗廷。

博剌克野心不小，却没有担当，又惯于见风使舵。他见札兰丁前来攻打，急忙退守要塞，并向札兰丁请降。札兰丁巡视要塞一番，见该要塞易守难攻，强行攻打，得不偿失，遂决定接受博剌克的请降。

起儿漫方面的威胁暂告解除，札兰丁率军队重至梯弗利思。谷儿只总帅伊万涅及诸将已退保阿尼城，札兰丁围攻阿尼城，不克。札兰丁的目标仍是起剌特，为麻痹起剌特守军，他佯称要攻另一座城池，却在十日后疾返起剌特。札兰丁声东击西的策略并未起到预想中的作用，起剌特守军已获得情报，做了相应的准备。札兰丁首攻受挫，再攻，仍被击退，不得不撤离起剌特。

自蒙古主力退还本土，波斯大地烽烟四起，兵戈遍布。突厥伊万尼部趁札兰丁进击谷儿只，调本部人马在拜哲儿拜展境内疯狂劫掠，不论居民、商队，无一放过。札兰丁闻报，急速回师，将伊万尼部众逼入山中聚歼，获得战利品无数，之后，他率将士押着女人和儿童，回镇帖必力思。

冬天来临，花剌子模人退出梯弗利思。这时已是成吉思汗二十二年。据守哈儿司、阿尼等处的谷儿只军队，在总帅伊万涅的指挥下，乘虚攻打梯弗利思，大肆杀戮信奉伊斯兰教的居民，以报前番伊斯兰教徒屠杀谷儿只居民之仇。这一番相互残杀，梯弗利思城中所剩居民寥寥无几，一派残败景象。谷儿只军队见梯弗利思无险可守，遂放火焚毁其城，回师阿尼和哈儿司。

成吉思汗去世后，第二任大汗窝阔台的主攻目标是金国，对札兰丁在波斯诸地的复国行动，窝阔台暂时还不能派遣大部队进剿，只能命留驻河中地区和花剌子模旧都玉龙杰赤的蒙古军队与札兰丁周旋。

札兰丁与蒙古军接战之际，嘉泰丁因对其兄用计谋接管他的军队，且对他呼来喝去视为奴仆的做法怀恨在心，经过一番筹划，他趁着夜色掩护，率领忠于自己的军队离去，将其兄丢给了蒙古人。

　　嘉泰丁釜底抽薪，无非是希望借蒙古人之手，为他除去札兰丁这个心腹之患。嘉泰丁的这个愿望最终没能实现，札兰丁英勇善战，加之蒙古军队的人数很少，双方几次交战都打了个平手，随着天气转冷，各自罢兵。

　　蒙古人既退，嘉泰丁惶惶不安，担心其兄报复，遂退至阿剌模忒堡以避其锋。嘉泰丁比任何人都了解兄长的铁血性格，也多次见识过札兰丁对付背叛者的手段，那血腥的场面，令他思之不寒而栗。

　　阿剌模忒堡在亦思马因国治下，札兰丁遣使与该国君主阿老瓦丁交涉，欲索还其弟。阿老瓦丁即位时年仅九岁，这位年幼的君主颇有主见，他说："落难之人前来寻求我的庇护，我岂能弃之不顾？"说罢，他将札兰丁的使者撵了回去。

　　阿剌模忒堡修建得十分坚固，札兰丁不愿在这里耗费兵力。他改变策略，再派使者觐见阿老瓦丁，献上大量礼物，这些礼物都是札兰丁在历次战争中获取的战利品，其中不乏奇珍异宝。阿老瓦丁坐收大量礼物，心满意足，当天便笑眯眯地对"落难之人"下了逐客令。

　　嘉泰丁惶惶然离开阿剌模忒堡，如丧家之犬，不知该往何处安身。札兰丁派人前来迎请嘉泰丁，尽管使者一再对嘉泰丁表示，大敌当前，还需兄弟联手，国王必不追究嘉泰丁意气用事之过。嘉泰丁却无论如何不敢相信其兄的"诚意"，他与母亲和部下商议后，直奔起儿漫而去。

　　起儿漫长官就是那位首鼠两端的博剌克。他先离弃嘉泰丁，投奔札兰丁，又想趁札兰丁四处征战之际谋求自立，遂向蒙古暗通消息。及至札兰丁率军返回起儿漫，他又重归札兰丁麾下。

　　嘉泰丁原是博剌克的主君，在博剌克归附札兰丁前，嘉泰丁待他也算不薄。他以为博剌克念在君臣情分上，一定会考虑向他伸出援手。岂知博剌克翻脸无情，他先将嘉泰丁放入城中，随即假借札兰丁之名，将旧主拘押在地牢之中。

　　嘉泰丁的母亲原在附近等待消息，惊闻儿子成了博剌克的阶下囚，慌忙带着一干随从赶到城中。她带来许多财宝，她的本意，是想用这些财宝换她儿子一条生路。事实证明，她打错了算盘，更看错了人。博剌克见财起意，索性一不做二不休，将这位昔日花剌子模的王后和她带来的五百名侍从全部杀掉，接着将嘉泰丁毒死，至于财宝嘛，自然成了他的囊中之物。

居住在高加索山脉附近的诸民族，见札兰丁的势力日益强大，担心本土终将遭到札兰丁的侵入，遂集结起谷儿只、阿美尼亚、阿兰、薛利儿、勒司格、钦察、苏散、阿卜哈司、杜尼特诸部四万兵马，屯于阿兰之北。札兰丁的个性在一个方面与成吉思汗有相似之处，那就是逢强必取，何况，札兰丁真正的目标是要恢复他父亲摩诃沙统治时的领土。获得高加索诸部四万联军已在阿兰之北陈兵以待的情报后，札兰丁立刻率领军队前往征讨，扎营于距阿兰不远之处。

身经百战给了札兰丁勇敢，也给了札兰丁智谋，他很清楚以自己的兵力不足以与联军硬碰硬，遂决定采取各个击破的战术。不知是巧合还是天意，他与当年率领蒙古军远征东欧草原的名将哲别、速不台一样，将分化瓦解的目标选定了钦察部。

至于他所使用的手段，竟也与速不台、哲别不谋而合：暗中奉上大量财宝，动之以情，晓之以理，令钦察部首领同意退兵。四万联军中，两万是钦察部队，钦察部队一退，札兰丁有恃无恐。

谷儿只人数次被札兰丁蹂躏，急欲报仇，他们首先向札兰丁发起进攻，却遭到札兰丁的迎头痛击。谷儿只军队首先溃败，联军中两支最重要的力量一个不战而退，一个战败而逃，剩下的人已不是札兰丁的对手。

窝阔台汗元年（1229）七月，札兰丁打败联军，再度围攻起剌特城。其时，埃及算端哈米勒的弟弟阿思剌夫因起剌特城坚固，遂将家小留在城中。札兰丁的围攻达九个月之久，至次年四月，方攻下起剌特城。阿思剌夫的妻子不幸成了札兰丁的俘虏，札兰丁见这位女子容颜绝美，遂自纳为妃，同时将起剌特所属之地分赐有功诸将。

阿思剌夫听说其妻已被迫另嫁札兰丁，深感羞辱，急赴剌伽向兄长求援。哈米勒担心札兰丁的扩张行动终会危及埃及本土，遂联合他国军队，组织起一支精锐的大军。此后，经过谋划，这支由哈米勒充当主要召集人的新联军向札兰丁发起进攻。札兰丁未有防备，而他的军队多分散驻守谷儿只、阿哲尔拜展、阿兰等新附地区，未及调集。这一场恶战，以札兰丁的失败告终。

札兰丁逃往起剌特城，集结守卫起剌特城的花剌子模军撤退，同时将起剌特城洗劫一空，并付之一炬。新王妃坚决不肯随札兰丁逃走，宁愿自杀以捍清白。据说，她在临终前，用自己的血在地上留下一个神秘的诅咒：我，无我；我为地狱之光。

看到王妃的遗体，札兰丁气急败坏，却又无可奈何。

札兰丁退守库亦城附近，留其国相薛利夫率一支军队据守塞克漫城。不知与被哈米勒的联军打败，诸将士多有叛逃有关，还是与王妃死前留下神秘的诅咒有关，反正自此札兰丁的运途变得日益塞促。

肆

在起儿漫长官博剌克密报札兰丁的动向前，札兰丁的异动就已引起真帖木儿的关注。

真帖木儿是大太子术赤手下的一员虎将，能征善战，智勇双全。蒙古西征军东归后，术赤命真帖木儿留镇花剌子模。真帖木儿当然不能坐视札兰丁的复辟企图得逞，然而，真帖木儿面临着一个极现实的问题：他能够调动的军队太少。敌众我寡，他与札兰丁几次接战，终究是败多胜少。

真帖木儿将札兰丁的活动情况写成详细报告，派人将这份报告呈递拔都。拔都忙于稳定新征服地的局势，同样抽不出兵力。尽管如此，他很明白，任由札兰丁活动，蒙古可能失去对波斯的掌控权。

拔都想到向窝阔台汗求援，为此，他决定派使者出使汗廷。昔班闻讯，好不容易为自己争取到了这个使命。

于是，便出现了最开始的那一幕。

窝阔台于春天即位，成为蒙古帝国的第二位大汗。这位深肖其父，从小就立志以父亲为榜样的新汗，一心想要建立超越父亲的功业，他觉得只有这样，才不负父亲对他的重托。但当时的情况是，窝阔台的主攻目标在金国，实在抽不出大量兵力再度西征，从而一举消灭札兰丁，恢复蒙古对波斯的统治。

阅罢拔都的信函，窝阔台默默思索了一阵儿。他让侍卫去召耶律楚材进宫，工夫不大，楚材匆匆赶到万安宫。在见到昔班的一刻，他先是有些意外，接着，他已猜出大汗召见他的用意。

楚材与昔班彼此见礼，二人久别重逢，却决无丝毫疏离之感。

楚材与成吉思汗膝下四位太子的关系都很好，此外成吉思汗诸孙多数受教于耶律楚材、塔塔通阿和粘合重山三人。塔塔通阿曾是乃蛮部国师和掌印官，粘合重山是女真贵族，耶律楚材则出身于契丹皇族，这三个人，无论哪一个都可称得上学富五车，才品无双。他们自归附汗廷，受到成吉思汗的极大礼遇，成吉思汗不仅将他们置于左右，随时请教，而且将教育后代子孙的重任也交给了他们。

从这个角度来讲，昔班也是楚材的学生。

窝阔台汗示意楚材坐下说话。

"请问大汗唤臣来……"楚材坐在昔班身边，问道。

窝阔台示意蒙哥将拔都的来信交给楚材，楚材接信，迅速浏览了一遍。

"你怎么想？"

耶律楚材的想法与窝阔台汗如出一辙：既定的作战目标不容更改。但札兰丁从印度返回波斯后的一系列复国行动，以及他作为花剌子模末代王所具有的号召力，特别是这位末代王还是一位意志坚定的人，这一切无不证明他的存在本身，就意味着麻烦与威胁。对此，汗廷同样不能坐视不理。

"既然如此，该如何兼顾？"窝阔台汗问。

楚材稍微深思了一下。昔班看着楚材，脸上满是殷切的表情。

"臣以为，可派大将前往波斯，协助拔都王爷平定札兰丁的叛乱。"楚材审慎却从容地说道。

"我也是这么想。你觉得派谁领兵好呢？"

"绰儿马罕如何？"

绰儿马罕在成吉思汗时代已崭露头角，窝阔台汗即位后，他追随窝阔台汗，建功无数，窝阔台汗对他十分赏识。以绰儿马罕的能力、胆识以及他对西域事务的熟稔，派他领兵进剿札兰丁，当不负所托。

想到这里，窝阔台汗下了决心："绰儿马罕倒是一位合适的主帅人选。不过，还有一个问题。"

"您是犹豫要派遣多少军队吗？"

"是啊。这几年，札兰丁的势力发展太快，倘若兵力太少，必定不足以威慑叛服无常的波斯诸国和钦察、阿兰等部。可派出大部队，以目前的情况来说，又确实捉襟见肘。不瞒你说，这正是我犹豫再三的原因。"

"大汗所虑甚是。如今主力皆在南征前线，臣想，大汗不如与诸王贵族商议，从各军再抽调一支人马，一并交与绰儿马罕指挥。"

"多少为宜？"

"三万足矣。"

"三万吗？"窝阔台汗迅速地在心里计算了一下，"也罢。楚材，你将汗令传达下去，限诸王每人抽调五百人马，组成西征军。"

"臣这就去安排。"楚材告辞。昔班起身正欲相送，楚材却不肯："王爷请留步，莫要折煞为臣。"

昔班深知楚材的性格，只好目送着他离去。

侯楚材的身影消逝在门外，窝阔台汗对昔班说道："你且宁耐几日，过几天就有确切的消息了。"

"是，臣代拔都哥谢过大汗。"

"你这么说就太见外了。大哥的封地，也是我蒙古帝国的领土。"

昔班笑了。窝阔台汗说得没错，可他仍从心里感激三叔的鼎力相助，更赞同三叔将父亲的封地视为帝国领土的远见。他的想法与三哥别儿哥不同，别儿哥对祖汗未将汗位传给身为长子的父亲多少有些不满，他倒觉得，祖汗慧眼独具，三叔的确是祖汗的四个嫡子中最合适的人主之选。

"昔班。"

"在。"

"明天，我将设宴款待于你。今天，你是想待在汗宫，还是想四处走走？毕竟，你已经有段时间没回我蒙古本土了。"

"侄儿想去看望四婶。"昔班直截了当地回答。

昔班口中的四婶，是指大那颜拖雷的正妻苏如。苏如夫人与昔班的母亲既是堂姐妹，又都是身份高贵的克烈公主，这种双重的亲戚关系使术赤的儿子们与拖雷的儿子们一向感情亲厚。昔班尤其喜欢年龄比他小几岁的忽必烈，他与忽必烈相处，朋友之谊更胜于兄弟之情，而这种朋友和兄弟之情终其一生不曾改变。多年后，为了帮助忽必烈，昔班甚至不惜放弃了他在蓝帐汗国的汗位。

如今，四叔拖雷尚在征南前线，昔班知道他这次恐怕无缘与四叔相见了。越是如此，他越想见见四婶，另外，也想与忽必烈盘桓几日。

就绰儿马罕西征一事，窝阔台同样想征求一下苏如和蒙哥的意见，他见昔班急着要去看望他的四婶苏如，便笑道："既然如此，你和蒙哥先回去吧，我们晚上就在你四婶的营地用餐。"

昔班有点惊讶，"大汗也要过去吗？"

"有些事我得跟你四婶商议一下。"

"那三叔也不必亲自……"

"怎么，你觉得三叔老了？"窝阔台玩笑着打断了他的话。

"不是，侄儿哪有这样的想法。"

"好啦，别啰嗦了。不瞒你说，我正想活动活动筋骨。现在不问你了，等我晚上过去，你再把札兰丁的情况给我详细地说上一遍。"

"是，侄儿遵命。"

伍

楚材是一位干练的丞相，西征一事又得到察合台家族和拖雷家族的鼎力支持，因此很快，绰儿马罕择吉日率三万大军出发。

昔班随行。不过，在进入术赤封地后，他与绰儿马罕分手，回到玉龙杰赤。

按照汗命，留镇花剌子模的真帖木儿及其所率军队皆受绰儿马罕节制。绰儿马罕到达波斯后，令真帖木儿为呼罗珊长官。当时此地为成吉思汗诸嫡子所共有，于是四系各派一位官员辅佐真帖木儿。

绰儿马罕所率兵力，由诸军抽调而成。窝阔台二年冬，绰儿马罕进抵阿哲尔拜展。札兰丁惊闻蒙古出兵，且人数众多，心中不免惊慌，急忙由库亦城还镇帖必力思，并遣军校十四骑带随从前往侦察。不巧，这支侦察部队在途中与蒙古军前锋军相遇，经过短暂交战，只有一名军校侥幸逃脱，归报札兰丁。

札兰丁自忖与蒙古军对敌，兵力不足，只得弃守帖必力思，前往里海之畔阿兰属地木干草原，征调驻冬于该州和设里汪两地之兵。与此同时，他命驻呼罗珊、祸拶答儿诸军先行侦察，自己则率侍卫千人，等待抽调的兵马与他会合。

不知道札兰丁心里到底是怎么想的？是胸有成竹还是自暴自弃？本来，蒙古人对札兰丁而言有灭国之恨，札兰丁想要恢复故国，就必须将蒙古人赶出花剌子模，至少，要牢牢控制住已被他占领的波斯诸地，寻机与蒙古人展开决战。如今，蒙古军大举压境，札兰丁本应全力备战，他的做法却完全相反，他每日昼出晚归，白天出猎，晚上回到王营，便与诸将纵饮无度。他的行踪被绰儿马罕掌握，一日，札兰丁与部将出猎返回，行至木干草原附近时，遭到绰儿马罕手下将领的袭击。札兰丁不敌，在侍卫的拼死保护下渡过阿剌思河，经阿哲尔拜展到达马罕草原。

东归的蒙古大军卷土重来，在那些重又归附札兰丁或叛蒙自立的各国各部中造成了极大恐慌。人人纷纷传言，成吉思汗又回来了。中亚、西亚与波斯各国，皆遭受过蒙古铁骑的无情蹂躏，这些国家的军队与百姓，对于成吉思汗的铁血冷酷以及用兵如神记忆犹新。而今面临生存危机，人们不免焦急惊恐，尤其是那些惯于见风使舵的诸侯，更是在暗中谋划着各自的出路。

窝阔台三年（1231）底，绰儿尔罕在初步稳定新降诸城的局势后，率领军队将札兰丁追至阿兰部附近。札兰丁最信任的国相薛利夫就驻扎于杞章堡。札兰丁逃至杞章堡堡下，才得知薛利夫已将城堡献给了蒙古人，城堡上降旗高挂。

札兰丁恨不得生啖薛利夫之肉。想归想，恨归恨，事已至此，他除了赶紧逃命，也别无他法可想。战败后降服札兰丁的阿兰、阿哲尔拜展两州以及帖必力思的居民为求自保，叛乱纷起，纷纷抢杀花剌子模人，以向蒙古军队献功。

所幸仍有许多花剌子模臣民愿意起而抗击蒙古人，这使札兰丁在逃亡过程中集结起一支大军，这支军队的人数亦多于绰儿马罕率领的蒙古军。绰儿马罕派往阿兰附近的先头部队侦知札兰丁的新动向，急忙撤走，向主力靠拢。

俟蒙古先头军队离去，札兰丁立刻指挥大军围攻杞章堡，他绝对无法容忍薛利夫对他的背叛和出卖。薛利夫当然也知道札兰丁对他恨之入骨，想要趁夜逃跑，却被城外的军队俘获，押至札兰丁面前。

薛利夫苦苦哀求札兰丁看在他为他效命多年的份儿上饶自己一命，札兰丁俯视着薛利夫，冷笑一声，说道："早知今日，何必当初！"

薛利夫见札兰丁的眼中杀机毕现，知道再说什么也没有用，不由得哀号一声，瘫软在地上。

札兰丁要刽子手就在自己面前，从鼻子、耳朵开始，将薛利夫身上的肉一块儿一块儿地割下，薛利夫痛苦不堪，血尽而亡。

札兰丁虽兵势稍振，心中仍然感到不安。他决定向西里亚等国君主求援，关键时刻，这些人竟无一人有赴援之意。札兰丁只得退至亦思法杭，遣六千人至鲁木国抄掠数地，得无数牲畜而还。

不久，一位蒙古将领因违反军纪，担心被主将治罪，前来札兰丁处请降。他为札兰丁献计：设下埋伏，诱敌至此，待蒙古军队见财起意，大肆掠夺时，再尽起伏兵，将其聚而歼之。

札兰丁接受了这位蒙古将领的献计，故意弃辎重于一地，又命一员将领在四周设伏，守株待兔。计是好计，怎奈札兰丁用人不当，这位将领久等蒙古兵马不至，竟携带辎重返回本部。

札兰丁见此计不成，只得退往哈尼。诸将见哈尼无险可守，劝札兰丁退守亦思法杭。众人商议甫定，忽有阿米德王派来使者，劝札兰丁先取鲁木，与钦察部联盟，可牵制蒙古诸军。阿米德王还将自己麾下的四千人交付札兰丁指挥，札兰丁便不思前往亦思法杭，而是宿营于鲁木附近。

几乎同一时间，阿米德王赶来与札兰丁会合。

大敌当前，札兰丁依旧醉生梦死。当晚，他设宴款待阿米德王和双方将领，以谢阿米德王危急时前来相助之恩。席间，他开怀畅饮，不知不觉，已显醉意，恰在这时，一名突厥将领前来报告敌情，他说百十里外发现有蒙古人经过的迹象，提醒札兰丁早做防范。札兰丁根本不听，还嫌突厥将领搅扰了他的兴致，让手下将这名倒霉的将领拖出去打了二十军棍。

阿米德王就在席中，目睹札兰丁的所作所为，大失所望，又听说蒙古军将至，遂借故辞宴，带着本部人马逃回都城。

陆

阿米德王不告而别，札兰丁却一无所知，直喝得烂醉如泥。次日凌晨，果然有一支蒙古骑兵包围了札兰丁的营地，统军将领斡儿罕率军来救，札兰丁仍在醉梦之中，无奈，斡儿罕只得让人将札兰丁扶上战马，带着他杀出了蒙古人的包围圈。

路上，札兰丁总算清醒过来，急忙改道，逃往阿米德城。可他万万没想到，此前主动找到他，愿意为他提供帮助的阿米德王一反常态，闭门不纳。无奈，札兰丁只得离开阿米德城，向他处逃去。

若论此时札兰丁急于逃命的模样，比起当年他父亲摩诃末来恐怕也强不了多少，全然没有从印度初回波斯时纵横捭阖的风采。他见蒙古人追击甚急，心下慌乱，与斡儿罕简单地商议了一下，让斡儿罕打他的旗号，另逃一路，以转移蒙古人的追击方向。斡儿罕觉得这是下策，献计道，不如回到蒙古人已经过的村庄，说不定还能暂时避开蒙古人的追击。

札兰丁采纳了斡儿罕的建议，来到一处村庄，暂且扎下营来。蒙古人眼线甚多，竟很快循踪而至。札兰丁拼死杀出重围，许多将士皆战死，札兰丁只带着以斡儿罕为首的数骑逃往山中。

包围村庄的蒙古将领听说逃走的人是札兰丁，急忙派了十名骑兵追赶。蒙古骑兵追上札兰丁及其随从，双方短兵相接，随从包括勇将斡儿罕皆战死。札兰丁杀死两名蒙古骑兵，只身逃入山中。

也是札兰丁时运不济，他在山口处遇到了库尔德人，他们见札兰丁别无宝物，只有胯下坐骑堪称良骥，遂起意抢夺。他们围住札兰丁，札兰丁身经数战，早已疲惫不堪，抵挡一番，便被库尔德人斩于马下。

这天，是窝阔台汗三年仲秋季节（1231 年 8 月 15 日）。

这天，花剌子模末代王结束了自己跌宕起伏的人生。更可悲的，他不是死于战场，而是死在库尔德人的手中。

札兰丁具有典型的突厥人性格：性沉毅，寡言笑，有士兵之能，勇敢异常，但无统将之才，亦无人君之度。蒙古人未至之时，不知与邻国修好，共同对敌，而是侵略四邻，以抄掠为能事。及至蒙古人兵至波斯之地，仍不知抚慰军心，时常饮酒作乐，行为狂妄，故军民对其多有怨言。

札兰丁死后，绰儿马罕派军队率领迅速收复了被札兰丁占领的亦思法杭，随即兵进呼罗珊地区。

蒙古军第一次西征时，呼罗珊地区诸城已降服蒙古人。俟蒙古人东归，札兰丁被逐出印度，回到花剌子模旧地，原已平定的地区重新陷入混乱。札兰丁死后，其残余势力仍在你沙不儿及其境内进行骚扰破坏，所到之处大肆屠杀绰儿马罕派驻各地的官吏，并袭击所有归降蒙古之人。

真帖木儿奉命留镇呼罗珊，数次派兵征讨。这支残余力量只在你沙不儿和徒思两地的山中与蒙古人周旋，令其头疼不已。最后一次，真帖木儿付出两千人的代价，才将这支残余力量悉数扫平。

呼罗珊地区重归安定，真帖木儿与心腹将领商议后，派出据守该地的诸小王前往蒙古觐见窝阔台汗。此举令窝阔台汗十分喜悦，他在万安宫接见了前来朝觐的呼罗珊诸小王，予以厚赐，一律册封为各部之王。同时正式下旨，命真帖木儿管理呼罗珊，不受绰儿马罕节制。

真帖木儿是大太子术赤的爱将，一直受命管理呼罗珊地区，而绰儿马罕是当今大汗的信臣，奉旨出征，即使在大太子封地，也拥有绝对权力。绰儿马罕原想重新任命呼罗珊地区的长官，然而真帖木儿棋高一着，得到大汗的信任，绰儿马罕只得命真帖木儿协助他收复波斯未降之地。

自札兰丁被库尔德人杀害，复叛各地失去了与蒙古军队对抗到底的决心。绰儿马罕率领军队长驱直入，进于阿哲尔拜展中心地带。他派使者劝告帖必力思守将停止抵抗，帖必力思军民备好金帛酒食，于道中迎降。

窝阔台汗七年（1235），真帖木儿病逝，绰儿马罕如愿收回了对呼罗珊地区的监管权。这时，大汗特使赴波斯劳军，绰儿马罕接受大汗命令，继续收复波斯以西诸城。至此，窝阔台遵照父汗的遗诏，已基本完成了开拓疆土的重任。

在中亚和波斯，蒙古军消灭了以花剌子模札兰丁为首的残余复辟势力后，继续向谷儿只等地进军；在东方，降服高丽，完成了联宋灭金的既定目标，使蒙古汗国的领土继续向东、南两面拓展。

皆大欢喜，也有隐忧。

蒙古第一次西征结束后，不里阿耳，阿速诸部以及斡罗斯诸公国在名义上已臣属于术赤汗国，但这些部落或国家并没有被完全征服，他们叛复无常，经常起而反抗蒙古人，对蒙古在该地的统治造成了极大威胁。

根据拔都的战报，窝阔台汗审时度势，决定派遣十万大军远征欧洲。这次远征，被称作蒙古第二次西征，也称拔都西征。

召开忽里勒台时，成吉思汗诸子中，只有窝阔台和庶幼弟阔列坚参加了会议。察合台汗因身体缘故，没能成行，但他派出诸子及长孙不里代表他谒见窝阔台汗。大太子术赤十年前已在封地病故，四太子拖雷和成吉思汗的庶长子珠日查亦在灭金战争进行得如火如荼时先后亡故。如今，窝阔台自己的亲兄弟里，只剩下他与二哥察合台以及庶幼弟阔列坚了。

在成吉思汗的孙辈中，蒙哥兄弟、贵由兄弟本来都在和林附近驻营，路途最远的是拔都兄弟。忽里勒台就在拔都率其兄斡尔多和诸弟赶到后举行。

鉴于此番西征路途遥远，任务艰巨，为确保能派出最强的军力，窝阔台与诸王贵族商议后，定策西征军为"长子远征军"，即由术赤、察合台、窝阔台、拖雷四系诸王的军队组成，而各军统帅皆为诸王中的长支子孙。因拔都是术赤王位继承人，又曾领兵远征斡罗斯，因此，窝阔台任命他为西征军最高统帅，前敌总指挥；老将速不台为副统帅，协助拔都主持全面军务。

具体分派如下：第一军是属于术赤系的拔都军，拔都自任主帅，斡尔多、别儿哥、昔班率军从之；第二军是属于察合台系的不里军，不里为主帅，其叔贝达尔率军从之；第三军是属于窝阔台系的贵由军，贵由为主帅，合丹率军从之；第四军是属于拖雷系的蒙哥军，蒙哥为主帅，异母弟不者克率军从之。另有阔列坚亲王的军队，不隶属于上述各系。

忽里勒台结束后，诸王返回各自封地，征集军队，准备出征。按照约定的时间，诸王率领所部军队从驻地出发，于窝阔台汗八年（1236）春末，全部到达里海之东吉尔吉斯草原一带集结完毕。

柒

夏季来临，长子西征军分为两个纵队，从乌拉尔山南端、里海北侧向西齐头并进。每个纵队分为两个梯队，右纵队的第一梯队为拔都军，由速不台指挥，斡尔多担任先锋；第二梯队为不里军，贝达尔担任先锋。左纵队的第一梯队为蒙哥军，不者克担任先锋；第二梯队为贵由军，合丹担任先锋。

拔都的统帅部设于右纵队的第二梯队。

察合台系长子军的实际指挥者是贝达尔。察合台在调集军队出发时，一再叮咛孙子不里，军中指挥诸事，要听从其叔贝达尔的安排。拔都虽与不里关系不睦，但与贝达尔惺惺相惜，堂兄弟的感情十分融洽。

各军在行进中每隔九天都要向统帅部报告地形及敌情等相关情况。斡尔多率领的先锋军于秋天到达不里阿耳边境的伏尔加河畔，完成了掩护主力西进的警戒任务。不久，诸王兵马也相继开到伏尔加河下游的草原地带集结。

待西征军集结完毕，拔都召开了首次作战会议。会上，诸王将领经过讨论，决定采纳速不台的建议：先以一部兵力分别进攻不里阿耳和钦察，排除两翼障碍，而后集中兵力进攻斡罗斯诸公国。

拔都将进攻不里阿耳的任务交给了老将速不台。速不台行前，蒙哥在自己的帐中备办酒宴，为老将军壮行。

拖雷生前，对速不台经常委以重任，而蒙哥亦与速不台之子兀良合台交厚。母亲苏如夫人更是不止一次告诫蒙哥：远征路上，凡事要服从主帅拔都的调遣，维护主帅的威严。而且，一定要尊重开国名将、两朝元老速不台。

就在临出发的前几天，窝阔台汗也单独召见了蒙哥。窝阔台汗对蒙哥说："你是我的养子，又从幼年起就跟随在祖父身边秉承教诲，对于大札撒的条文，你比任何人都要熟稔。我之所以派遣各系长子军出征，是因为长子军皆为我蒙古精锐。但以四系组成远征军，亦有隐忧。此次远征，疆域广阔，前途未卜，统帅间的团结至为重要。你的任务不只是一方统帅，更重要的是协调好诸王之间的关系。另外，国家大事我必与你二伯商议后方可做出决断，以后你在远征途中行文，一份给我，一份要报送你二伯，让他随时掌握西征军的进展情况。"

蒙哥领命。

数年前，蒙古军倾力征金。在小潼关一役，速不台遭到贵由暗算，功亏一篑，几乎命丧倒谷口。战报送抵宫廷，窝阔台汗不但没有细查原因，反而听信谗言，要按军法将速不台治罪。就在老将军很可能要蒙受不白之冤时，多亏大那颜拖雷一力维护，将老将军留在军中效力，后来又为他洗清了冤屈。

大那颜的恩德，速不台铭感五内，永志不忘。大那颜饮下符水，代兄赴死后，速不台像敬重大那颜一样敬重着他的孀妻苏如夫人。事实上，自大那颜离开人世，苏如夫人已成为这个家族的灵魂人物。而且，速不台也很喜欢大那颜的长子蒙哥。蒙哥虽是晚辈，速不台却欣赏这位年轻人的处事公允，铁面无私。

二人落座，第一杯酒，蒙哥敬速不台，祝老将军旗开得胜。速不台爽快地饮了敬酒。但他的第一杯酒，敬给了成吉思汗的在天之灵。

速不台追随成吉思汗时还只是个十一岁的孩子，成吉思汗却将他擢为贴身侍卫，亲自教导。从此，他跟随成吉思汗南征北战，终于成为蒙古功勋卓著的开国名将。他这一生，最崇敬的人就是成吉思汗，哪怕成吉思汗早已离开人世，他仍旧没有一刻忘怀过他的大汗。

敬过成吉思汗，又敬拖雷，速不台这才回敬蒙哥。年已花甲的速不台豪爽如旧，酒量更是不输给年轻人。蒙哥的个性深沉威严，不喜宴乐，平素饮酒极有节制，今日为陪速不台，不免多喝了几杯。蒙哥可以说是速不台看着长大的，二人年龄悬殊，相处倒如叔侄一般，并无半分隔阂。难得忙里偷闲，他们颇有默契地绝口不谈即将到来的战事，只谈些彼此熟知的往昔，倒也轻松愉快。

速不台度量宽宏，即使差点失去性命，他也没有怨恨过当今大汗。三太子窝阔台是成吉思汗亲自选定的继承人，也是一位能将其父事业发扬光大的人主之选，对于这样的君主，速不台甘愿为他，不，更确切地说，甘愿为了成吉思汗开创的事业，策马远征，洒血疆场。只要一息尚存，这是他不变的心愿。然而，速不台始终无法对贵由敞开胸怀，也从来不曾淡忘小潼关兵败之耻。

蒙哥与速不台正聊着，贝达尔来了。在众多堂兄弟中，蒙哥素与大伯术赤的次子拔都、三伯窝阔台的次子阔端、二伯察合台的三子贝达尔私交最好，以前还有个二伯的长子南图赣，他们五个人年龄相仿，算得上志趣相投，惺惺相惜。南图赣殁于第一次西征的战场，此后，五兄弟便只剩下四个人了。在窝阔台汗定策实施的第二次"三大征"中，阔端奉命南征，经略西夏故地；拔都、蒙哥、贝达尔却有机会一同参加西征，对于他们又能并肩作战，兄弟三人都是颇觉快慰。

贝达尔是来找蒙哥喝酒的，没想到一进军帐就看到速不台在这里，他不由得大声嚷嚷起来："太不够意思了吧，蒙哥？喝酒怎么能不叫我来？"

在察合台诸子中，贝达尔的性格最像父亲，大大咧咧，不拘小节，却长于指挥，极有智谋。察合台一向偏爱早逝的长子南图赣，在其余诸子中，最得他喜爱和赏识的儿子，正是贝达尔。

蒙哥笑着将贝达尔让进来，三个人不讲那么多客套，贝达尔随意找个地方坐下，先喝了两杯酒，蒙哥和速不台又分别敬了贝达尔一杯，贝达尔就跟润喉一样，直等喝下这四杯酒，才顾上跟速不台说话。

"将军，你明天什么时候出发？"

速不台和蒙哥互相对视了一眼。本来，他们并不想谈论征战的话题，可贝达尔一来，不谈也不可能了。贝达尔就是这样的人，心里藏不住话，再说，他也是一员每逢临战必定身体力行的虎将。

"早晨。"速不台笑着回答贝达尔。

"我去送你吧。"

"不用。像主帅说的，等我拿下不里阿耳，蒙哥拿下钦察部，我们再在斡罗斯境内会合也不迟。到时候，还让蒙哥请我们喝酒。"

"好。"蒙哥爽快地答应。

"将军，我记得第一次西征时，你和哲别将军就与不里阿耳军队交过手。不里阿耳的情况到底是怎样的？"

对于不里阿耳的地形、军队与历史，速不台再熟悉不过了。不里阿耳很早就分为两部，东部为伏尔加不里阿耳，在五世纪末分出一部，西渡第聂伯河而立国（即今日之波兰）。不里阿耳位于里海以北，乌拉尔山以西，伏尔加河以东，卡马河流域，地形以平原和沼泽地为主。首都也称不里阿耳，离喀山城三百五十里，西接斡罗斯，南邻钦察草原。居民务农，信奉伊斯兰教和基督教。其国利用伏尔加河、卡马河与邻近的斡罗斯和里海沿岸诸国互通贸易。北方出产皮革、蜜蜡等物，经由钦察输出波斯、花剌子模等地。不里阿耳可谓斡罗斯的东面屏障，以阵地坚固和资源丰富而闻名于世。

贝达尔听着速不台扼要的介绍，连连点头，又问："钦察部的情况将军也很熟悉吧？蒙哥就要出征钦察，将军何不给我们讲讲？"

速不台摆摆手："这个倒不用。"

"不用？"

"没错。蒙哥对钦察的情况了若指掌，你有什么问题，尽管问他便是。"

听速不台这样说，贝达尔果真看着蒙哥动问："与不里阿耳相比，钦察是好打一些，还是更难打？"

"无所谓难易，两个地方情况不同。"

"哦？说说看。"

"钦察的前身是突厥的游牧部落，据有昔日可萨之地，垂二百年。其游牧地在里海、高加索山脉、里海之北，西起顿河，东抵乌拉尔河，与东罗马帝国、匈牙利、斡罗斯、不里阿耳、康里诸国为邻，据有马尼赤低地，黑海低地，顿河、伏尔加河、乌拉尔河下游肥沃地区。数千里皆平川，没有山岳，不立城邑，为斡罗斯南部屏障。钦察既是游牧部落，自然与我蒙古有相似之处，军队亦以骑兵为主。"

"我最讨厌攻打城池，在草原上作战，可以自由驰骋，那才叫爽快。为什么主帅不命我去攻打钦察部？"

速不台和蒙哥听他这么说，都笑了。

蒙哥想起一件事，问贝达尔："不里，他最近怎么样？"

贝达尔没明白蒙哥问话的意思，"啊"了一声。

"统帅将远征军的指挥部设在不里军，并非因为不里是这支军队的主帅，而是因为你在军中。我们这支西征军，孤军深入如此辽阔的地域作战，能够打败我们的，不是钦察军队，也不是斡罗斯军队，能够打败我们的，只能是我们自己。贝达尔哥哥，你明白我的意思吗？"

贝达尔挠挠头，还是有点不明白。

余下的话蒙哥也不便说得更明确了。他想，最好不要发生他所担心的状况，他更希望一切都只是他的多虑。

速不台心存同样的忧虑，只是，他并不想谈论这些。他岔开话题，三个人边喝边聊，谈些进攻之法，防守之道，极为尽兴，天黑方散。

捌

作战方案既定，两路蒙古大军在速不台和蒙哥的指挥下分兵挺进不里阿耳和钦察诸部。不久，捷报传来，速不台军在伏尔加河中游苦战迫降不里阿耳人。不里阿耳人降而复叛，速不台引军又至，不里阿耳人恐慌，只得再次投降。

不里阿耳既降，拔都遂率主力进驻其首都，分兵清除斡罗斯的外围力量。

另一路大军在蒙哥的率领下攻打斡罗斯南部屏障钦察部。窝阔台汗九年（1237）春，蒙哥率左纵队第一梯队集结于伏尔加河东岸，发现钦察军在西岸严密防守，企图阻止蒙古军渡河。

蒙古军为渡河做了周密的准备。首先，蒙哥命军队大量宰杀牛羊，剥下整张皮筒，吹气后结成皮筏，再以木杆制桨。同时，拔都从不里阿耳调来大批船只和水手，集中于伏尔加河下游河口。蒙哥又组织了两千人的先锋部队，配备百只船，每人携带鞍具、行装和能喂三天的马料，乘马用缰绳联结起来在船后跟进游渡。

蒙哥的性格，凡事都要追求尽善尽美，万无一失。他亲自视察了军队的渡河准备情况，甚至连第一批渡河的将士也是他亲自挑选的，这些将士个个身经百战，个个都是百里挑一的神箭手。另外，他让工匠在船头设计并安装了固定盾牌，为的是在与钦察人的对射中，先锋军即使不占绝对优势，也不会只有招架之功，没有还手之力。

先锋军由不者克统领。在大那颜拖雷的十个儿子中，蒙哥是所有弟弟共同尊重的兄长。但因他的个性深沉威严，弟弟们对他又都有几分惧怕。蒙哥交代不者克："你带先头部队乘坐木船，划向西岸。接近西岸时，钦察人一定会用弓箭阻止，到时候，你必须用弓箭压住他们。我为你挑选的，都是身经百战、作战经验丰富的将士，特别是布置在前面几艘船里的神箭队，他们的箭术不在你之下。现在最关键的问题是，你一定要把握好双方对战的时机，以快于对方的速度占据主动。"

不者克向兄长保证："主帅放心，我一定不辱使命。"

蒙哥点了点头，又叮咛道："一旦船只碰到西岸沙底，你们要立刻拿起鞍具，弃船去抓游过来的战马，乘马对敌人实施突击。如此，必能攻破敌人的第一道阵地。倘若敌人遁入第二道阵地，先不要忙着追击，只做佯攻，待掩护后续部队全部过河，再拼力攻打不迟。对钦察部一战，成败在此一举！"

"明白。主帅，我先告退，去准备一下。"

"好，你去吧。"

"是。"

蒙哥看着不者克走到门边，又叫住了他："不者克。"

不者克回头望着蒙哥，"主帅还有什么吩咐？"

"你，要注意安全。"蒙哥简短地说道。这一句话里，却包含着一位兄长对于弟弟全部担忧与祝福。

不者克的心头顿时一热。大那颜的几个儿子，除旭烈兀和阿里不哥的性格比较粗犷直率外，其他的都不太喜欢感情外露。对于哥哥的关心，不者克只是笑了笑，说声"放心吧大哥"便走了出去。

不者克不辱使命，率领先头部队很快夺取了西岸阵地，接着掩护后续部队乘船渡河，又将大批粮秣、兵器、行李、家具等运至西岸。三天之内，蒙哥军按照计划全部渡过伏尔加河。俟大军集齐，蒙哥立刻兵分两路，由自己和不者克率领，向西及西南方向推进，继续追击溃逃的钦察部队。

至夏季，蒙古军全歼钦察一部，另一部西逃，余者请降。对于归降的钦察诸酋，蒙哥命他们随军远征。蒙哥还挑选精壮的钦察人组成了一支敢死队，这支建功无数的敢死队，后来成为元朝钦察卫的前身。在元朝的创立者忽必烈与窝阔台汗国的复建者海都的生死搏杀中，在忽必烈及其继任者平定内乱的战斗中，都能看到这支钦察卫英勇无敌的身影。

钦察诸部中，有一八赤蛮部，该部首领的名字就叫八赤蛮。其部未有固定驻地，形同流寇一般。他们不时采取出其不意的袭击，得到辎重就立刻逃走，一日数迁，以避踪迹，令蒙哥军吃足了苦头。为彻底降服钦察所有部落，蒙哥下令追击八赤蛮部，不消灭八赤蛮绝不收兵。

不者克又建新功，在里海俘虏了八赤蛮的妻子，他派快骑将这位妇人送到兄长的营地。蒙哥亲自对妇人进行审问，从她口中，初步掌握了八赤蛮及其部众的藏身之所：原来，他们每次劫掠得手后多在伏尔加河西岸的密林中躲藏。蒙哥和不者克分兵沿两岸搜索，一日搜索河岸的一片密林时，发现了破损的车辆及人畜粪便，同时还寻到一位因生病被遗弃在旧营的老妪。

通过审问老妪，蒙哥了解到八赤蛮部刚刚撤离，躲到了伏尔加河的一座岛屿上。蒙哥丝毫不做停歇，一面派人通知不者克沿河岸设伏，一面督率本军涉浅滩登岛，对八赤蛮部展开突袭。这也算以其人之道还治其人之身，八赤蛮毫无防备，束手就擒，其部众被消灭殆尽，而蒙哥军无一人伤亡。

此时，河水已涨，蒙哥军只得浮渡离开岛屿。回到岸边，兄弟会合，蒙哥将八赤蛮交给不者克处置。不者克的先锋军数遭八赤蛮袭扰，损失了不少物资与兵将，现在八赤蛮落在他手里，他不容分说，立斩八赤蛮。

自此，钦察部再不能对蒙古军队形成任何实质性的威胁。

惊闻钦察部竟被蒙古人降服，其东北部伏尔加河沿岸诸部纷纷投降。随着里海、高加索以北广大地区皆已全部平定，蒙古军排除了进攻斡罗斯的屏障。拔都引军与速不台、蒙哥会师，新的大战又在眼前。

下一个，将是此番西征的主要目标：斡罗斯诸公国。

斡罗斯人为斯拉夫族，六百多年前（公元 570 年左右），日耳曼人南侵罗马后，其地为斯拉夫人占据。中国的唐朝末年，有鲁里克兄弟三人侵凌他族而为众部之长，因其所住之地名为斡罗斯，遂以地名取部落之名。

鲁里克曾将第聂伯河东、北方诸斯拉夫民族征服后通称为第斡罗斯人。鲁里克后代拓地而南，迁都于基辅，历时三百载。诸子分国而治，唯奉有大公称号者为主君，迁都于弗拉基米尔。数传之后，至成吉思汗出生时，诸部皆拥兵自立，互相争战，互夺土地，渐次分裂成基辅、梁赞、弗拉基米尔等十数公国。而各公国内部，又分裂出诸多领主领地，如弗拉基米尔，先分裂成五个领地，后又分裂为十二个领地，其他公国的情况也大抵如此，形成十分松散的割据局面。

斡罗斯地理环境恶劣，公国众多，造成各公国疆域偏小。东、南与不里阿耳、钦察为界，西接波兰，西南与匈牙利为邻，北邻白海。

境内一般地势低平，北部积雪消融季节，淖沼泥湿，路途险阻，大部队运动受到很大限制。冬季河川封冻后，则畅通无阻。另外，斡罗斯境内城堡均为木建，对于炮石轰击抗力甚小，且易燃火。

斡罗斯马匹强壮，负荷大，然驰骋较慢，远不及蒙古马轻捷矫健，行动敏速。斡罗斯各公国军队，只习惯利用战阵拒敌，而不擅机动。在作战方法上，侧重于短兵接战或剑击。在战术思想上，虽也采用弓箭炮石，但主张专守防御，不长于包围、迂回、突击等机动战法。

蒙古军从第一次西征到第二次西征，其间足足间隔了十四年。蒙古军第一次西征时，哲别、速不台率领的远征军在伽勒伽河会战中打败了斡罗斯、钦察联军，当时，斡罗斯举国震动，其境内各城镇基本上处于敌到乞降的状态。

幸而蒙古军并无进占斡罗斯全境的打算，加之斡罗斯军队只是丧师于境外，境内未被骚动。俟蒙古军东返，斡罗斯内讧如故，诸部彼此构怨，自相攻伐，不能相辅，根本没有利用这十四年认真备战。

上述情况，拔都和蒙哥在出发前就已了解得相当清楚。

拔都召开了西征以来的第二次高级别军事会议，目的是让大家集思广益，统一思想。别的人还在其次，拔都尤其想借此机会缓和一下与贵由的紧张关系。自西征以来，贵由不是被动地执行作战命令，就是消极地配合大军行动。拔都担心长此以往，难免造成西征军的分裂。

贝达尔听了蒙哥对斡罗斯情况的汇报，抢先说道："既然斡罗斯境内城堡多为木建，何不用火攻，烧它个片木不存！"

蒙哥和速不台都觉得贝达尔的建议可行。

贝达尔想了想，又说："我们从北面进攻，向南推进，先拿下梁赞、弗拉基米尔诸公国。蒙哥刚才不是说过，北斡罗斯地势平坦，积雪消融季节多形成沼泽泥潭，骑兵寸步难行，一旦冬季河川封冻，则境内畅行无阻。如今正值冬季，我们何不一鼓作气，先拿下梁赞城。这一次，统帅一定要将打先锋的任务交给我。"

见贝达尔踊跃请战，拔都面露微笑。贵由却皱了皱眉头。

拔都将贵由的表情看在眼里，略一思索，以兄长的口吻问道："贵由，你的意见呢？"

贵由没有说话。

大家的目光不约而同地落在贵由那张表情严厉的脸上。

贵由瞟了拔都一眼，冷冷地说道："要是，你这位统帅只能依靠别人来帮你拿主意，你还配当统帅吗？"

此言一出，众人相顾，无不愕然。

玖

速不台双眉紧皱，心情沉重，这是他最担心的状况；阔列坚欲言又止，唯摇头叹息；蒙哥与贝达尔面面相觑，蒙哥是忧虑，贝达尔是不屑；不者克的目光在拔都、贵由还有大哥蒙哥的脸上扫来扫去，莫名其妙；合丹吃惊非小，一张脸涨得通红，却又感到左右为难。对合丹而言，贵由毕竟是长兄，出发前父亲也曾交代他要维护长兄的权威，可合丹对好大喜功的长兄一向敬而远之。此时发生了这种明显会损害西征军团结的事情，合丹更加不能只考虑家族利益。可真的让他出面指责贵由，他同样没有勇气；各军主帅中，原本只有不里与贵由交情最好，因事起突然，他也不免有些尴尬和惊惶；昔班和别儿哥一心维护二哥，别儿哥双目圆睁，拔刀欲起，却被斡尔多暗暗拽住。昔班正欲出言诘责，蒙哥不易觉察地向他摇摇头，他只得隐而不发。

贵由出了一口恶气，心里总算感到舒坦了一些。再看拔都的神色，在短暂的惊讶之后便恢复了素日的沉稳与平静。贵由既不能激怒拔都，反陷自己于孤立，索性不复一言，扬长而去。

拔都也不去管他，继续与大家商议军情。

梁赞公国境内分梁赞、科洛姆纳二城，位于弗拉基米尔大公国东南，与不里阿耳、钦察接界。蒙古军大举压境，二城首当其冲。速不台提议，将军队分为左右两翼，左翼主攻梁赞城，右翼负责监视和拦截科洛姆纳城及弗拉基米尔大公尤里所派出的增援部队，同时清除梁赞城外围力量，确保左翼部队全力攻城。

拔都认为可行。他命速不台率左翼攻城，贝达尔为先锋，他自率右翼主力，以大王阔列坚为先锋。命蒙哥率侦察部队分路先行，沿途负责勘察地形、道路、河流和山脉，随时向统帅部汇报。拔都给蒙哥的任务是，在大军没有到达梁赞公国前，侦察部队要留心捕捉敌探，封锁消息，尽量隐蔽军队行踪。

众人接令。

拔都又命兄长斡尔多和弟弟昔班负责畅通统帅部与各军之间的通信联络，确保后勤部队的给养供应。

此前，斡尔多和昔班按照拔都的命令，已在各军设立了庞大的运输队，他们征集了数以千计的骆驼驮运帐篷、毛毡、铜锅、面粉、饲料、干肉、食盐、油脂等物资。而且，每个骑兵都配备有两匹至多匹预备马，马群在大部队后跟进，骑兵可随时换乘，以确保军队的开进速度。斡尔多沉稳，任劳任怨，昔班心细，精力充沛，这兄弟二人相辅相成，也算得上最佳搭档。

只是涉及贵由军的安排，拔都颇费踌躇，关键时刻，阔烈坚助了他一臂之力："统帅何不命贵由为我之后援？"

成吉思汗活在世上的儿子，如今只剩下察合台、窝阔台和阔列坚三人了。阔列坚从小便与窝阔台感情亲密，儿时的阔列坚，经常被窝阔台驮在肩上玩耍。在窝阔台登临汗位的过程中，阔列坚始终是窝阔台最坚定的支持者之一。另外，阔列坚确有才能，在勇谋兼备、能征善战等方面并不逊于诸兄。事实上，窝阔台对他的庶弟十分宠信，贵由再意气用事，也不敢对阔列坚阳奉阴违。

"好，就这么办。"拔都爽快地同意了阔列坚的提议。

一切安排妥当，各军分路而行。

蒙哥很好地达成了使命。窝阔台汗九年（1237）十二月，蒙古军几乎是在未被发觉的情况下，自东南进入梁赞公国境内。

梁赞、科洛姆纳二城的城主分别是阔里吉和罗满二王。拔都遣使入城，命二王纳款，献出其财产的十分之一，诸王子十人中，一人入质。

二王理所当然地拒绝了这个无理要求。

阔里吉和罗满向尤里大公求援，大公得知蒙古军压境，下令加强防御。至于二王的请求，不知尤里大公是怎么考虑的，竟未及时向梁赞公国派出援军。

阔里吉担心守城兵力不足，一面征集城中所有十六岁以上男子入伍，一面加强巩固城防设施，做好与蒙古军决一死战的准备。

梁赞城四周被高土墙环绕，土墙外侧栽满了巨大的木桩，木桩表面泼水成冰，冰坡光滑，根本无法攀缘。城堡的内墙是用巨大的柞木围成的木防栅，城内碉楼林立，岗哨密布，并储备有大量的粮食物资，实为易守难攻之城。

速不台遇到了冰坡攀缘不上的困难，首攻受挫。他没有急于发动第二次进攻，而是命军队沿梁赞城四周筑起了一道长围，以断绝城内守军的退路。

长围筑好时，后勤部队已至，用雪橇运来大量云梯和攻城器械。蒙古军将攻城器械推进到城墙下，开始挖掘墙基，守军从墙上掷下滚木礌石，又放箭疾射，速不台亲临战场，命炮兵向城上发射装满石块和火药的小罐，守军遭受炮火打击，被压得根本抬不起头来。

这种火药罐喷射出股股烈焰，触到木制建筑上，引起冲天大火，城内顿时陷入混乱。速不台不失时机，指挥大军登上城墙，与守军展开了肉搏战。

左翼军分成早、中、晚三路，连续攻城五昼夜不歇。贝达尔率先锋部队用带轮子的巨槌猛撞城门，终于将城门击破。蒙古军从城门和城墙上同时攻入市区。阔里吉退到第二道防线，指挥守军继续抗击。蒙古军激战的第七天，即十二月二十七日，阔里吉战死，梁赞城守军投降。

速不台在梁赞城未作停留，急速向统帅拔都靠近。

梁赞城被围期间，尤里大公始遣其子率军增援，兵至中途，惊闻梁赞公国已被攻破，急忙转赴科洛姆纳城与罗满大公会合。

阔列坚大王率两万五千人兵临科洛姆纳城，这支军队中，有五千人为钦察军队。罗满大公轻率出击，被蒙古军击败退入城中。阔列坚下令攻城，城上万箭齐发，正在指挥作战的阔列坚被流矢射中，侍卫急忙将他救至弓箭不能相够之处。

贵由为阔列坚后援，得知叔父攻城时受伤，急忙前来探望叔父。阔列坚是成吉思汗的庶幼子，为忽兰所生。忽兰容色殊丽，最得成吉思汗宠爱，成吉思汗爱屋及乌，对阔列坚自然十分疼爱。

阔列坚的身材在诸兄弟中是最高的一个，如玉树临风般，既挺拔又匀称，他的长相则与母亲相似，极其俊秀。忽兰三十多岁便在西征途中病逝，临终时，她再三拜托成吉思汗要照顾好他们的儿子，从那以后，成吉思汗对阔列坚更加偏怜。在确立窝阔台为汗位继承人后，成吉思汗曾嘱咐窝阔台要善待自己的两位庶弟珠日查和阔列坚，窝阔台本性仁厚，向父亲立下誓言。

阔列坚的年龄与贵由相差不多，成吉思汗的四个嫡子中尚有察合台和窝阔台在世，三位庶子仅存阔列坚一人。贵由平素与阔列坚交往不多，不过叔侄间从无过节，而今见叔父伤重不治，贵由的心中也不免生出悲伤之情。

弥留之际的阔列坚用最后一点力气叮嘱贵由代他攻下科洛姆纳城。

阔列坚溘然长逝，贵由悲愤交集，指挥军队全力攻城。罗满王力战而死，弗拉基米尔公国王子败逃，贵由攻破城池后，下令屠城。

拔都接到叔父战死及贵由拿下科洛姆纳城的消息时，刚刚统领右翼军攻占了南部的勒乐斯城。得知凶讯，他下令全军为阔列坚大王举丧，同时，对在西征中立下自己首功的贵由予以嘉奖。

贵由受到嘉奖，心中并不高兴。

窝阔台汗十年（1238）初，蒙古军顺利进入弗拉基米尔公国边境。在连续攻克莫斯科外围的十二个城镇后，左右翼会师，进逼莫斯科城。莫斯科城建城虽有百年，但城墙及房屋俱为木制，守备也不完善。蒙古军长驱直入，围攻五天。拔都下令以攻打梁赞城之法向城中投掷火罐，结果城堡燃起大火，木防栅塌落。

尤里大公之子弗拉基米尔在该城坚守，城破后被俘。

蒙古军遂向弗拉基米尔都城挺进。尤里大公既闻莫斯科城败讯，留下二子守城，自己率领部队进驻伏尔加河上游支流的昔迪河畔，向两个弟弟及诸藩求援，以期集聚力量阻止蒙古西征军的进攻。

二月二日，蒙古军进至弗拉基米尔城下。拔都率各军主帅巡视城垣，又命被俘的斡罗斯士兵向上喊话："尤里大公何在？"

守城将士以箭雨作答。

拔都微微一笑，抽弓搭箭，射中钟楼十字架。贝达尔兴起，跃马射出一箭，不者克、蒙哥、合丹、斡答尔、昔班、不里相随，各射一箭，最后，贵由见大家都在看他，也发一箭。诸王箭法精准，箭箭皆中十字架。

射完，他们彼此相顾，哈哈大笑。

拔都命人带上大公之子弗拉基米尔出面招降，守军拒不投降，拔都遂命士兵杀掉王子，以示威慑。

二月八日，蒙古军经过数日强攻，终于攻克弗拉基米尔城，尤里大公的两个儿子战死，守城将士死伤无数。大公诸妃及主教贵族躲进教堂的乐座避难，蒙古军破门而入，要求躲在乐座中的人出来投降，可以免死，然而乐座中无人出降。不者克命将士向乐座投火，试图逼出躲避之人，岂料弗拉基米尔城的建筑亦以木质结构为主，火势迅速蔓延，在乐座中避难的众人尽被烧死。

蒙古军攻克弗拉基米尔城后，拔都召集千户长以上诸将参加作战会议。会上，拔都决定分兵三路扫荡北斡罗斯全境。

尤里大公离开弗拉基米尔城后进入森林区，而后抵达昔迪河畔鲍坚村。鲍坚村西面只有一条小路可通行，东面只有冰冻季节才能通过伏尔加河、昔迪河，而四周都是茂密的森林。尤里大公以为这里地险且隐蔽，蒙古人很难到达，决定负隅顽抗。他一面征集新兵，补充兵员，一面督促新建房屋，命士兵在沼泽地边缘挖掘深可没人的堑壕，用大量原木、木墩堆集防栅。

此时，蒙古三路大军中，东路军进展顺利，向东攻克十四城。

西路军向西北进攻，沿途诸城皆下。

中路军向北攻占苏兹达尔、斡罗斯托夫诸城，又从俘虏口中得到尤里大公的营地确切位置，中路军统帅拔都经过周密部署，以一部兵力进至昔迪河对岸，切断敌人退路；以一部兵力从敌军阵地两侧夹击，在昔迪河上同敌军激战；以一部兵力展开正面进攻。命令发出后，上千匹战马顷刻间踏平了尤里大公苦心设置的木防栅。尤里大公死于乱箭之下，依附他的公爵全部阵亡。

蒙古军占领弗拉基米尔公国全境后，乘胜向诺夫哥罗德城推进。诺夫哥罗德公国与弗拉基米尔、斯摩陵斯克两公国为邻，北抵白海，海上贸易发达，为北方最富有的公国之一。斡罗斯立国之初曾建都于此。蒙古军进至离该城三百里路程时，因春暖雪消，道路泥泞不能前进，遂退兵转向西南。

诺夫哥罗德公国得以幸免，二十一年后（1259年），金帐汗别儿哥在位时，该公国大公始向蒙古称臣纳贡。

北斡罗斯境内，只剩下一场硬仗要打了。在此之前，是难得的宁静时光。

第二章　拔都立国

壹

经过一段时间的休整，速不台、蒙哥引军进至科尔在斯科城。其城主瓦西里国王早已增筑城寨，安排好毒矢张弓以待。当蒙古军逼近外壕时，瓦西里令弓箭手齐放毒箭，蒙古军发起的几次进攻均被射退。

蒙古军次日再攻，越过城壕，靠近了城墙。守军从城上投掷巨石，夹以火箭，这一番攻城，蒙古军死伤甚众，速不台知此城急切不能下，忙让军队撤出战场。

两个月的时间里，因守军顽强抵抗，蒙古军的伤亡达到四千余众。速不台一面派人向拔都求援，一面与蒙哥定下一计。又一次进攻受挫，速不台与蒙哥率领军队疾退。瓦西里国王见蒙古军战败撤走，下了城墙，出城追赶。双方途中经过几次交战，瓦西里见实在占不到便宜，又担心城池失守，只好传令回师。他却不知蒙古军中有部分人也化装进入城中待命，而这，正是速不台与蒙哥商定的"换心"之计。

拔都派合丹、不里增援，第三天，援军赶到，蒙古大军重新杀回到科尔在斯科城下。蒙哥、合丹、不里分三路攻城，守军拼死据守，不料城中突然火起，接着城门大开，三路大军杀入城内。瓦西里战败被擒，速不台下令将他推进血渠淹死。

连年征战甚是疲惫，西征军转入东南草原度过炎热的夏季。

冬季来临，大河封冻，蒙古军在拔都的率领下，东渡伏尔加河，略不里阿耳以北，直至乌拉尔山麓。昔班、不者克、不里奉命扫荡钦察近黑海、高加索以北诸部族，钦察部酋长忽滩原本归附蒙古，此番见有机可乘，率所部四万帐逃入匈牙利，来不及逃走者，皆向蒙古军请降。

窝阔台汗十一年(1239)春，拔都攻打打耳班及附近诸部落，平定阿速等部。

夏季，西征军在伏尔加河下游避暑。十二年秋，西征军平定高加索北部斡罗斯东部南部诸部族，复入南斡罗斯境内。

基辅为南斡罗斯大都市，位于第聂伯河中游西岸，其国利用第聂伯河、黑海与东罗马帝国通商，在南斡罗斯诸城中最为富庶。拔都认为占领南斡罗斯，必攻基辅，其作战方针是：先扫外围，后攻中心。

深秋，蒙哥经过侦察，发现第聂伯河河防甚严，且河水尚未结冰封冻，大军无法渡河。立马河东，基辅城池隐隐在望。直等冬季来临，河面封冻，蒙古军队才从冰面过河，一举攻破基辅城。

基辅守军退入教堂，登楼抵抗，不巧楼房坍塌，死伤甚众。守将狄米负伤被俘，执见拔都，拔都嘉其忠勇，释而不杀。

基辅既下，拔都决定就在大公府犒劳所有立功将士。他将设宴的任务交给了弟弟昔班。

有蒙哥帮着昔班张罗，不出半日，一切皆安排妥当。酒宴即将开始，可不知什么原因贵由和不里二王迟迟未至。拔都也没多想，他心情愉快，一边与速不台等人闲聊，一边等待贵由和不里到来。

拔都既是西征军统帅，又一路运筹帷幄，战功卓著，大家敬重他，共尊他上坐。拔都心怀坦荡，不善客套，推让一番也就坐了。蒙哥派人前去催请贵由、不里，速不台亲手执盏，敬给拔都："统帅，这杯酒我敬你。不里阿耳、钦察、北斡罗斯皆已降服，南斡罗斯全境指日可下，这都是统帅运筹之功。想我速不台，此生最崇敬的人就是成吉思汗，如今，在统帅身上，我似乎又看到了先汗的身影。"

拔都谦虚道："老将军过奖了。我岂能与祖汗相提并论？当年，你与哲别率领远征军横扫天下，对二位杰出的指挥才能，我从那时起就心怀仰慕。此番我军推进顺利，皆老将军和诸位兄弟的功劳，更是西征将士浴血奋战的结果。这第一杯酒，我不敢领。"

"别呀，别呀，拔都哥。你身为全军统帅，这第一杯酒你若不领，其他人谁还敢领呢？这满大厅十多种美酒呢，我的酒虫子早被引出来了，你若不喝，大家都不喝，我也不敢喝，你这不是让我活受罪嘛。"贝达尔一脸苦相，大声嚷嚷道。大家都被他的话逗笑了。

"是啊，拔都哥，你就别推辞了。为了贝达尔这个酒鬼，你也得先饮了这一杯，省得贝达尔今天不能一醉方休，以后不肯好好打仗。"蒙哥平素沉默寡言，与人相处鲜有逗趣之语。不过，一来西征进展顺利，他心情格外愉快，二来他与贝达尔感情亲密，于是便开起了贝达尔的玩笑。

贝达尔佯做恼怒状，"你说谁是酒鬼！酒场如战场，我这是身先士卒，为咱西征军壮壮声势！"

兄弟俩随意地开着玩笑，拔都不好再推辞，接杯在手，一饮而尽。

拔都放下酒杯时，忽然发现贵由、不里不知何时站在门口。拔都正想招呼他们，却发现贵由瘦削的脸上涨满红潮，而不里的眼睛里也喷射出怒火。

拔都话到嘴边又咽了回去，心想：他们这是怎么了？

蒙哥也看到了贵由和不里，"你们去哪儿了，怎么才过来？大家就等着你俩哪。主帅，不如让昔班宣布开宴可好？"蒙哥已察觉出气氛不对，慌忙打起圆场。

"好。"拔都点点头。

"是啊，赶快开宴吧。说真的我这些日子都没得机会吃上一口像样的热饭，这会儿早就饥肠辘辘了。我说贵由兄弟，不里，你们别站在那儿了，赶快入席吧。今天是个好日子，我们大家都要开怀畅饮，不醉不归。"贝达尔也若无其事地催请二人入席。贝达尔粗中有细，他见不里一脸愤恨，生怕不里跟着贵由惹出什么麻烦来。他这么说，是想缓和不里的不满情绪。

昔班起身，宣布宴会开始。

贝达尔的眼睛看着不里，心里总有种不安的感觉。

察合台长子军出发前，父亲跟他长谈过一次。父亲再三叮嘱他，不里性格莽撞，少有城府，还需要他这个叔叔时刻约束不里的行为。父亲坦然相告，此次西征，一旦不里立下大功，树立起威信，他将正式将不里立为汗位继承人。

对于父亲执意要将汗位留在长兄南图赣一系的做法，贝达尔不像二哥也速蒙哥那样心存不满，牢骚满腹。他觉得，既然汗位于他无份，他正可躲躲轻闲。他从心里懒得承担起身为大汗的那份责任，父亲的辛苦他都看在眼里。对他来说，有仗打，有酒喝，他已经十分知足了。

他没有野心，可他对父亲交给他的任务十分头疼。长侄不里不像二侄哈刺旭烈，这孩子可不是个他能管束得了的人。送别远征军那天，父亲再三叮嘱不里：他虽是察合台长子军主帅，但事关行军作战他必须服从叔父的指挥。对于这点不里尚且不敢违拗，至于其他事，不里断不会将他的话放在心上。

在一众堂兄弟中，贝达尔从不喜欢贵由，可二哥也速蒙哥和长侄不里都与贵由交厚。贝达尔考虑到贵由是三叔长子，身份尊贵，在面上与他倒也相安无事。今天的情形却似乎有些不对，贝达尔真怕不里惹出什么麻烦，连累他也要受到父亲责备。从小到大，父亲是贝达尔唯一惧怕的人。

贵由是当今大汗之子，贝达尔管不了，事实上，侄儿不里他同样管不了。贵由一心想成为西征军主帅，忽里勒台上大家却众口一词推举长于指挥又处事公允的拔都。父亲虽未参会，但他向大汗推举的主帅人选也是拔都。希望的落空以及自尊心受到伤害，令贵由对拔都一直耿耿于怀。贝达尔担心的是，倘若贵由迟迟不肯放下私怨，只怕西征军的分裂就在眼前。

而今，南斡罗斯全境未平，一旦西征军发生分裂，后果不堪设想。

贰

还真应了那句话：怕什么来什么。

在蒙哥和贝达尔的劝说下，贵由、不里并没有回到自己的座位上，而是径直来到拔都面前。贵由一言不发地倒了杯酒，贝达尔刚暗暗地松了口气，就见贵由一扬手，将一杯酒全都泼在了拔都的脸上。

拔都猝不及防，一时间有些愣住了。

大厅中原本欢快的气氛陡然间变得紧张起来，不安的骚动霎时传遍了大厅的每个角落。拔都脸上的惊讶转瞬即逝。

拔都的镇定越发让贵由的神经受到刺激，他一脚踹开桌案，上前一步，劈手揪住拔都的衣领。愤怒给了贵由巨大的力量，拔都竟被他从座位上拽了起来。拔都向前趔趄了几步，方勉强站稳身形。

"放手！你要做什么！"拔都冷冷地说道。

"放手？你要我放手？你这个长胡子的妇人！瘸腿的匹夫！我问你，你有什么权利坐在这个尊贵的位置上？难道，我们都是低你一等的人吗？"成吉思汗诸孙中，拔都和忽必烈皆患有足疾，不能久站。

"我从来没有这样的想法。作为大军统帅，这是大汗赋予我的使命。"

"少拿出大汗压我！别忘了，我才是窝阔台汗的长子！"

"哦，是吗？那可真是遗憾！"

拔都的讥讽显而易见。贵由羞恼之下，反而找不出更恶毒的言辞来回击拔都。

"你说什么？你有什么权力敢不将大汗的儿子放在眼里！贵由叔，就让我替你教训教训这个狂妄自大的人。"

不里是个莽夫，他既不喜欢拔都，又一心护着贵由。这会儿见贵由理屈词穷，他立刻暴跳如雷，扯下背上的硬弓向拔都头上抽去。蒙哥站着的地方离这三个人最近，他眼疾手快地挡了一下。结果，不里的弓在他的手背上划出一道深深的口子。

鲜血从蒙哥的手背上涌了出来，不断地滴落在大厅的地面上。

看到蒙哥受了伤，贵由和不里都不免有些愣怔。蒙哥顾不得手背上传来的阵阵灼痛感，一把夺过不里手里的弓，又狠狠掷在地上。刚才，因事起突然，别说是其他人，连蒙哥都懵住了。

"好啦！你们闹够了没有！贵由，松开你的手！你这样对统帅拉拉扯扯，乱发脾气，成何体统！还有你，不里，你是想让我把你的所作所为告诉我二伯吗？"

不里年轻气盛不假，却从骨子里惧怕祖汗。他一听堂叔要将今天发生的事情告之祖汗，一腔怒火便如被水浇过一般，顿时熄了大半。

贝达尔瞟了侄儿一眼，什么也没说。

贵由见蒙哥出面干预此事，又明显偏向拔都，不由得更加震怒，"不关你的事！今天，我一定要教训教训这个不知好歹的匹夫！"

"你先把手放开！贵由、不里，我告诉你们，在这里，拔都不仅是我们的兄长，更是西征军名副其实的统帅，你们对上官不敬，已经违背了大札撒。

既然是你们违背大札撒在先，还敢说不关我的事？维护西征军的团结，严格执行大札撒正是我的职责。如果让大汗知道今天发生的一切，贵由，你觉得大汗会如何处置你？"

贵由怒视着蒙哥，"难道，你是想用父汗来压制我吗？"

"我可以给你们一次机会：你和不里现在就向统帅道歉，请求他的原谅，向他保证绝不再犯。"

"道歉？你在说梦话吗？"

"你不肯，就不要怨我秉公处理了。"

"难道，你真打算跟我作对到底了？"

"随你怎么想都行！"

贵由色厉内荏，嘴上不服输，手还是松开了拔都的衣领。贵由一向嫉恨和厌恶拔都，但想到以蒙哥铁面无私的个性，一定会将此事禀报父汗，不免心生畏惧。他飞快地盘算了一番得失，到底无法向拔都示弱。

贵由愤而离席。不里犹豫片刻，也跟他的后面一起离去。

无人出面劝阻他们。此刻，经过贵由和不里的搅局，人们宴饮的兴致一落千丈。拔都命人给蒙哥包扎，关切地问道："你没事吧？"

蒙哥眉心微锁，摇摇头。

"你是不是有所担忧？"

"斡罗斯全境未平，倘或远征军发生分裂，我担心……"

"是啊，兄弟矛盾事小，关乎远征军的命运，统帅须早做防备。"速不台也说。贵由军是窝阔台系的精锐，一旦这支军队撤离战场，势必会削弱西征军的力量。

"今天是庆功宴会，大家不妨开怀畅饮。余下之事，我们明天再做商议不迟。"拔都朗朗笑道，似乎已将方才的不快置之脑后。

蒙哥与速不台相顾苦笑。

宴会至夜方散。第二天，拔都、蒙哥等人果然听说贵由带走了自己的军队，撤回到北斡罗斯境内。不里没跟贵由在一起，不过，他也离开了大部队单独扎营。

这是一种相当可怕的分裂行为。长子西征军本来兵力不足，又在一个遥远、广阔、环境陌生的地域作战，军队四分五裂，不用应付一场场未知的战争，不用敌人反击，只怕西征军也会败于自身。一旦西征军半途而废，它所产生的严重后果，莫过于蒙古帝国将失去最大的领地——术赤封地。

关键时刻，贝达尔决定助拔都一臂之力。贝达尔兼程赶往不里的临时驻地，他既不费唇舌，更不相劝，而是直截了当地告诉不里：察合台汗行前对他做过交代，如若不里在出征中任意妄为，不服调遣，那么，不里的军队将由他接管，万一不里抗命，他则有权将不里绑送回国，交由大汗亲自处置。说到这里，贝达尔见不里面露惧意，便以蒙哥定将此事禀报窝阔台汗与察合台汗，察合台汗但有责备，他绝不替侄儿说情相威胁，不里终于妥协。

贝达尔对侄儿知之甚深。不里虽说桀骜不驯，好在还有一个惧怕的人。想到祖汗的雷霆之怒，不里不寒而栗，再三哀求叔叔贝达尔届时一定替他开脱，贝达尔爽快地答应下来。得到叔叔的允诺，不里主动带领本军回到统帅部，向拔都跪地认错。拔都心胸宽广，仍将不里留在军中用其所长。

在大军向下一个军事目标挺进前，蒙哥亲自起草战报，将军队进展神速，怎奈西征军内部发生分裂，贵由和不里带走军队单独扎营的前因后果一五一十地禀报给三伯窝阔台和二伯察合台。

西征中每封送达汗廷的战报都必须同时呈报察合台汗，这是蒙哥行前窝阔台汗向他做出的严格规定。

不久，信使带回察合台汗口谕。察合台要求拔都派人将不里押回汗国，军队交由贝达尔统一指挥。拔都和贝达尔都怜惜不里作战英勇，遂以不里年轻不懂事，且容他将功折罪为辞，替不里压住了此事，也算保住了不里的声誉。

察合台汗虽接受了拔都和贝达尔的请求，没有坚持对不里予以惩处，但这件事对不里造成的后果是相当严重的：察合台汗自此剥夺了他的继承人资格，而且谕令诸王将臣，永远不得奉不里为君。

因路途相对遥远的关系，大汗的使者和圣旨晚了两天才到达。长子贵由素与拔都不睦，又因争夺西征军统帅权未果对拔都积怨颇深，这本来就是窝阔台汗的心病。贵由出发前，窝阔台也曾对儿子予以训诫，要儿子放下成见，服从大局，切不可公私不分，影响大军行动。没想到贵由置若罔闻，到底做出了这种不计后果的蠢事，窝阔台的失望与气愤可想而知。窝阔台汗严令贵由立刻回到军中，向拔都认错，否则他一定将长子流放边远，永不叙用。

六皇后乃马真也暗中托使者带了封密信给儿子。信中，乃马真告诫儿子：

阔出在京湖前线病逝后，窝阔台汗已有意将阔出长子，年幼的爱孙失烈门立为储君，贵由必须抓紧机会多立战功，千万不要让自己成为被父亲彻底遗弃的人。

如今的贵由，孤军驻扎在北斡罗斯边境，弟弟合丹没有参与他的行动。而不里听从贝达尔的劝告，已将军队带回统帅部驻扎。没有接到父汗的命令，贵由又不能私自回返本土，否则，等待他的命运，很可能是交出项上人头。正当贵由感到进退两难之际，他接到父亲的圣旨和母亲的密信。面对父亲的严词切责和母亲的劝说，他不得不重返西征军中，向拔都认罪。

一场风波暂时消弭。

但嫌隙已然埋下。

叁

年底，蒙古军进至伽里赤公国境内，该国大公达尼尔逃往匈牙利。伽里赤公国北界立陶宛，南抵喀尔巴阡山及普鲁士西莱特河口。蒙古军连续攻占公国境内诸城，至窝阔台汗十三年（1241）三月，斡罗斯全境尽被蒙古军征服。

蒙古军在伽里赤公国境内稍作休整，准备进攻匈牙利、波兰。

在征服斡罗斯的过程中，拔都深刻地认识到，如不击破欧洲中部的敌对力量，蒙古军对斡罗斯的占领便如芒刺在背，随时会危及自身安全。正是为了服从长远的军事目标和战略需要，拔都才决定一鼓作气，扫平中欧。

拔都召开了一个由千户长以上的高级将领参加的会议，决定由蒙哥率一支侦察部队先行向波兰与匈牙利挺进，沿途注意搜集情报。等春天来临，再兵分两路，同时向这两个国家发起进攻。

不久，蒙哥的情报一份接一份送达拔都的案头，多达十余份。这些情报均由蒙哥亲自起草，他在情报中向各军主帅详述了波兰、匈牙利两国的历史、政治、地理和军队概况。蒙哥性情严谨，学识丰富，经他搜集与整理的情报无不详实可靠，正因如此，拔都才总喜欢将这个常人不可为的任务交给蒙哥。

通过蒙哥的介绍，拔都、速不台等人初步掌握了匈牙利与波兰的国情。

唐朝中后期，在波兰地区出现了两个部落联盟，一个是大波兰部落联盟，称为波兰公国，另一个是小波兰部落联盟，称为维斯兰公国。

其后百年，波兰公国的统治趋于稳定。

第一任波兰王公是墨什柯一世（960年至992年在位），墨什柯王信奉罗马正教，并强迫臣民受洗，还承认德国皇帝为宗主。到了博勒思老统治时期（992年至1025年在位），波兰公国日益强盛，不仅摆脱了对德国皇帝的依附关系，还先后兼并了小波兰、摩拉维亚、斯洛伐克等国家，甚至连捷克也一度依附于波兰。

博勒思老一世在位的最后一年，由教皇加冕成为波兰国王。过了十数年，波兰国王博勒思老三世逝世，临终前，他将国土分封于四子，自此其国内争频起，骨肉相残。至蒙古军西征，博勒思老三世之曾孙博勒思老四世被虚拥为波兰共主，境内诸王各自为政，皆不听四世号令。

波兰其地，北接普鲁士，东邻伽里赤公国及立陶宛公国，南靠匈牙利，西接昔烈西亚。昔烈西亚是波兰藩属。

波兰的情况如此，匈牙利的情况却有所不同。

唐朝末年，匈牙利人从南斡罗斯草原西迁至多瑙河中游和提索河流域，共七个游牧部落，一百〇八个氏族。其中马札尔部落最强，而由中亚西迁的匈奴人后代，也是匈牙利人的一个组成部分。

匈牙利的领土在十一世纪中后叶至十二世纪初极速扩张，与此同时，军事贵族的势力得到加强。蒙古兴起时，多瑙河和提索河平原建立起无数骑兵领地和教会封建主诸国，封建土地关系在各地形成。至蒙古军西征前夕，匈牙利实际上已分裂为不受国王管辖的许多独立领地。

国王安德烈二世（1205年至1235年在位）在第五次十字军东征中失利，之后，大领主们利用国王需要他们帮助镇压农民起义之机，强迫国王颁下"黄金诏书"，这是封建贵族势力强大的明显标志。

蒙古军准备进攻匈牙利、波兰时，现任的别剌四世已在位五年。别剌四世对于如何防守毫无办法，唯派遣少量军队扼守喀尔陌阡山诸隘口。俟斡罗斯诸公国败讯频传，别剌四世始召集国内教士及贵族商议防守之策。

匈牙利国境三面环山，险扼四塞，地势极佳。首都在多瑙河畔，分为东西两部，河东为佩斯特，筑有离宫，乃别剌四世驻地；河西为布达（二城今合为匈牙利共和国首都布达佩斯）。

不仅如此，匈牙利还与波兰唇齿相依，两国联姻，利害一致。

前者，先降后叛的钦察部首领忽滩率领部众四万帐逃至匈牙利境内。别剌四世欲借这支力量对抗来势汹汹的蒙古军，遂欣然同意接纳钦察人。他与忽滩相约，钦察人改奉基督教，别剌四世则亲赴边地，迎接忽滩，厚礼款待。

岂料钦察人恶习难改，入境之时，掳掠奸淫，无恶不作，引起匈牙利人的憎恶，也由此引发了国民对别剌四世的不满。

窝阔台汗十三年（1241），冬雪融化之时，拔都兵分三路，由三个方向突入波兰与匈牙利。

右翼军约三万人由贝达尔率领，先在波兰作战，以策应主力拿下匈牙利；左翼军约两万人由合丹率领，从东南方向牵制可能出兵增援匈牙利的敌军；拔都与速不台亲率六万余蒙古军主力进击匈牙利。

贝达尔的右翼军进入波兰后，首先在昔德洛洼附近与波兰军队展开激战，大败波兰军队。博勒思老四世闻知败讯，偕亲眷逃至莫拉维亚境内的修道院里，波兰富户贵族也多逃往日耳曼及匈牙利两地避难，居民则避兵锋于山林沼泽之中。

右翼军扫荡莫拉维亚境内诸城，于四月上旬进至里格尼志附近。

波兰藩属昔烈西亚大公亨利二世集结了由日耳曼、波希米亚、波兰三个国家的三万余兵力，在里格尼志陈兵以待。此即波日波联军，人数多于蒙古军。

波日波联军分为五军拒敌。亨利二世与诸王及诸教长举行弥撒祭后，共出里格尼志迎战。两军列阵于距城下一程之地的西南平原，波日波联军第一军首先出战，蒙古先锋军按照贝达尔的安排，佯装失利后退。波日波联军皆为步兵，且兵甲多不完备，士兵半身裸露，追敌既远，离开主力。此时蒙古骑兵突然还击，万箭齐发，辅以快马冲击，联军第一军尽数被歼。

第二第三军急往救援，亦被蒙古军击退。第四军第五军为总预备队，专事收容溃散士兵。因情势危急，亨利二世下令出战，不料也被贝达尔击败。贝达尔临阵勇猛，且长于机变，亨利二世遇到贝达尔，也算他时运不济。

波日波联军与蒙古军对阵，若以整军相抗，或许还有胜算，亨利二世却将联军分为五军，正好给了蒙古军各个击破的机会。战至最后，亨利二世仅率四骑逃走，亦为蒙古追兵斩于马下。

举世闻名的里格尼志会战，以波日波联军全军覆没而告终。

会战结束，贝达尔分派军队扫荡波兰境内未降诸城，继而向东南方向进军，攻下匈牙利北部城市特伦琴、克马纳等四座城池，与蒙古军主力胜利会师。

三月初，拔都首先遣使向匈牙利王别剌四世劝降。别剌四世不愿归附，令军队死守喀尔陌阡山各隘口。

拔都与速不台兵分两路，突破隘口，直驱佩斯特城下。

其时，别剌四世正在举行军事会议，闻知败讯忙遣将领速回军中，整军向佩斯特城聚集。同时送信给钦察首领忽滩，约他共同抗击蒙古人。作过上述安排，别剌四世又派一支精锐部队将家眷送往奥地利边境安身。他自己则坐镇城中，准备等诸军会齐后与蒙古军展开决战。

拔都一马当先，攻至佩斯特城下，见城防坚固，想诱敌出击。蒙古军不断向别剌四世挑衅，别剌四世只管坐等援军，避而不出。

驻守佩斯特城的将领大多忍无可忍，要求出城与蒙古军决一雌雄，王弟戈罗曼差遣大主教玉果邻向别剌四世请战，别剌四世依旧不予理睬。玉果邻鄙视别剌四世怯懦，擅自率少数部队出城与蒙古军作战。蒙古军伴装败退，越过一片沼泽地，玉果邻不知是计，穷追不舍，结果匈牙利士兵身披重甲，陷入泥泞之中，进退不得。这时，蒙古军万箭齐发，匈牙利军流血漂橹，玉果邻仅带四人逃回城中。

别剌四世倒没有追究玉果邻擅自行动之罪，玉果邻却深恨别剌四世不予增援，导致兵败，愤然回到府中。

瓦剌丁主教督师往匈牙利途中遭遇蒙古军，败还瓦拉丁。后主教纠集余众，往佩斯特救援。

忽滩深惧蒙古人，率钦察援军赶到佩斯特。玉果邻一向不信任钦察人，便遣家仆四处活动，放出风声，说蒙古军中以钦察人居多，国王容留忽滩，恐生内变。别剌四世耳软心活，果真将忽滩逮捕，投入狱中，忽滩被玉果邻派人活活折磨致死。如此一来，别剌四世不仅失去了一支对蒙古军战法十分熟稔的可贵力量，而且在国内平添了诸多纷扰。忽滩死讯一经传出，城内争相虐杀钦察人，钦察人不肯坐以待毙，奋起还击，大肆掳掠后逃入保加利亚境内。

此时，匈牙利的各路援军会集佩斯特城，约四十万人。别剌四世有恃无恐，决定主动出战，这便是历史上著名的赛育河战役。

敌众我寡，拔都不战自退，先营于赛育河东。赛育河两岸，河东多沼泽，地险易守；河西却地势开阔，站在对岸高处可一览无遗。

不久，别剌四世进至河西，扎下营来。别剌四世与诸将视察战场，见附近有一座石桥，担心蒙古军在此处渡河，遂派出三千精兵坚守。

蒙古军退至河东五英里之地扎营，这里多沼泽地，三面环水，林木丛杂，地形险要而易守，但有行动，很难为敌人窥视。匈牙利军队则集结于河西，环车为营，悬盾于上，俨如堡垒，奈何戒备松弛，且地形开阔，举动暴露。

拔都因兵力不足，不敢轻举妄动，派蒙哥再率小股部队临岸侦察。蒙哥还报，对岸结营虽严，防备却很松垮，有懈可击。

拔都疑虑顿消，决定乘夜进攻。他派昔班率军夺桥，昔班在河岸设置了七个投石机，对石桥守军一番轰击，匈牙利军被迫后撤，昔班迅速占领了石桥。这一仗，昔班打得干脆利落，得到拔都嘉许。

拔都指挥主力骑兵飞奔过桥，攻击匈牙利军，但匈牙利军人多势众，寸步不让，双方僵持不下。拔都正在琢磨对策，速不台率领另一支蒙古主力乘夜涉渡，黎明时到达，双方合力围攻匈牙利军营。

别剌王弟戈罗曼、大主教玉果邻及都堂护卫长等率兵出战，失利还营。大主教与王弟引军再战，均负伤而归，都堂护卫长战死。至中午，王弟戈罗曼又率兵出战，双方正在酣战时，竟发生匈牙利士兵弃营逃走之事。这个意外严重影响了匈军的士气，蒙古将士乘机杀入营地，用刀斩断绳索，掀翻营盘。匈牙利兵聚集，誓死抵抗，人数愈见愈多，拔都忙下令开围纵容。匈牙利军将士见有路可逃，争相逃命，但因结帐过密，帐绳阻挠，许多人纷纷跌倒，成了蒙古军的俘虏。逃出重围的将士又遭到蒙古人追杀，多死于道上或沼泽之中。

别剌四世得知王弟戈罗曼及大主教玉果邻阵亡，吓得赶紧换上士兵衣服，杂于众人之间，从蒙古军围攻漏缺处单人独骑向奥地利方向遁去。在那里，他与自己的家眷团聚，后隐居于一座海岛之上。

赛育河之战，蒙古军以七万兵力击溃匈牙利四十万众，再次创造了以少胜多、机动歼敌的战争奇迹。

蒙古军打扫战场时，缴获匈牙利国王印玺，拔都命快骑呈送窝阔台汗。

肆

当蒙古军主力攻占匈牙利首都布达、佩斯特城时，蒙古左翼军由合丹率领出森林地带，进至鲁丹城下。该城建在群山之中，城民为日耳曼人。鲁丹城守军出城迎战，合丹佯退，守军也不追赶，回到城中设宴庆祝，不做防备，更不关闭城门。蒙古军乘守军将士酒醉，攻下该城，而后逾山过林，沿途城镇多望风而降。

至此，蒙古军完成了对匈牙利全境的占领。夏秋季节，蒙古西征军各路人马集结于赛育河畔休整，拔都对已归附的波兰与匈牙利两国，指定原王族之后出任国王。

短短九个月，长子远征军完成了对波兰、匈牙利的征服，准备继续挥戈西进。消息传到欧洲各国，引起了极大的震动和恐慌。当时欧洲各国均势单力薄，还没有一支军队可以抵挡蒙古军的进攻。英国巴力门议会做出决议，不允许船舶出海捕鱼，以防蒙古军乘虚而入。

冬季，拔都派速不台和蒙哥率两支军马渡过多瑙河，继续向西扫荡。途经之处，所向无敌。

正当各国惶惶不可终日时，拔都在四月陆续接到了察合台汗和窝阔台汗驾崩的凶讯。因二汗诸子均在西征军中，必须返回本土参加忽里勒台，选举新任大汗。拔都遂下令班师。窝阔台汗的逝世拯救了欧洲。

年底，长子远征军兵分两路，一路沿博斯尼亚、塞尔维亚、斡罗斯南部，一路沿黑海、亚速海北岸东返本土。

拔都派兄长斡尔多、昔班随贵由、蒙哥等回到蒙古草原参加窝阔台汗的葬礼。他则带着第二次西征的赫赫战果，回到风光秀丽的伏尔加河畔，定都于萨莱城（修建于今斡罗斯谢里特连诺耶，萨莱为波斯语，系宫殿之意），正式建立了四大汗国中疆域最广阔的金帐汗国（1242 年至 1502 年享国 261 年）。

金帐汗国系蒙古帝国四大汗国之一。

当时，统一的蒙古帝国只有三大汗国存在：术赤汗国、察合台汗国、窝阔台汗国。伊儿汗国和元朝还未建立，当伊儿汗国和元朝建立时，蒙古帝国的统一已不复存在。

金帐汗国为斡罗斯各公国对术赤汗国的通称，领有锡尔河、咸海以北的吉尔吉斯平原，里海、黑海以北的乌拉尔河、伏尔加河、顿河、第聂伯河诸流域，以及罗斯诸公国领地，其势力范围远至波兰、匈牙利，多瑙河流域。汗国国境内的民族成分复杂，以突厥民族为主，社会发展水平不一。

统治着偌大的领土，拔都仿祖父之故事，对自己的十三个兄弟进行了分封。在汗国内，拔都的十三个兄弟及其后裔各有世袭封地，拥有军队，形成了隶属于拔都及其后裔的半独立国——当然，在拔都、斡尔多、昔班等人在世时，金帐汗国还是一个统一的整体。其中，因长兄斡尔多当年力荐自己继承父位，而五弟昔班在征服欧洲的战役中功勋卓著，拔都赐予他们的封地面积最为广阔。

拔都的兄长斡尔多统辖着咸海东北直至额尔齐斯河及七河以北的钦察故地（其领地包括今天的西西伯利亚、哈萨克斯坦的广阔地域），其国被称为白帐汗国。六十七年后，白帐汗国在四任汗萨昔不花统治时已形成独立的政权体系，不过，直到月即别和札尼别在位期间，白帐汗国仍是金帐汗国的藩属国。金帐汗国由盛而衰后，白帐汗国率先从金帐汗国中独立起来。

昔班被赐予南乌拉尔地区，其地被称为"蓝帐汗国"。

身为长子的斡尔多，个性与父亲术赤颇有几分相似，他自幼向往"跨骏马，臂名鹰"的悠闲生活，对权位并没有太多恋栈。拔都则不同，他胸怀大志、深沉自重、处事敏决。在术赤诸子中，唯有拔都深谙成吉思汗兵法攻略，每逢转战，常能根据对方的国情、民情、敌情、战情，采取机动灵活的战术，因此，自弱从出征，百战百胜。这一点，斡尔多实有不能相比之处。

另外，斡尔多个性优柔寡断，远不如拔都在将士臣民中更具威信。当术赤准备传位时，曾与斡尔多商议过汗位归属，斡尔多主动提出由二弟拔都继承父位，而他本人，甘为二弟辅佐。斡尔多做出这个决定，并非由于他清楚父亲于诸子中最钟爱和信任二弟，而是为长远考虑。拔都在少年时代就已表现出非凡的军事指挥才能与组织管理能力，是一个得到祖父成吉思汗认可的、能使部众心服的领袖之选。

对于兄长的成全，拔都从未忘怀。

事实确实如此。在成吉思汗诸孙中，拔都既英勇善战，精于管理，又心胸宽广，御下有恩。蒙古军队结束第一次西征回到本土后，术赤留在了自己的封地，这时的他，病势日沉，根本无法对封地进行有效治理。不久，术赤病逝，拔都在兄弟们的拥戴下成为术赤汗国的领袖。

拔都对父亲封地的治理卓有成效。尤其当第二次西征结束，拔都的领地范围扩大了一倍，境内局势也趋于稳定。对于窝阔台汗的鼎力相助，拔都心怀感激，可惜西征结束时窝阔台汗已经去世，他知道自己只有治理好金帐汗国，为中央帝国守好边境，才能对得起祖父、父亲以及三位叔叔特别是窝阔台汗的在天之灵。

坐在金帐汗国的黄金宝座上，拔都做的第一件事是对军队进行全面整顿。他完善了军队建制，加强了炮兵力量，他将军队置于统率之下，同时赋予了兄长斡尔多较大的权力。他让弟弟们在他与斡尔多的军队中各自担任相应的重要职位，特别是别儿哥和昔班，因这两个弟弟能力出众，拔都命他们协助自己管理军队。

第二件事，他借鉴祖汗南征定居国家西夏和金国所得到的有益经验，在汗国制定了合理的税收政策。他向农民征收粮食税，向牧民征收牧畜税，向商人征收商业税，他的税收政策稳健、温和，在一定程度上起到了安抚民心的作用。

第三件事，他将祖汗对天下宗教兼容并包的国策运用于多民族多宗教的汗国，对境内的各种宗教一视同仁，从不厚此薄彼。他的宗教政策，使他得到了征服地各教信众的拥护，这是汗国统治趋于稳固的基础。

因拔都建立的金帐汗国是蒙古帝国的组成部分，其政权体系与帝国一脉相承，保持着军政合一的统治组织，基础仍是千户制。万户、千户、百户、十户既是行政单位，又是军队编制单位，实行逐级划分，逐级管理。术赤受封的九千户是组成汗国军队的骨干力量，拔都的创举是在军队中设置了一个特殊的布合兀勒军职，主要负责军队、军需和战利品的调配。

另外，拔都结合当地实际情况，在汗廷设置了"维西尔"，维西尔位同丞相，下设各部，受其管辖，在各州设置掌管军政的总督、掌管法律的札鲁忽赤、掌管税收的达鲁花赤。札鲁忽赤和达鲁花赤均由蒙古人担任。

金帐汗国既然被视作成吉思汗长子术赤系的封地，汗国内的牧民、农民和城市住民均被认为是术赤家族的成员。汗庭有权将百姓连同土地分配给诸王贵族。牧民以户为单位，在领主分配的牧场上放牧，受领主役使。对农业区和城市实行税赋征收，而具体经办往往委托给花剌子模商人。

蒙古人征服斡罗斯各公国后，并没有把它们直接划入金帐汗国疆域之内，而是保留了其一定的自治权，二者尚属藩属关系，斡罗斯国大公或其他王公须得到金帐汗的恩准才能即位，并且处于汗国监督之下。每当斡罗斯大公或王公即位时，金帐汗都要指定斡罗斯大主教或委派可以代表大汗本人的金字使者主持即位仪式。用大汗的名义立为王公的人，须受大汗委派的官员监督。

汗国每年向斡罗斯各公国按人口征收什一税和商税，称作贡赋。拔都的继任者曾在斡罗斯公国内进行过两次人口登记，以确定纳贡数量。除了贡赋外，斡罗斯各公国还要为汗庭提供车辆、饲料，服驿役和兵役等，只有僧侣免纳贡赋，不服劳役。斡罗斯王公还需要不定期地给汗庭馈赠贵重礼物。

拔都对斡罗斯采行的政策，是不让任何一个公国太过强大。只要大公或王公宣誓效忠，并且在行动上表现得恭顺忠诚，没有逾规之举，拔都也不会难为他们，而是照章做事，发给敕令。

伍

早在金帐汗国建立之前，拔都便以一种积极的态度参与到蒙古帝国的各项军政事务之中：他参加了第二任大汗窝阔台的即位大典，配合窝阔台汗在汗国内部建立了四通八达的驿站，为窝阔台汗征服金国提供军队，输送战马……他的所作所为，在窝阔台汗统治时代，无疑起到了维护国家统一的作用。

与父亲不同，父亲的身世终其一生备受人们质疑，直至父亲在远离蒙古本土的封地郁郁而终。拔都却是众所公认的成吉思汗最优秀的嫡孙之一。甚至是察合台，他与长兄术赤格格不入，而且，正是因为考虑到他与术赤之间存在着不可调和的矛盾，成吉思汗在西征前不得不接受他的建议，将处事公允、为人大度的三子窝阔台确立为自己的继承人。可就是这位性如烈火的蒙古二太子，从来不曾看轻过拔都的能力，也从来不曾怀疑过拔都的血统。这真是一种不可思议的复杂心理，察合台对拔都的认可，颇能反映出草原人崇尚武功、崇尚英雄的心理。

拔都的个人威望在蒙古第二次西征后已达到无人可望其项背的程度，这时的拔都开始握有左右帝国政局的权柄。

与拔都目前安逸的状态不同，身在蒙古本土的贵由，心情却是万分紧张。

拔都一面加紧对萨莱城的建设，一面密切关注着和林（今蒙古国哈剌和林）选汗大会的结果。有一点他倒没有疑虑，他知道诸王贵族一定会从窝阔台汗的后人中选择一人继任汗位。尽管在内心深处，他明知道无论年纪尚轻的失烈门，还是身为大汗长子的贵由，都不是合适的嗣位人选。然而，囿于当年大家在窝阔台汗面前许下的誓言，他一时也不知道该做出怎样的选择，只能静观其变。

不出拔都所料，与会王公贵族多数不服窝阔台汗指定的接班人失烈门，加上六皇后乃马真从中作梗，选汗大会没有取得任何结果。诸王决定暂时由乃马真皇后监国，等到时机成熟再度召开忽里勒台。

说是要等到时机成熟，结果这一等竟是五年的时光。拔都的消极抵制，令贵由走向汗位的脚步受阻。拔都打心里不喜欢贵由，这不仅仅因为他们在西征中发生过那场冲突，以及那场冲突在他心中留下了难以消除的阴影，更主要的还是因为贵由狭隘、自私，与他格格不入。他坚信，自身缺陷决定了贵由无法成为一名合格的大汗。

拔都想不通为什么仁慈大度的窝阔台汗，偏偏会生下贵由这种斤斤计较的儿子？其实，在窝阔台诸多儿孙中，并非没有一位杰出人物。其中最没争议的，肯定是其嫡子阔出，可惜阔出英年早逝。除了阔出，合失（他是窝阔台汗国真正创建者海都的生父）作战英勇，却因酗酒早早亡故。合丹是员武将，不精算计，并不在人们的期望之中。若拔都的举荐有用，他倒很想推举叔汗的次子阔端。阔端文武双全，既有政治远见，又不乏管理才能，他对西夏故地的治理颇见成效，又一手促成了吐蕃的和平归附，他的功绩有目共睹。

阔端固然出类拔萃，拔都却心知肚明，阔端因生母地位不高且早逝，他一直没有得到父亲的宠爱。何况，贵由还有一个强势的母亲作为依靠，只要有六皇后摄政一天，人们就一天不会将阔端列入嗣位人选。

于是，事情又回到了原点。王公贵族们仍在是要推举贵由为汗还是要推举失烈门为汗中苦苦纠结。

纠结中，近五年的时光（1242年初至1246年秋）一晃而过。

在汗位虚悬的五年间，乃马真迷恋巫术，信用佞人，硬将一个好端端的国家搞得乌烟瘴气，民不聊生。一代贤相耶律楚材被乃马真皇后无故罢免后忧愤而死，许多重臣心灰意冷，不问朝政，国事日非。

拔都无时无刻不在关注着蒙古本土的政局。对于因汗位虚悬和皇后监国带来的种种弊端，他的心里非常清楚，也十分焦虑。只是考虑到要将国家交到贵由手上，他既不甘心也不放心。

乃马真摄政的第五年，健康状况每况愈下，她越发急于召开忽里勒台，将汗位交给儿子贵由。这些年，乃马真举帝国之富，广泛笼络人心，几乎说服了所有的王公贵族。即便如此，没有拔都的首肯，这些人也不敢轻易表态或有所举动。许多人宁可得罪贵由，也不愿得罪拔都。毕竟，拔都不同意贵由嗣位，蒙古帝国的分裂就不再是种倾向，而是随时可能爆发的危机。

说服拔都不是一件容易的事情。随着时间的推移，考虑到以贵由的性格，确实比较适合收拾他母亲留下的烂摊子，加上蒙哥的母亲苏如夫人从中斡旋，拔都终于同意派出使者参加忽里勒台。

拔都的默许使事情变得容易许多。忽里勒台后，贵由如愿以偿，登上了大汗宝座，成为蒙古帝国的第三任大汗（1246年至1248年在位）。

贵由并不感谢拔都的让步，相反，他不会忘记，如若不是拔都的坚决反对，他绝不会需要等上差不多五年的时光才能坐上梦寐以求的大汗宝座。他不会原谅拔都！不过暂时，他需要整顿内务，壮大力量。

作为施政的第一步，贵由首先起用了那些被他母亲乃马真无故罢免的老臣。为此，贵由和意见严重分歧的母亲发生了争吵，争吵的结果是乃马真主动要求回到窝阔台汗国的都城叶密立颐养天年，后来她就在那里病故。

这件事大大提高了贵由的威信。在贵由执政的第二年，他召开忽里勒台，借口窝阔台汗国的世袭领地受到威胁，说服诸王贵族同意举行第三次西征。

贵由的这个举动不同寻常，苏如夫人和蒙哥担心他真正的目标是拔都，遂派人送了一封密信给拔都，要他早做防备。

对麾下只有区区四万蒙古骑兵，却统治着东到额尔齐斯河，西至波兰、匈牙利的广阔领土的拔都，贵由从来不敢掉以轻心。这也正是贵由仇视拔都的原因所在。

在贵由的印玺上刻着这样一段文字："天上之上帝，地上之贵由汗，奉天帝命而为一切人类之皇帝。"这段文字真实地反映了贵由的天命观。他不能容忍这个世界上还有一支比他更强悍的力量存在，为此，他必须剪除拔都。

爆发内战并非拔都所愿,但贵由主动来犯,他也不会束手待毙。经过思索,他决定后发制人。在此之前,他调五弟昔班坐镇边境,密切关注蒙古本土动向。昔班心细如发,拔都相信他一定不负使命。

不久,登上汗位第三个年头的贵由汗,祭旗出征,举兵西向,进至伊犁河和伊塞克湖之间的阿拉套山中。

拔都很快得到准确情报,他从容地做出部署,派两位弟弟别儿哥和昔班在七河地区陈兵以待。

大规模的冲突一触即发。

陆

也许是天意还不想让蒙古帝国这么快就走向分裂,从小身体孱弱的贵由因长期服食巫药之故,在阿拉套山区病发,短短几天,便撒手人寰。贵由的病故,令西征军群龙无首,将领们经过商议,决定秘不发丧,扶棺返回和林。

西征军突然撤走,引起了别儿哥和昔班的怀疑,他们担心有诈,一直等到贵由病故的消息传来,才徐徐撤回本土。

在和林,贵由的皇后海迷失骤闻噩耗,竟不动声色。她一面做出安排,将贵由的灵柩暂时停于空帐之中,待葬礼结束,即送往起辇谷安葬,一面派使臣将讣告发往各地。为了争取蒙古帝国中最有权势的两位人物的同情,海迷失遣特使去见苏如夫人和拔都汗,向他们通报了贵由病故的噩耗。

苏如夫人请使臣带回一件丝绸衣服和一顶华贵的罟罟冠,以示对贵由的哀悼和对海迷失的慰问之忱。

拔都原本心胸广阔,如今逝者已矣,他与贵由之间的一切恩怨也就烟消云散。他派弟弟昔班代表他赶回和林参加贵由汗的葬礼。临行前他要昔班转告海迷失,要她一如既往地与大臣们共同治理朝政,照拂一切庶务。不仅如此,拔都担心海迷失骤然临朝,无力担当重任,还特地吩咐那些幼辈宗王们做好她的辅弼,一直到忽里勒台选出新的大汗为止。

海迷失于瞬间登上了权力的顶峰,体会着当年她婆婆乃马真临朝时颐指气使的快意。遗憾的是,她丝毫不具备乃马真太后的魄力,在仅仅一年多的摄政期间,她几乎每天都单独与萨满教的巫师们待在一起,从不认真治理国家。与此同时，她和贵由的两个儿子忽察和脑忽也建立了自己的府邸，他们热衷于同商人做买卖，或与母后对抗。如此一来，蒙古帝国就出现了异常混乱的现象，一个地方有三个统治者，弄得群臣和百姓无所适从，不知该听谁的指令。

在这种毫无法度的情况下，王公贵族们按照自己的意愿攫取财富，各地的达官显宦结党营私。国内政局混乱至此，拔都通过往来于各个汗国间的使臣、旅者之口以及蒙哥的书信了若指掌。他的内心十分不安，感到自己不能再坐视不理。其时他正罹患足疾，遂以兄长身份，派别儿哥出使察合台汗国、窝阔台汗国和蒙古本土，要求全体宗王和贵族到他的驻地来，以便举行忽里勒台，推举新的大汗。

在拔都最初倡议召开忽里勒台时，理所当然地遭到了窝阔台家族中海迷失母子和失烈门等，察合台家族中也速蒙哥和不里等的坚决抵制，但随着苏如夫人——这位在蒙古帝国最具威望的实力人物——派出了蒙哥兄弟后，他们反对的声音越来越低，最后不得不纷纷派出自己的代表。

手握重兵、威震八方的拔都，凭借其长支子孙的身份以及三大汗国中领土最广阔的金帐汗国大汗的资格，召开这样一个重要会议，本身有其合理性与权威性，因此，大多数王公贵族还是愿意服从拔都的安排。最后，连海迷失本人慑于拔都的威望，也派出了自己的特使阿勒赤带。只有脑忽和忽察在动身前往金帐汗国的路上折回，他们觉得，拔都肯定会在他们当中选择一个人嗣位，不管怎么说，在贵由汗的亲生儿子当中，只有他俩最有资格继承父位。

拔都将会址选在了天山西麓的伊塞克湖畔。这是他的一番好意。正值盛夏，伊塞克湖两岸凉风习习，气候宜人，他希望风尘仆仆的诸王、贵族们在会议间歇时，能够饱览这个中亚"热海"的秀丽风光。

湖畔伫立着一座可以容纳数百人的崭新大帐，这是推举新汗的会场。在接下来的日子里，人们要在这里决定蒙古帝国的未来和命运。

忽里勒台在祭拜成吉思汗后正式举行。

阿勒赤带作为海迷失皇后的特使第一个发言，他希望大家牢记当年立下的誓言：只要窝阔台系一脉尚存，誓不奉他系为主。他的本意，是希望大家能从忽察和脑忽中选择一个立为国主，不料他的提议激起了一片反对声浪。

阿勒赤带没想到海迷失母子三人如此不得人心，只得改变策略，重新提出奉失烈门为汗，当年窝阔台选定的接班人正是失烈门。他的这个提议仍被否定了，有人指出，曾经违背这个遗嘱的人，正是贵由和他的母亲乃马真太后。

蒙哥看看时机成熟，示意自己这边的人率先提议拥立拔都为汗。

在场的王公贵族中有一多半人本来就是冲着拔都才来的，这个提议最合他们的心意，许多人当即表示赞同。

阿勒赤带变得孤立起来，不禁向不里投去求助的一瞥。以前贵由在世时，属不里与贵由的交情最深，阿勒赤带希望不里能助自己一臂之力。

不里却装作没看见。

自从在西征途中遭到祖父贬谪，不里就变得一蹶不振。西征军班师后，他的弟弟哈剌旭烈在叔叔贝达尔以及众臣的拥戴下成为察合台汗国第二任大汗（1242 年至 1246 年在位）。而他，则回到自己的封地，除了酒色，对许多事情都兴趣缺缺。三年前，贵由登上汗位，即位不久，贵由汗即扶立他的二叔也速蒙哥取代了第二代大汗哈剌旭烈的位置。对不里来说。那是他还能回到权力中心的最后一次机会。贵由并没有选择他，从那以后，不里彻底心冷了。要知道，西征途中若不是为了维护贵由的权威，他也不会遭到祖父厌弃。

不里的心境如此，对选汗结果自然没有那么在意，更别提还要站出来为贵由的儿子们出头。何况，他很清楚今天的拔都无论从威望上还是能力上都无人可望其项背，这样的结果早在他的预料之中。

这且不论。自察合台汗去世，察合台一系的影响力大大降低，汗国实力远远不及金帐汗国以及控制着帝国政治命脉的拖雷家族。当年，在西征时，不里、贵由与拔都发生了激烈冲突，事后，察合台汗要对不里予以严惩，多亏拔都不计前嫌，以不里年轻不懂事和作战勇敢为由，仍将他留在军中听用。拔都的宽容为不里挽回了面子，这件事使不里一直欠着拔都一个人情。尽管他并非多么情愿将拔都推上汗位，事实上他也无由反对，这是一方面；另一方面，他打心眼里瞧不起忽察、脑忽、失烈门这三个毛头小子，而海迷失更是个利欲熏心的女人，与其让这些人登上汗位，将好好的蒙古帝国搞得乌七八糟，倒不如将社稷江山交在拔都手中……

尽管得到在座王公贵族的普遍拥护，拔都完全不为所动，也不肯接受汗位。他认为："可以成为蒙古大汗的人，务必要具备一种品质，那就是大智慧，大气度，像我祖汗成吉思汗和叔汗窝阔台那样，不仅要具备杰出的军事才能，更要具备高瞻远瞩、纵横捭阖的政治素质。"

按照这个标准,他推举了拖雷系的长子蒙哥。

他的理由很简单,却颇具说服力。他说:"蒙哥常年跟随在成吉思汗身边,耳闻目睹过成吉思汗的札撒和诏令,这样的经验使他具备了一个大汗所必需的秉赋和才能。非但如此,他还见过世上的善恶,尝过一切事情的甘苦,不止一次地统率军队到各地作战。他是一位了不起的统帅,才智出众,在窝阔台汗、将领和战士的心中,都受到了最充分的尊重。按照我们蒙古人的习惯,父亲的家业是由幼子继承的,而蒙哥正是成吉思汗的幼子拖雷的儿子。可以说,蒙哥具备了登临大统的全部先决条件。为今之计,要重振蒙古帝国的声威,大汗之位非蒙哥莫属!"

除了拔都本人外,成吉思汗诸孙中的确只有蒙哥深孚众望。当时的情况是,术赤系、拖雷系全都无条件地支持蒙哥,而窝阔台系的阔端、合丹,察合台系的贝达尔以及代表二任汗哈剌旭烈本人前来参会的兀鲁忽乃王妃都支持蒙哥,这样一来,支持蒙哥的人数比例就不再是二对二,而变成了三对一。

接下来的讨论变得相当顺利,与会人员一致通过:次年春天将在客鲁伦河畔再度召开忽里勒台,以便在各系诸王都到场的情况下正式确认伊塞克湖协议,风风光光地将蒙哥拥上汗位。接着,在拔都的威慑下,与会王公贵族纷纷立下协约,包括不里和阿勒赤带在内都被迫认可了伊塞克湖协议。

不过,拔都远没有那么乐观,他知道,即使有着他的热心推戴,与会人员也初步达成了统一意见,蒙哥的即位仍将面临来自方方面面的阻力。无论多么困难,拔都决不放弃。蒙哥是拔都心目中唯一可以领导蒙古帝国走向繁荣昌盛的大汗人选,为了确保蒙哥登上汗位,哪怕到时被迫动用武力,他也在所不惜。

柒

果然,一切诚如拔都所料。海迷失皇后的从中作梗,窝阔台系和察合台系中某些人的坚决抵制,令蒙哥的即位注定没有那么一帆风顺。

海迷失不甘心汗位易主,她联合察合台三任汗也速蒙哥以及宗王不里等人不断遣使质问拔都:"汗位应当属于窝阔台系,你怎能擅自决定将汗位转给他人？"

对于质问，拔都始终以他在伊塞克湖忽里勒台上说过的话应对："我已有言在先，决不能收回。我之所以拥立蒙哥，并非一时的感情冲动，而是考虑到要统率领土如此广袤的蒙古帝国，不是贵由汗遗下的那几个不懂事的孩子所能担当得了的，只有蒙哥才能担当起这个重任。"

这一年在争吵中度过，忽里勒台未能如期召开。

光阴荏苒，转眼又到了下一年的年初。蒙古各宗王贵族之间仍然没能达成协议，拔都多次催促开会，仍无法确定会议日期。

难道，伊塞克湖协议真的要成为一纸空文了吗？

拔都不是一个会轻易向困难妥协的人，他向和林派出军队，并向各地诸王贵族派出使者，使者向这些人转达了他的话：如期举行会议，不得再做无谓拖延。凡是违反成吉思汗大札撒的人都得掉脑袋。

人们对拔都的个性素有所知，他是个言必行，行必果的男子汉，是成吉思汗诸孙中性格品行与其祖父最相似的人。何况目前，术赤系与拖雷系已然联手，而窝阔台系与察合台系明显人心不齐，在这种情况下，海迷失母子、失烈门等人及其追随者根本不可能是拔都和蒙哥的对手。此时此地，面临一触即发的内战，接到口谕的王公贵族必须仔细掂量掂量自己该站的位置，就算心存顾虑，他们中的大部分人仍不得不按照拔都的愿望选择赴会。

不止如此，在众人犹豫观望的这一年中，苏如夫人温和、稳健且又不乏智慧的外交攻势已开始胜过海迷失的金钱收买。毕竟，这种外交攻势是以拖雷系强大的政治和军事实力为其后盾，这是其一。其二，海迷失与她的两个儿子以及窝阔台汗指定的继承人失烈门的确不堪重托，越来越多的人心早已转向蒙哥，这些人所等待所需要的，无非就是眼前这样一个契机而已。

在拔都的鼎力相助下，经过一番波折，蒙哥终于成为第四任大汗（1251年至1259年在位）。这是蒙古帝国又一位极有作为的大汗，而蒙哥登临汗位的第一件事，就是惩治异己势力，巩固拖雷系从窝阔台系夺取的权力。

所以如此，也算事出有因。

蒙哥登基伊始，窝阔台系后王失烈门、脑忽、忽图黑三人在海迷失皇后的暗中支持下，共同策划了一场阴谋，准备趁参加喜宴之际发动政变，以迅雷不及掩耳之势将蒙哥废黜掉。他们的阴谋被蒙哥汗事先察知，蒙哥汗遂将他们控制起来，并从他们的身上搜出了暗藏的利器。

三王在事实面前无法抵赖，蒙哥遂将其同党七十多人处斩，同时，还以教唆三王叛乱为由，命亲卫将海迷失和失烈门的母亲沉入湖底。至于三位王爷，因是近属，蒙哥法外施恩，命他们从征各地。

为防止窝阔台、察合台的后王们继续联合作乱，蒙哥对他们采取了不同的制约措施。对窝阔台汗国，他采取分而治之的策略，首先将窝阔台汗国分成数片，分封给窝阔台的子孙们。对察合台汗国，则采取了"根除大树，移植幼苗"的策略，将坚决反对他且势力强大的察合台汗也速蒙哥及宗王不里处死，之后在二人的后代中选择忠顺于自己的人，继承了其父的王位。

经过一番整肃、清洗，蒙哥很快稳定了蒙古政局，随即，他着手恢复窝阔台汗去世后的十年间被破坏殆尽的秩序。

为感谢堂兄拔都对自己的鼎力相助，蒙哥即位之初，在他发布的圣旨里，就赋予了拔都最大的自治权力。此时的拔都，与诸汗诸王相比，除了他所必须服从的蒙古大汗之外，无疑已是权势最大的一个。

然而拔都无意滥用他的权力。在他活着时，他忠实地向蒙哥汗履行了金帐汗国作为帝国藩属以及自己作为大汗臣子的义务，他协助蒙哥，全力维护驿站和商路，以保障汗国与蒙古本土之间，汗国与其他汗国之间联系畅通。在他开明宽容的统治下，金帐汗国一跃成为商业大国，经济与贸易活动异常活跃、繁荣。

拔都亲眼看到了自己一手开创的盛世。他被臣民们称之为"赛因汗"。"赛因"是"好"之意，从这个称呼中也能看出他所受到的爱戴，这让他十分欣慰。蒙哥汗四年（1254）的冬天来临，拔都罹患肠疾，饱受折磨，病愈不到半年，肠疾再次复发，这一次，病势越来越沉。

有一天，拔都做了一个奇怪的梦。

他梦到祖汗，还梦到自己与祖汗一起打马球，祖汗的样貌略略有些苍老，而他还是年轻时的模样。

从少年时代到青年时代，在祖汗去世前，拔都但凡有空都会陪祖汗打马球。那个时候，他很少同祖汗一队，这是因为在另外一支球队里，他可以随时掌握节奏和时机，尽量让祖汗一方获得胜利。他做得很巧妙，每一次都让祖汗打得十分尽兴，也赢得十分开心。

他对输赢根本不在乎，重要的是，他喜欢用这种方式去换取祖汗的愉悦，哪怕是片刻的愉悦也好。

这次却有所不同，他与祖汗一队。祖孙许久未见，配合仍是少有的默契。这是他打得最酣畅淋漓的一次，因为，他根本不需要计算何时该退该输，其结果，他与祖汗的一队大获全胜。

接着，他的眼前跳跃似地出现了夕阳，出现了海子。

刚才还在打马球，而下一刻，他已经与祖汗骑在马上，伫立于被夕阳染红的海子边上。祖汗的脸上挂着笑容，他想，他自己的脸上也一定挂着笑容。

"拔都。"这时，他听见祖汗在唤他的名字，祖汗的声音还是那么洪亮，底气十足。

"是。"他应道，转脸看着祖汗。

"我想起来你小时候说过的一句话了。没想到，你会那么说。"

"我吗？我说了什么？"

"有一次，我去你父王的营地小住。我带你们兄弟还有附近的孩子一起去钓鱼，我问大家，将来想做什么？大家的回答五花八门，有说想当英雄的，有说想当大夫的，有说想当牧马人养一千匹马的，还有一个孩子，说他想当驸马。这群孩子里，只有你一直没有说话。我便问你：拔都，你想做什么呢？你看着我，很认真地回答：我要像祖汗一样，到许许多多地方，建立许许多多功勋。"

"我真是这么回答吗？"

"除了你还有谁呢。不瞒你说，那时候听了你的话，我当真觉得惊奇，毕竟那时候，你只有五岁啊。"

"也许因为，我是祖汗的孙子吧。"

他说完，向祖汗露出调皮的笑容。这是只有祖汗一个人才能看到的笑容。

祖汗稍稍沉默了一下："拔都。"

他觉得，祖汗的语气有些不同寻常。

"是，祖汗。"

"谢谢你。"

"怎么了？为什么要说这样的话？"

"为了输给祖汗，你从来没有尽兴地打过一次马球吧？"

他吃惊地望着祖汗。原来，这世上没有什么事情可以瞒过祖汗那双可以洞察世事的眼睛。原来，对于他小小的心意与小小的计谋，祖汗一直心知肚明。

"您……这个……"

"不过，拔都，这不是我要谢你的原因。"

"那是什么？"

"我感谢你，是因为你值得我为你自豪。"

拔都感到泪水涌向了眼眶。他急忙转过头，看着别处。这其实是他一生都在期待的赞扬，他只希望听祖汗亲口说出。

"拔都。"

"嗯？"

"假如有来生，你想做什么？"

拔都想了想，"我不知道。您呢？"

祖汗微微一笑："我也不知道。"

话音甫落，拔都蓦然听到了一个声音，这个声音异常清晰，仿佛从遥远的天际传来，又仿佛发自于他的灵魂深处：假如有来生，我愿做一匹马。这匹马，有着比烈焰还要明丽的毛色。当夕阳西下，晚霞像鲜花一样盛开，它在高山间，森林中，草原上自由来去。它不会轻易出现，它一出现，就是传奇……

他想问问祖汗是否也听到了这个声音？他觉得祖汗一定听到了，因为祖汗正注目凝视着他，慈爱的眼神中似乎多了一丝悲悯。

这声音越来越响，越来越响，不断敲击着拔都的耳膜。终于，拔都惊醒过来。

捌

拔都醒来时，眼睛上方立刻出现了弟弟昔班那张充满忧虑的面孔。

从昨晚开始，轮到昔班家族侍疾。这件事昔班本来没有必要亲自来做，而且，身为蓝帐汗国的主君，他也不需特意从汗国赶回萨莱城。不过，对于二哥这次的生病，昔班有一种不同寻常的预感。在不安与焦虑中，他并未只派儿子们过来，而是亲自赶回了汗廷。

拔都于诸位弟弟中，最喜爱的人就是五弟昔班。昔班能回来他不觉得意外，他高兴的是，兄弟二人又能相聚几日。

他的时间，恐怕也只剩下这不多的几日了。

"二哥，你醒了？"昔班对拔都，一直保持着以前的称呼。只有在朝堂上或者众臣面前，他才会称呼他"大汗"。

拔都点了点头。他的思绪仍停留在自己与祖汗打马球的那一幕以及他与祖汗在海子边的那番对话上。说也奇怪，他通常记不得自己做过什么梦，唯有当他的梦境中出现祖汗时，他才会记得清清楚楚。

昔班服侍拔都洗漱完毕，这些事他根本不用别人。他站在床边，俯视着二哥明显消瘦的脸颊，无法掩藏内心的难过。

"昔班。"拔都的声音微喘，这些日子，他变得太虚弱了。

"二哥，你要不要吃些东西？"

"过一会儿吧。来，你先坐下，我跟你说件事。"

"好。"昔班听话地在床边坐了下来。

"昔班啊……"

"二哥，你想说什么？"

"我做了个梦。"

"哦？那是什么样的梦？"

"我梦到了祖汗。"

昔班的一颗心不禁一沉。这算什么兆头？

"祖汗？"片刻，他很勉强地笑了一下，问。

"对。"

"祖汗他还好吗？他在做什么？"

"祖汗稍稍苍老了一些，可他还是那么精神。我陪祖汗打了一场马球。"

"以前，祖汗活着的时候，你不是经常会去大帐邀请他跟你一起打马球吗？我记得，你差不多就没赢过。其实我早在想，你是不是故意让着祖汗？可祖汗明明很不喜欢这样，你是怎么瞒过他的？"

"你认为我是故意让着祖汗吗？"

"难道不是吗？"

"是这样没错。但我以为祖汗不知道。"

"应该不知道吧？否则，祖汗会责备你的。"

"不！刚才他对我说……"

"刚才？"

"对，刚才。他对我说：拔都，为了输给祖汗，你从来没有尽兴地打过一次马球吧？"

昔班又笑又叹："我是真服了这老头儿的眼睛——还是一样的明察秋毫。"

拔都也笑了。他们兄弟在私下里彼此戏谑的时候，会将祖汗称作"老头儿"。

"昔班，你梦到过祖汗吗？"

"当然梦到过。也梦到过父王。"

"说起来，我梦到父王的时候似乎不如梦到祖汗的时候多。"

"这很正常。在祖汗膝下那么多的儿孙中，你和南图赣最受祖汗钟爱。你当然会想念他了。"

拔都微笑点头。昔班说得没错，他这一生，最骄傲的不在于他一手缔造了强盛无比的金帐汗国，不在于他凭借无人能及的威望为蒙古帝国选择了一位杰出的领袖，而在于从小到大，他都是孙辈中受到祖汗期许最多的人。

"二哥。"

"嗯？"

"我的脑海里突然冒出了一个特别可笑的念头。我在想，假如——假如而已——那时父王不是赌气不见祖汗，而是他与祖汗间的矛盾真的变得不可调和，那么，在祖汗与父王之间，你会选择站在哪一边？"

拔都认真地思索了一会儿："祖汗。我选择祖汗。"哪怕只是假设，从拔都的语气里仍旧能听得出来，做出这样的选择令他很痛苦。

"和我想的一样。可是，为什么呢？"

"国家的利益高于一切。这是祖汗辛苦创建的国家，无论任何人，都不可以有分裂国家之举。"

昔班紧紧握了一下拔都的手，"你的话，我都记在心里了。未来，这也是我做人做事的原则。说真的，小的时候有点嫉妒你，觉得祖汗对你太偏心了。不过长大后我开始明白，他为什么那么信任你，偏爱你，这是因为，你值得！"

"值得是吗？祖汗也对我说，他很感谢我，还说我值得他为我自豪。"

"事实上，你值得我们所有人为你自豪。"

"有祖汗这句话，有你这句话，我这一生，再没有任何遗憾。"

"二哥……"

"昔班，没关系。能回到祖汗身边，也许还能见到我们的父亲，我没有恐惧，反而还怀有一些期待。"

"二哥，你别说这样的话，你会好起来的。"

拔都摇了摇头："在梦中，祖汗问了我一个问题，我想拿这个问题来问问你。"

"是什么样的问题？"

"假如有来生，你想做什么？"

"我嘛，让我想想……假如有来生，我想生在一个没有战争的年代，人们可以在蓝天白云下自由自在地放牧，自由自在地歌唱，每个人的脸上都洋溢着快乐的笑容。唯一的奢望是，身上还能流着成吉思汗的血，还能再与你做一次兄弟。"

拔都伸出手，与昔班紧紧相握。在这冷漠的宫廷里，最能打动人心的，永远莫过于这难能可贵的兄弟情谊。

昔班不会问拔都来生要做什么，二哥尚在病中，他不会问这样的问题。至于他，他的愿望是发自内心的。只有一生不够，但愿还有来生，来生，他要与拔都再做一次兄弟，再做一次最好的兄弟。

"昔班。"

"二哥。"

"大哥什么时候能到？"

"他派人送了信来，明天一早应该能到。"

"大哥回来后，我们兄弟差不多也聚齐了。举办宴会的事，我就交给大哥和你了。"

"你放心。不说这个了，二哥，你早饭多少吃些，好吗？"

"听你的。我也需要积攒些力气。"

玖

宴会在斡尔多返回后的第三天举行，兄弟将臣齐聚，拔都抱病参加了宴会。他的精神显得还不错，坐了大约半个时辰，喝了一小杯酒。他向与会众人宣布了一件重要的事情：他的汗位将由长子撒里答继承。

这早在意料之中，大家均无异议。撒里答年富力强，蒙哥汗登基后，他又在中央汗廷担任重要职务。说起来，撒里答的确是最合适的大汗人选。

宴会结束不久，拔都在萨莱城的王宫病逝。逝前，他致信蒙哥汗，表明他已立撒里答为自己的继承人，并恳请蒙哥汗在未来的日子里像关照、信任他一样关照、信任他的儿子。

拔都和蒙哥之间的关系绝不仅仅是兄弟，他们更是朋友和知己，拔都的去世令蒙哥十分悲伤，他在遥祭拔都后，派人护送撒里答返回萨莱继承汗位。

让任何人都没有想到的是，撒里答竟在途中病逝，死因不明。不得已，蒙哥汗只好又按蒙古幼子守灶的传统，命拔都的幼子乌剌黑赤接替了父兄之位。乌剌黑赤登上汗位不过一年多的时间，又在毫无征兆的情况下猝然亡故。如此一来，拔都的其他儿子们无不将汗位视为不祥，谁也不肯再步两位兄弟的后尘。毕竟，汗位再好，也得有命活着才行。考虑到国不可一日无君，诸王贵族相约召开了忽里勒台，最终将别儿哥（金帐汗国四任汗，1257 年至 1266 年在位）拥上汗位。

拔都诸弟中，每个人都拥有大小不等的封地和数量不等的军队。斡尔多的封地面积最大，势力最强，但斡尔多是那种安于做诸侯的人。再下来，能力和威望最强的，就只有别儿哥了。

别儿哥多年来一直协助大汗拔都管理和指挥军队，他本身还掌握着三万精锐的穆斯林骑兵，他能顺利接任汗位，确在情理之中。

别儿哥即位伊始，便遣使携带大量贡品朝见蒙哥汗。别儿哥此举，一为向蒙哥汗通报自己已成为金帐汗国第四任大汗的消息，二为向蒙哥汗起誓：为帝国守边，永为大汗臣子。

蒙哥汗远在蒙古本土，纵然拥有令人敬畏的权力，也不能过分干涉汗国事务。何况，在拖雷家族从窝阔台家族夺取汗权的过程中，别儿哥与拔都一样，从始至终都是蒙哥汗坚定的支持者，基于上述考虑，蒙哥汗默许了别儿哥的登基。

理顺了与中央的关系，别儿哥可以放心地履行大汗的职责了。

作为施政的第一步，他在国内进行了伊斯兰化改革，在汗国上层大力倡导和推广伊斯兰教。

在金帐汗国统治的区域，有一些地区早已伊斯兰化，钦察草原上的突厥人也大多信仰伊斯兰教。身处这庞大的族群中，蒙古人的数量不值一提，为了生存发展，民族间的互相影响与融合就成为必然。

别儿哥在术赤诸子中，是第一个信仰和皈依伊斯兰教的人。不过有一点，此时的金帐汗国还是大蒙古国的一部分，汗国所奉行的国策还是宗教上的宽容与兼容并包，别儿哥无意改变作为立国之本的大札撒。

除了在上层推行伊斯兰教外，别儿哥将更多的热情投放到了经济建设上。

他首先分派干练的官员，对斡罗斯诸城邦进行了一次大规模和系统的人口普查，这次普查成为征税的基础。接着，他重新划址，修建了自己的都城萨莱（在前苏联的斯大林格勒附近），为区别于拔都萨莱，新都城习惯上被人称作"别儿哥萨莱"。

拔都统治时代的强盛被别儿哥完全继承下来。唯一让别儿哥感到不舒服的是，旭烈兀在第三次西征中占领了阿哲尔拜展，在成吉思汗的分封中，这原本是划在术赤的封地范围。但鉴于当时，旭烈兀是在为蒙哥汗而战，为蒙古帝国而战，别说阿哲尔拜展，就连金帐汗国都是蒙古帝国的一部分，别儿哥也不好提出什么异议。作为伊斯兰教徒，他对于西征军统帅旭烈兀，唯一能做的，是写信要求旭烈兀在攻下阿拔斯王朝后，饶恕哈里发一命。

旭烈兀想也没想便答应下来。

然而，旭烈兀在真正攻打阿拔斯王朝的首都报答（即巴格达）时，遭受到了难以想象的伤亡，愤怒让他将自己对堂兄别儿哥的承诺忘到九霄云外。为了惩罚贪婪吝啬酷爱黄金的哈里发，他将这位哈里发置于用黄金制成又堆满黄金器具的黄金屋中，让其守着黄金活活饿死了。

旭烈兀的不守信用彻底激怒了别儿哥。只是当时碍于大汗蒙哥的威严，别儿哥也莫可如何。若非蒙哥汗——这位蒙古帝国的最后一位统一之主和强盛之主——在他统治国家的第九年病逝于南征前线，别儿哥或许就没机会引发那场后来席卷了整个蒙古帝国的内战了。

即便如此，也无由过分责怪别儿哥。

蒙古的分封制本身就孕育着巨大的离心力，光靠几代雄主所维持的统一，一旦失去这种维系的力量，分裂就成为必然。

蒙哥汗逝后，汗位之争随即在蒙哥汗的两位胞弟忽必烈与阿里不哥之间展开。这二人的即位都是在仓促间完成，没有得到全体蒙古人的认可。他们最大的对手和敌人是彼此，在此之前，谁也无心更无力像前四任大汗那样去经营和管理四大汗国。

蒙哥汗在位时组织了第三次西征，这次西征造就了蒙古第四大汗国：伊儿汗国。尽管西征军统帅旭烈兀还没有得到中央政府的正式册封，不过，他在新的征服地，已经开始以"伊儿汗"的名字发布各种诏书赦令了。

事实上，在蒙哥的继承者真正产生前，四大汗国中除伊儿汗国外，每一位大汗都趁机吞并了中央在各封地的派驻机构，进而取得了对自己封地的绝对自治权。

蒙古帝国的汗位争夺战进行得如火如荼时，别儿哥也准备以武力从旭烈兀手中夺回金帐汗国的领土阿哲尔拜展——别儿哥是这么认为。

他开始为此做着精心的准备。

蒙古军第一次西征时，曾攻下阿哲尔拜展。随着蒙古军撤离，这个地区很快处于独立状态。在阿哲尔拜展建立稳固统治的人是旭烈兀，可在名义上，阿哲尔拜展属于金帐汗的领地。当"实际上"与"名义上"发生冲突，利益双方各执一词，又不能协商解决，爆发战争就成了迟早的事情。

说到底，别儿哥、旭烈兀与阿里不哥都是典型的武将性格，三个人无论相貌、装束与做派都有几分相似。

多年来，双重的血缘关系（双方的父亲是一母同胞的亲兄弟，双方的母亲是堂姐妹和克烈部身份高贵的公主）使术赤诸子与拖雷诸子关系融洽，感情亲密。但具体到个人，彼此间的感情仍存在着亲疏远近之分。在众多的堂兄弟中，拔都与蒙哥一向视对方为知己，二人是兄弟更是朋友；别儿哥跟直来直去的阿里不哥对脾，昔班则与忽必烈彼此相知相惜。蒙哥活着时，一切都不成为问题，随着蒙哥汗突然离世，对汗位也未留下遗嘱，忽必烈与阿里不哥为争夺汗位已在漠南漠北拥兵对垒，诸王只得按照自己的愿望选择拥戴的大汗。别儿哥在新冲制的金币上印上了阿里不哥的头像，昔班却遣使对忽必烈的即位表示祝贺。

立场摆明了，姿态也有了，说到出兵相助，大家都不敢轻举妄动。金帐汗国至别儿哥当政，延续了拔都汗在位时的强盛，即便如此，危险无处不在。统治着帝国中版图最大的汗国，蒙古兵力本来有限，实在犯不上为参与内战而造成兄弟间的不和，若再危及江山，那更是得不偿失。安慰自己一句，手心手背都是肉，谁能最终成为蒙古帝国的大汗，只能看忽必烈和阿里不哥各自的造化了。

蒙哥汗尚在人世时，别儿哥没有理由出兵攻打伊儿汗。毕竟那时，旭烈兀还不是伊儿汗国的君主，他只是蒙哥汗手下的一员将领，而阿哲尔拜展也不是伊儿汗的领地，它是大蒙古国领土的一部分。蒙哥汗进行第三次西征的目的，是为了清除波斯高原的反对力量，恢复蒙古在波斯各地的统治秩序。假如别儿哥选择在那时出兵向旭烈兀索要封地，就是一种公然的反叛之举，别说汗国中那些忠诚于中央帝国的王公贵族们不会答应，单凭蒙哥汗拥有的威信和强大兵力，别儿哥也不会得逞。

面对现实，别儿哥不得不说句服软的话，蒙哥汗活着时，没有一个人胆敢挑战他的权威。蒙哥汗的个性原本与诸兄弟不同，他勤勉多思，少言寡语，又不缺乏杰出的统驭才能。也许因为他自幼成长于祖父成吉思汗的大帐，秉承祖父的亲自教诲，这使他在行事为人上自有一派威仪，令人肃然起敬。

当初，蒙哥是在拔都兄弟的鼎力相助下才登临汗位，尤其是拔都，他与蒙哥，亦兄弟亦战友亦知己，可即使对拔都，蒙哥依然能做到公私分明。

有这么一件事别儿哥至今记忆犹新。蒙哥汗登基后，在短短一年的时间内便以铁的手腕重新整肃了纲纪国法，使国家秩序步入正轨，朝廷面貌为之一新。不仅如此，蒙哥汗一朝所用多为贤能之臣，用人政策的得宜，也为各项政策的良性运行提供了可靠的外部环境。随着经济全面复苏，蒙哥汗很快实现了仓廪充盈的目标，这时帝国积累的财富，足以应付任何巨额支出。

拔都生性豪爽，想对那些跟随他出生入死的诸王贵族予以厚赏，他致信蒙哥汗，将所需费用一一列出，希望蒙哥汗从国库拿出一部分财物予以支持。几个月后，信使带回了蒙哥汗的书信，令拔都大为惊讶的是，蒙哥汗在信中居然毫不留情地对他进行了申斥。蒙哥汗说，国家财富皆为国家所有，岂可用作赏赐个人之资？他请堂兄行事当以国家利益为重，以身作则，杜绝奢靡之风。

至于拔都要求的财宝项目，蒙哥汗多数勾掉，重新计算，只给付十分之一。

那天，别儿哥正好在二哥身边与他商议事情。他见二哥展信阅读，一脸讶然，急忙问二哥发生了什么事，二哥将信递给他，他看后十分不以为然，出口埋怨了一句："这个蒙哥，还是如此不通情理。"

"是啊。"二哥微微苦笑，表示赞同。

"别人倒也罢了，可是没有二哥，只怕他也没有今日之位。"这种牢骚别儿哥只能对二哥发发。其实自贵由汗逝后，许多人最属意的大汗人选是拔都本人，若非拔都力排众议，坚持推举蒙哥，甚至不惜以武力胁迫，蒙哥是否能够顺利即位，还真在两可之间。没想到对于自己的恩兄，蒙哥也是绝无私情可循。

无论拔都的心中是否一时感到不快，当事情过去后，兄弟间小小的争执并没有影响到二人的情谊。拔都病重期间，蒙哥多次派人慰问，并派出国内最好的大夫前来萨莱为拔都医治。拔都逝后，蒙哥十分悲痛，废朝三日，设帐遥祭。正因为蒙哥汗是这样一位君主，在他活着时，别儿哥对大蒙古国从无二心。

即便到了现在，阿里不哥与忽必烈的汗位之争进行得如火如荼时，别儿哥也不存丝毫背叛祖父事业的念头，在他的心目中，金帐汗国仍是蒙古帝国的一部分。只是阿里不哥、忽必烈与他们的兄长蒙哥汗不同，他们不是为所有蒙古人共同认可和共同推戴的帝国之主，也就是说，他们自身的处境和立场，决定了他们不能代表蒙古帝国。既然不能代表蒙古帝国，对诸汗国而言自然便意味着兄弟二人都没有绝对的统驭权。这样一来，在帝国持久的内讧中，诸汗国走上独立发展之路绝非偶然，它并不是——海都的情况有所不同——至少不是别儿哥刻意追求的结果。

别儿哥一心想恢复金帐汗国在阿哲尔拜展的传统权力，他派出使者，要求堂弟旭烈兀"归还"阿哲尔拜展。他是先礼后兵，旭烈兀果然不为所动，他坚称征服和管理波斯地区是大汗蒙哥赋予他的使命和权利，阿哲尔拜展现在已是他的领地。商量不行，只能诉诸武力。

为全力组织南征，别儿哥决定召开忽里勒台。汗廷使者奔赴四方，向诸王贵族发出邀约。昔班的封地离汗都较近，他差不多是第一个接到了汗令。这些年来，术赤诸子各守一方，大家难得聚全，岁月无情，有几位已然亡故。昔班时常会想念他这些尚在人世的兄弟们，尤其想念大哥斡尔多。拔都活着时，斡尔多和拔都都是最疼爱昔班的人，他们的手足之爱，昔班从未忘怀。

对于南征，昔班倒是抱着无可无不可的态度，不过，既是汗令，他不能违抗。他命大断事官额布勒协助儿子昔洛备办觐见大汗的贡品，同时，他给每个兄弟都准备了一份厚礼。启程时，他将封地诸事交与儿子管理。

战争迫在眉睫。

只要是战争，就难免意味着生灵涂炭。也许因为如此，当一匹马出现的时候，蓝帐汗国的人们选择了忘记战争。

哪怕只是暂时地忘记。

第三章 丹驰

壹

蓝帐汗国是人们对昔班封地的称呼。

昔班的封地在兄长斡尔多封地的北边，处于金帐汗国与白帐汗国之间，包括萨雷河、楚河、锡尔河流域，冬天到来时，昔班会到乌拉尔河南部扎营，夏天则在伏尔加河与乌拉尔山一带定居。

在弟兄子侄全都赶到别儿哥萨莱后，忽里勒台如期召开。

别儿哥要求诸王按封地大小、部民多寡提供军队、军马、粮秣和武器装备。拔都在萨莱定都后，对十三个兄弟以及诸子进行了分封。别儿哥时代，斡尔多与昔班等人都还健在，因此金帐汗国仍是一个团结统一的整体。在诸王贵族的支持下，别儿哥很快便召集起一支大军，准备择日南征。

他让侄孙那海担任南征大军的统帅。

那海虽然年轻，但他作战勇敢，军事才能出众，在术赤系的第四代诸王中可说是名副其实的佼佼者。

其实，在别儿哥的一干侄孙当中，那海也是在气质上与其叔祖最接近的一个。

那海有着典型的武士风范。他身材魁梧，肤色较黑，宽阔的脸盘上，长着粗黑的眉毛，细长的眼睛，大大的鼻头，棱角分明的嘴唇，这使他的相貌与诸多堂兄弟不同，显得虎虎有生气，且不怒自威。

那海喜欢戴一顶蒙古皮帽，系一根镶嵌着各种珍贵宝石的腰带。这一点也与别儿哥的爱好相同。那海即将出发前，别儿哥作为勉励，将自己最喜欢的一条镶嵌着红绿玛瑙的腰带赠给了那海。

那海在择定的吉日里祭旗出征，雄心勃勃地想要建立一番功业。此时的那海还没有野心，或者说有没有野心他自己也不知道。野心这东西，有时候与荣誉感共生，都需要滋生的环境和展现的契机。不管怎么说，即使那海有野心，其时其地，他的野心还被关在理智的牢笼里，犹如一头幼虎，尚未长成庞大的身躯，长出锋利的牙齿。

中统三年（1262），那海率三万大军在设里汪与旭烈兀的军队相遇。

双方只经一战，那海便败在旭烈兀的手上。

与堂叔祖旭烈兀相比，那海不是输在谋略上，而是输在气势上。那海所率领的金帐军从拔都汗立国算起，已度过了将近二十年的和平时光，战争对他们来说变得有些遥远；相反，旭烈兀率领的却是一支刚刚从第三次西征战场上冲杀出来的军队，锐气难当。这样的两支军队相遇，胜败似乎毫无悬念。

那海率领残兵败将狼狈地逃出设里汪，从打耳班退回到金帐汗国的边境上。逃是逃了，这个年轻人却十分机警，也有一种败而不馁的气魄。他在边境安营扎寨，收拢残兵，在这个过程中，他一直都在密切关注着伊儿军的动向。当旭烈兀下令退回打耳班时，他率领军队悄悄跟了上去。

他在等待机会。

旭烈兀因为一战而胜变得沾沾自喜，来到打耳班后，立刻传令举行庆祝宴会。旭烈兀只当那海速败后决不敢轻举妄动，却丝毫不知金帐军正悄悄地跟在他的后面。宴会中，那海对伊儿军发动了突袭，旭烈兀猝不及防，损失惨重，只得边打边退，一直退到帖列克河畔。

双方的这场战争发生在冬季，帖列克河已全面封冻。旭烈兀当时的想法也不是没有道理：只要他能先退到河对岸，以弓箭对那海形成阻击，就不难重整军队，适时寻找决战之机。然而，让旭烈兀万万没有想到的是，他的军队刚刚行进到河中央时，冰层突然爆裂开来，伊儿军的将士们纷纷落入冰河。这些可悲的人没有死于刚刚发生的战争，却一个接一个溺毙于冰冷的河中。

面对大自然的报复，素以冷静刚勇著称的旭烈兀也不由得慌了手脚。而这时，一路追击而至的那海率领军队冲杀过来。事已至此，不管旭烈兀愿不愿意，都只剩下被动挨打的份儿了。在进行了一番无效的抵抗后，旭烈兀由诸将保护着拼死杀开一条血路，逃回了阿哲尔拜展。

在阿哲尔拜展，那海的胜利戛然而止。

那海本想乘胜追击，一举夺回阿哲尔拜展，但旭烈兀在这里修筑了坚固的要塞，那海无法攻克，只得无功而返。

帖列克河大捷令那海威望大增。作为奖励，别儿哥命那海戍守西部边境。俟别儿哥去世，那海在自己的一片天地里,渐渐发展成为一支独立于汗国的力量。

昔班虽派军队参与了南征，但这一次，三万南征军是以汗廷军队为主导，昔班只派了一千人参战，他主要承担的是提供战车与弓箭的任务。南征结束后，幸存下来的蓝帐汗国将士也没有回到家乡，他们奉汗命随那海戍守西部边疆。

夏初，因别儿哥的寿辰将近，昔班从本部征集了一百匹骏马，亲自送往汗廷为兄长贺寿。

生活恢复了以往的安逸，呼格一家的情况也是如此。呼格像往常一样，每天带着两个儿子字鲁台和那木日在自家牧场放牧。他们一家人这次幸运地躲过了兵役，谁也不知道下次会怎样。

在此之前，生活还得继续。

贰

呼格的家里养了不少牛羊，另外还饲养着十匹马。这十匹马中，最引人注目的是一匹远看犹如赤色火焰，近看只觉神骏无比的四岁公马，它的名字叫作"丹驰"。丹驰从出生后就由那木日亲自养大，那木日视它如家人一般。

丹驰活泼好动。不被那木日骑乘时，它会帮着牧羊犬赶回跑远的小羊。平素，它都在那木日的视线范围内活动。唯独这一天，也不知道怎么回事，它先是在牧场周围来回跑着，显得格外兴奋，接着，它撒开四蹄，向朝西的方向跑去。它明明听到了那木日的呼唤，却故意充耳不闻。

那木日放心不下，立刻牵过青鬃马，向着丹驰奔驰的方向追去。

青鬃马也是一匹好马，可丹驰的速度太快了，追了没有多久，丹驰就在那木日的视线中消失了踪影。

那木日也不知道它跑到了哪里，只能向西一味地追赶。快中午的时候，他来到了一处古列延附近。

从远处看，山下依次搭建的圆形毡帐如同巨大的珍珠散落在绿草丛中。古列延是一种圆形的驻营，当一个氏族或部落每迁徙到一个新的草地，族长或首领的毡包定位后，他的驻营地就是古列延的中心。他所拥有的晃车在毡包外环成了一个圈，然后继续向外辐射。第一层外围圈子是牧羊者的毡包与晃车，在中心点外边相应地围成一个大圈，然后再向外辐射几里或十几里就是牧场，他们在这个空间放牧；第二层外围圈子是牧牛者的毡包和晃车，以同样的方式游牧；第三层外围圈子是牧马者，也是最外层，马的速度快，自卫性强，有利于退却或进攻以及防御野兽的袭击，也有利于防备其他部落或氏族的攻击或掠夺。

草原各部出征时同样要按古列延驻扎。这样敌人来袭时，不能直接攻破中心，擒杀首领，相反，如果敌人发起进攻，由身在中心的首领发布命令，层层向外扩展，则势如破竹，很快形成攻击之势。所以，古列延是古代重要的军事防御与进攻形式。

即使已融入被征服民族的生活中，从草原上走出的蒙古人仍执着地保留着一些传统的习惯。

古列延的尽头消失在山丘与森林之后，在这里，金色的草原、浅焦的山丘、紫绿的森林交汇成一副奇异的景象。

不过是一眨眼的工夫，那木日看到了一个少女。

看到少女的一刻，也看了丹驰。

少女坐在勒勒车上，而丹驰，就停在她的面前。

那木日有点发愣。这个少女，他以前从未见过。

少女梳着整齐的发辫，看年龄只有十五六岁的模样。她的身上穿着一件灰蓝色的粗布夹袍，夹袍的领口、袖口、下摆、衣襟均用山丹花和百灵鸟的花边镶饰，外面套着前后左右均开气，长及膝盖的深蓝色缎子坎肩，坎肩上同样绣着精巧的山丹花和百灵鸟的图案。她没有戴帽子和耳环，只在前额上方的头发上盘着一条用红色的珊瑚珠缀成的头带，将她的模样衬托得既大方又纯朴。显然，少女对山丹花和百灵鸟情有独钟，因为她脚上穿着一双马亥（布制靴），靴面是俏皮的浅驼色，靴尖微翘，靴帮与靴筒也绣着这两种图案。此外，从她腰间系着两侧留有带穗的腰带，左手带着一只玉镯来判断，她应该是个尚未出嫁的少女。

丹驰将头伸向放在车轮下的水桶开始喝水，作为回报，任少女轻抚着它的长鬃。少女弯弯的眼睛里全是笑意。

当然了，那木日以前从未见过这个少女，何况以前，他也从未过多地留意过哪个女孩子。问题是，这个少女的身上有一种十分可爱的气质，让他禁不住生出些许好感。

他催马过去，唤了一声："丹驰。"

丹驰抬起头，向那木日甩了甩尾巴，又低下头，接着喝水。看样子，它经过这一路的奔跑，实在是渴坏了。

那木日明显有些犹豫。他拿不定主意是该马上过来带走丹驰，还是让它喝足了水再带它离开。

"这是你的马吗？"少女望着那木日，笑眯眯地主动与他攀谈起来。她落落大方的言谈举止，出乎那木日的意料。

"对。"那木日回答，表情多少有点忸怩。

"它叫——丹驰？"少女继续问。

"嗯。"

"丹驰？这个名字真好听，是什么意思呢？"

"丹驰是富浪（指代欧洲）语，舞蹈的意思。"

少女上下打量了那木日一番，那木日被她看的连鼻尖上都浸出了汗珠，"是你给它起的这个名字吗？"

"不是。带它来我家的，是个富浪人。他在我家住了一段日子，临走的时候，留下了这匹才出生不久的小马驹。他说，马驹的名字叫丹驰，是舞蹈的意思，等丹驰长大了，会成为一匹毛色像赤色火焰一样神骏的宝马。"那木日没想到，他竟会在一个女孩子面前滔滔不绝。不过，关于丹驰，他的确有着说不完的话。

"像烈焰一样……烈焰驹？没错，它刚刚从那边飞奔过来的时候，我真的以为是一团火焰正向这里飘来。等它到了我面前，我又以为自己是在做梦。不瞒你说，长这么大，我还从来没见过毛色跟它一样鲜艳一样漂亮的马匹呢！还有啊，它好像渴坏了，跑到我面前，看了我一会儿，就把头伸进水桶，开始喝水。你看它这副贪婪又急切的样子，是不是很像一个馋酒的男人闻到了酒香？"

见少女如此喜爱和赞美丹驰，那木日对她的好感又增加了几分。不知不觉中，他已跳下坐骑，站在少女身旁。此时，听到少女对丹驰的形容，再看丹驰埋头喝水的馋样儿，的确有几分像抱着酒坛狂饮不止的男人，他不觉笑了。

"你也渴了吧？"少女见那木日下意识地舔了舔嘴唇，一边问，一边将一个皮囊递给那木日，"喝吧，里面装的是泉水。很甜呢。"

"这……"

"没关系，拿去喝吧。你也学学丹驰，你看它，一点都不认生。"少女戏谑道，看着那木日的眼睛里全是弯弯的笑。

那木日脸红起来。为了掩饰慌乱的心情，他接过皮囊，开始痛饮里面的水。他暗想，少女真是善解人意，居然看出他为了追赶丹驰，这会儿又热又渴。而且，少女说得一点没错，这皮囊里的泉水果然清冽可口。

这个少女，她家住在附近吗？他是不是可以问问她的名字？

将皮囊里的水喝得一滴不剩，那木日脸上的热度消散了许多，他将皮囊还给少女时，本想问问少女的名字，话到嘴边却变成了："谢谢！"

"没关系，不用跟我客气。"少女依然天真地笑着，"对了，你叫什么名字？"

自己想问没敢问，少女竟先问起了他的名字，那木日心里一慌，舌头似乎也短了一截，"这个，我……我……我叫那木日。"

"那木日？这个名字在咱们草原倒是很常见。你属于哪个部族？"

"哦，我是斡亦赤惕部人。我额吉有哈萨克血统。"那木日诚实地回答。

"这么说，你额吉的家族是从白帐汗国迁来的？"

白帐汗国的领地范围以原来的钦察草原为主，包括西伯利亚的一部分，除锡尔河流域土地肥沃外，环境总体比较艰苦。汗国居民主要由钦察、康里、葛逻禄等突厥语部和克烈、乃蛮、札答阑、篾儿乞等蒙古部组成，主要从事畜牧业生产，农业则集中于气候适宜的锡尔河以北的几个城市。

白帐汗国虽处苦寒之地，却幸运地"盛产"英俊的男子和美丽的女人。

斡尔多于诸多兄弟中，最敬佩二弟拔都，最喜爱五弟昔班。有时候，当兄弟们在萨莱城相聚时，俊美的青年和清丽的少女也是斡尔多赠送给诸兄弟的礼物。尤其是昔班，斡尔多因格外钟爱这个弟弟，赠送给他的俊男美女数量最多。

那木日有些惊讶："你怎么知道？"

"在蓝帐汗国的哈萨克女子都长得非常美丽，我听说，她们是白帐汗赠送给蓝帐汗的礼物。你额吉想必也很漂亮吧？"

那木日虽不好意思承认，可少女说到母亲，他不由自主地点了点头。

"那就是了。你的相貌中有你额吉的影子。或许是你阿爸立下了什么功劳，蓝帐汗才将你额吉赐给你阿爸的？"

那木日暗自感叹，想不到这个少女，竟是如此见多识广。"你看到那座大帐了吧？"他略一思索，回手指了指位于古列延中心的大帐。

位于古列延中心的大帐，是一座巨型毡包，里面容纳上百人饮宴绰绰有余。大帐即将完工的时候，父亲曾带那木日进里面参观过。那木日听父亲说，这座大帐，是蓝帐汗仿照开平府那座永不拆卸的蒙古包兴建的。

在诸兄弟中，蓝帐汗昔班比较崇尚中原文化。一次，他奉二哥拔都之命远赴蒙古本土觐见蒙哥汗，又去见了正奉命经营漠南草原的亲王忽必烈。在四叔拖雷的四个嫡子中，昔班与忽必烈的感情最好，两个人算得上肝胆相照的朋友。

忽必烈在金莲川的银顶大帐热情地款待了昔班一段时日，又赏赐给昔班许多南国的丝绸和瓷器。后来，昔班仍经蒙古本土回到汗国，他对银顶大帐的华阔念念不忘，决定在驻跸之地也建造这样一座大帐。

那木日的父亲呼格是制作蒙古包的高手。经过昔班的描述，他将银顶大帐完美地复制出来，唯一不同的是，大帐的银顶被他换成了蓝顶。当然，这也是奉昔班之命。

毫无疑问，在蓝帐汗国，蓝顶大帐是一座美轮美奂、无与伦比的大帐，其色泽和式样都是金莲川银顶大帐的翻版。那木日虽说只进去过一次，但这座大帐的恢宏与壮丽带给他的震撼，直到现在还让他难以忘怀。

且不说大帐的外罩皆以白蓝色搭配，其灵感源于蓝天白云，就是包内乌尼的制作也堪称精美绝伦，结实的哈那组成密密匝匝的菱形，包顶的盖毡、帐幕的围毡和门帘上，绣着鸟、兽、花卉、葡萄藤等色彩鲜艳的图案，漂亮的南国丝绸（这是忽必烈赠送给昔班的礼物。因为当时忽必烈在银顶大帐宴请昔班时，昔班说，等他回国后，也要在驻地建造一座与银顶大帐一模一样的蒙古包。既然要一模一样，别的东西犹可，唯有丝绸必用同样的质地和花色，忽必烈心细，遂以大量丝绸相赠）从包顶悬挂下来，把哈那围裹得严严实实。包顶的盖毡上装饰着引人注目的传统云纹和各种变体盘肠图案，红色或蓝色的锦缎上，以贴花的形式绣制着行云流水般的各种花纹，远远望去醒目明快。围帐的上部采用一方连续纹样，流畅灵活，素净大方。包门的木格由不同的几何图形组成，那些突出的部分，绘制着对称的云纹图案和寿字花纹。用有着金色丝线刺绣的红色锦缎所制成的巨大门帘，内用"卍"（包罗万象）符号做底纹，中间及四角绣着团形和角隅花纹，在古朴中又多了几分妩媚。

"看到了，怎么了？"少女顺着那木日手指的方向看了一眼大帐，问。

"这座蓝顶大帐是我阿爸负责建造的。"

"哦？难道因为这样，蓝帐汗就将你额吉赐给你阿爸了吗？可是……时间不对呀。"

"蓝帐汗将我额吉赐给我阿爸的时间还要更早。我的意思是说，蓝帐汗很欣赏我阿爸的手艺。"

"我想也是这个原因。你家里有几个兄弟姐妹？"

"我有一个哥哥，一个姐姐，两个妹妹。你问这个做什么？"

"非得要做什么才能问吗？"

"哦，我不是这个意思。"

两个人说话间，丹驰喝足了水，正在勒勒车附近慢悠悠地揪扯着青草送入口中。少女看着丹驰，脸上重又露出喜爱的笑容。

"对了，这些事，你是怎么知道的？"

"你说什么事？"少女漫不经心地问。

"我额吉是蓝帐汗赐给我阿爸的事？"

"不是你告诉我的吗？"

"但这种事一般人不可能知道啊。"

"那倒是。其实说起来原因很简单：我阿爸就是管理蓝顶大帐的人啊。"

那木日恍然大悟："原来你阿爸是蓝帐汗的守帐人？"

少女忍笑回答："对，你说得没错。"

那木日鼓足勇气问道："我可以问问你的名字吗？"

少女眼珠一转："我嘛，我……叫德安。"

那木日在心中默念着这个名字，一张脸不禁又有些泛红。

少女——现在那木日知道她的名字叫德安了——的注意力重又回到丹驰身上。这匹雄骏的宝马实在太特别也太引人注目了，凡是看到它的人，都难免会产生一种渴望骑上它纵情驰骋的欲望。

仿佛清楚德安的心思，丹驰来到德安面前，用鼻子蹭了蹭她的手心。丹驰今天的表现着实让那木日感到惊讶，往常高傲无比的丹驰，唯独对德安如此友好，莫非这个名叫德安的少女会使用魔法不成？

"在富浪语中，丹驰是舞蹈的意思，你一定想不到，丹驰真的会跳舞。"那木日用一种炫耀的口吻说道。

"真的吗？"德安这样问倒不是不信，她只是感到惊奇。

"你来看。"

那木日说着，将拇指与食指含在嘴里，吹出一支欢快的乐曲。丹驰先是侧耳倾听，随即，它将两只前蹄抬起，用两只后蹄随音乐踏出有节奏的舞步。最后，它发出一声嘶鸣，这才将前蹄放了下来，扫了扫尾巴，继续吃草。

德安被丹驰的"表演"逗得咯咯直笑。那木日从一侧看着她灿烂的笑脸，着实有些想入非非了。

好一匹神骏无比聪明无比的烈焰驹啊，值得拥有！德安——至少暂时，这就是她的名字了——脑海里闪过这个念头。

"丹驰太可爱了。以后，我也能让丹驰跳舞吗？"德安一脸向往地问。她的脸颊被夕阳染成了粉红色，这使她越发显得娇艳无比。

"当然能，我相信你没问题。以前，除了我的家人，我还从来没见过丹驰像喜欢你这样喜欢过任何人。这一定是因为你与丹驰有缘。等你像我一样学会吹这支曲子，就能让丹驰跳舞了。"

"真的吗？"

"真的。"

"你会教我吗？"

"会。我会教你，直到你能让丹驰跳舞为止。"

"真遗憾，今天天色有些晚了，明天，你能早些过来吗？"

"能。"

"我还在这里等你。"

"好。那我告辞了。"

那木日依然将手指含在口中，吹了一声口哨，丹驰立刻竖起耳朵，向他跑来。那木日翻身跃上马背，回头向德安说了一句："明天，记着等我。"

德安也向他挥挥手："我等你，你一定要来啊。"

"一定！"那木日郑重地做出承诺，这才骑着丹驰，带着青鬃马飞驰而去。丹驰四蹄腾风，转眼间便消失在德安的视线之外。

德安脸上的笑容慢慢消失。她的脑海里满满都是丹驰的身影。这匹世所少见的宝马她志在必得，不过在此之前，她一定要跟那木日学会让丹驰跳舞的技巧。

叁

一匹黑马向少女这边驰来，近了，一个中年男人跳下马背，用一种责备的语气问道："奴奴，你怎么在这里呢？你跑来这里做什么？"

原来少女并不叫德安，她的名字叫作奴奴。

奴奴看了看来人，说道："我若不来这里，也遇不上丹驰。可能这就是那木日说的，我和丹驰有缘分吧。"

"丹驰？那木日？你在说些什么？"

奴奴便将她与丹驰和那木日偶遇的情形讲给中年男人听，看着她的眼中闪现出明亮的光芒，中年男人笑了。

"要我把丹驰给你弄来吗？"

"不急，我得先让丹驰接受我，再将它留在身边。像丹驰这样高傲聪明的马匹，就像高傲聪明的男人一样，只有让它心悦诚服，才可以为我所用。"

"你真的就这么喜欢丹驰吗？"

"你见了也会喜欢。"

"是啊。奴奴是谁呢？奴奴相马的才能，在金帐汗国不是独一无二，只怕也不会有几个人敢与你相比。"

奴奴没说话。

"需要我帮你做什么吗？"

"那木日的父亲是建造蓝顶大帐的人，这个人你应该知道吧？"

"难道是呼格？若是呼格，我与他在蓝帐汗驾前效力多年，当然知道了。"

呼格原是黄金家族的家养奴隶。拔都立国后，昔班回到封地，开始在封地南北兴建冬宫和夏宫，冬宫和夏宫中的蒙古包永不拆卸，而这些蒙古包多由呼格负责设计和督造。后来，因呼格又在建造蓝顶大帐时立下大功，蓝帐汗格外施恩，赐呼格自由民身份，同时还赐给他一块牧场和许多牛羊。

"他的为人如何？"

"呼格制作蒙古包的手艺无人可比，为人很厚道，对主君也很忠诚。只是，他这个人有些胆小。"

"既然如此，你去了解清楚，那木日家一共有多少匹马，一匹都不能少。"

"只要了解清楚呼格家有多少匹马就行吗？"

"对。"

"小事一桩，交给我吧。"

"交给你，我当然放心。"

"明天，你约了那个叫那木日的年轻人在这里见面？"

"嗯。记住，别让任何人打扰我。"

"没问题。不过，奴奴……"

"怎么？"

"之后你有什么打算？"

奴奴嘴角一动，眼中跃上淡淡的笑影。中年男人知道，只要奴奴的脸上出现这样的表情，就证明，她已经拿定主意了。

那木日藏着心事，差不多一个晚上辗转反侧，难以成眠。

好不容易熬到天光放亮，那木日出去放马、割草、打水，忙碌了整整一上午。眼见太阳挂上了中天，他连午饭都没顾上吃，找了个借口，便骑着丹驰向他与德安相约的地方驰去。

德安比他先到。看到他，德安的脸上顿时露出笑容。

那木日跳下坐骑，松开了丹驰。

丹驰径直来到德安面前，用鼻子蹭了一下她的脸，接着低下头，开始从勒勒车边的水桶里喝水。看样子，它极喜欢这泉水的味道。

"你早来了吗？"那木日问。说真的，在看到德安前，他有点不踏实。他担心少女昨天只是随口说说。

"我刚来一会儿。我家就住在这个古列延里，离这里比较近。看你跑得脸上都是汗，我给你准备了黄油饼，水袋里还有泉水，你先吃了黄油饼，喝过水，再教我吹曲子吧。我们有一下午的时间呢。"

黄油饼包在一张油纸中，看着很诱人，水还装在昨天的皮囊里。那木日接过黄油饼时，随口问了一句："你怎么知道我没吃午饭？"

少女一笑："我不知道啊。你没吃午饭吗？"

那木日一阵尴尬，含糊地"唔"了一声。

"黄油饼是我家的特色，我带来给你尝尝。要是我知道你没吃午饭，就多给你带几张儿了。你若喜欢，我明天还带给你吃。"

"喜欢喜欢。我以前从没吃过味道这么好的黄油饼……不过，这样好吗？"那木日有些过意不去。毕竟，在蓝帐汗国，粮食是十分珍贵的。

"没关系。你教我让丹驰跳舞的本领，我也得付出点代价不是。"德安玩笑道。那木日越发喜欢她纯朴开朗的性格。

吃饱喝足，那木日便开始履行起"老师"的职责。他从手法教起，极认真，极有耐心。德安也学得很耐心，很认真，尽管开始的时候她连声音都发不出来，她却一点都不气馁，反复请教，反复练习。终于，她能吹出声音了，而这时，居然又到了黄昏。

德安看着那木日，抹了把脸上的汗水，"你累了吧？我还真是笨呢。"

笨点也不错啊，我正好可以多教你几天。再说，你一点儿不笨。这些，都是那木日心里的话。

"明天，还约同一时间吗？"他问。

"对呀。"

"既然如此，明天我会准时过来的。"

"好。明天，我还会给你带好吃的过来。"

"这个不用。我不是为了……"

"你别跟我客气了。丹驰，来，亲我一下。"

丹驰似乎能听懂德安的话。它走过来，用鼻子蹭了蹭德安的脸。它的气息吹在德安的脸上，痒痒的，德安不觉地笑出声来。

丹驰对那木日而言，如同他的家人一般。如今，看到德安像他一样喜爱他的"家人"，那木日的心里甜甜的。

骑上丹驰，回头看到德安向他挥手的样子，那木日的心里蓦然间就产生了一种依依不舍的感觉。

肆

中年男人仍在那木日离去后出现，他问奴奴："学得怎么样了？"

"没有我想象中的容易。不过，我已经能吹出声音了，等我学会完整的乐曲，我就可以尝试着让丹驰跳舞了。"

"我早说过，只要你愿意，没有什么是你学不会的。"

"对了，你打听得怎么样？"

"确定是呼格家。他家一共有十匹马。"

"包括丹驰吗？"

"包括丹驰，一共十匹。"

"我知道了。"

"其实，奴奴，呼格若知道是你想要，他会把丹驰献上的。"

"那多没意思。"

"没意思？"

"是啊。我不喜欢唾手可得的东西，我要跟那木日玩儿个游戏。"

中年男人摇了摇头："唉，可怜的那木日。"

"你说什么？"

"说到玩儿游戏，那木日怎么可能是奴奴的对手呢？"

奴奴淡淡一笑，粉嫩的脸颊上满是期待的神情。

中年男人多少有些可怜起那木日来。以奴奴的性格，不管游戏如何开始，那木日最终都一定是被整得最惨的那个。

可怜归可怜，他还得帮着奴奴。就算他是蓝帐汗国的大断事官，就算他必须执法如山，可这些唯独用不在奴奴身上。只要为了奴奴，让他以身试法他也在所不惜。

奴奴是吃他妻子的奶水长大的。妻子只为他生下三个儿子,他们没有女儿。妻子生下三子不久,在蓝帐汗的要求下成为奴奴的乳母。当他在妻子怀中第一次看到吃过奶水甜甜入睡的奴奴时,他们夫妻俩就把奴奴当成了他们唯一的女儿。何况,这许多年来,除了亲生父母外,奴奴最亲近的人就是他和妻子了。奴奴有任何事都不会瞒着他,而他,也总会想方设法满足奴奴的心愿。

就某种程度而言,他的确拥有这样的能力和权力。

经过那木日的指导,德安很快能吹出那支让丹驰跳舞的曲子了。

此后,又经过几天的磨合,丹驰与德安的配合越来越有默契。丹驰似乎很喜欢带着德安在草原上奔驰,它奔跑起来犹如闪电一样。那木日是那么喜欢看到德安快乐的笑脸,只要看到她快乐的笑脸,他的心也会跟着快乐起来。他的心思简单,以为这样的日子还有很久,他并没有想过,除了德安是守帐人的女儿这一点,他甚至连德安住在哪里都不知道。

甚至,他都没有产生过这样的疑惑:为什么每天见面,德安都能变着花样给他带来精美可口的点心,这可是许多贵族家庭都未必能天天吃得到的面制食品。

还有,他更没注意到,一天一天,德安坐着的勒勒车离那座蓝顶大帐越来越近。

又到了该分别的黄昏,德安与那木日约好,明天,他们一起带丹驰去海子边玩耍。

每天上午劳作,下午与德安见面,成了那木日生活中必不可少的内容。连家人都能看出那木日的变化:这个往日沉默寡言的小伙子,每天都是如此快乐,洋溢着热情,全身上下似乎有着使不完的劲儿。

第二天,那木日如约来到他与德安每天见面的地方。他一眼看到勒勒车,奇怪的是,他并没有看到往常都坐在勒勒车上等着他的德安。

他以为德安暂时离开了,或者是有事耽搁了会晚些过来。他对自己失落的心情感到好笑,跳下丹驰,松开缰绳,任丹驰自由活动。丹驰分明有些不安,那木日却并没有察觉到,他径直走向勒勒车,轻抚了一下勒勒车高大的车轮。

耳边蓦然听到一阵尖锐的哨声,接着,有什么东西掠过他的耳畔,钉在勒勒车的车轮上。

原来，是一支箭！

那木日大吃一惊，不知道发生了什么事。就在他愣神的工夫，几十匹战马向他驰来，转眼间将他团团围在正中。

那木日呆呆地看着他们。

其中一个军官模样的人用鞭尖指着那木日，喝道："来呀，把他给我拿下！"

几个侍卫应声过去，一个侍卫手中拿着绳子，另几个拿着弯刀。

那木日这才反应过来，一边躲避，一边抗议："你们是谁？你们要做什么？凭什么抓我？"

可是，那几个侍卫的身手极其敏捷。他们一拥而上，将那木日摁倒在地，不多时便将他捆绑了个结实。

"你们凭什么抓我？凭什么抓我？"那木日连声嘶喊着，他心里虽害怕，但更多的还是气愤。

军官仍用鞭尖指着那木日："把他给我带过来！"

那木日被推着，踉踉跄跄地来到军官面前。他向那个军官怒目而视："你是谁？你们凭什么抓我？"

军官冷笑："凭什么抓你？我还要杀了你呢。"

"你有什么权力杀我？我犯了什么罪？"

军官移动鞭尖，一指蓝顶大帐，"私入宫禁之地一里之内者，杀无赦，你难道不知道吗？"

那木日顺着军官鞭指的方向看了一眼蓝顶大帐，顿时心头大骇。军官说得没错，他此时的距离，离蓝顶大帐已经很近了。

这是怎么回事？他每天都到勒勒车停放的地方来找德安，从来不曾注意过，勒勒车与蓝顶大帐的距离竟如此接近……不，不对，他记得很清楚，他第一天见到德安的时候，勒勒车离蓝顶大帐的距离绝对在一里之外。

那么……这究竟是怎么回事呢？

还有德安。难道，他们把德安也抓了起来？

"德安呢？你们把德安怎么样了？"与担心自己的处境相比，那木日更担心德安的安危。

军官明显地愣怔了一下。

"快告诉我，德安呢？你们是不是把德安也抓起来了？"

军官尚未回答，一个洪亮的声音在他身后响起：“这里发生了什么事？你们都聚在这里做什么？”

人们回头望去，只见一个中年男人正骑马驶来。

伍

中年男人，正是额布勒。

众人急忙见礼：“见过额布勒将军。”

额布勒做了个让他们免礼的手势，“这个年轻人是怎么回事？”他指指那木日问道。

此时，丹驰正站在那木日身边。它毫无畏惧，护着主人寸步不离。额布勒一见之下，就被这匹神骏无比的烈焰驹吸引住了。

难怪奴奴对它……

“他私闯宫禁之地。我们把他抓了起来，正在审问。”军官回答道。

“哦？”额布勒上下打量了那木日一番，“你是谁？为什么要私闯宫禁？”

“我没有私闯宫禁，我是来这里来找人的。你们到底把德安怎么样了？难道，你们连一个柔弱的女孩子也不肯放过吗？”

“德安？”

军官插话道：“他从刚才就一口一个‘德安德安’的，搞不懂他在说些什么！”

额布勒问那木日：“你说的德安，是个姑娘吗？”

“是，是个姑娘。这些日子，我们每天都在放置着这辆勒勒车的地方见面。就算我们真的私闯了宫禁之地，那也是无心之过。”

“你们看到一个姑娘了吗？”额布勒转问守卫大帐的侍卫们。

“没有。”侍卫们互相看看，全都摇头。

“德安，她是守帐人的女儿，他的阿爸是为蓝帐汗管理这座大帐的。”那木日振振有词。

“管理这座大帐的人不是阿尔斯兰吗？”额布勒问军官。

“没错，是阿尔斯兰。”

“把他带到你们执勤的帐子，”额布勒说的是那木日，“再把阿尔斯兰和他女儿也一起带过来，我要审讯。”

"遵命。"

那木日听中年男人吩咐侍卫，让他们把阿尔斯兰和他女儿全都带过来，他的心里顿时安稳了许多，也就不再挣扎，任由侍卫们将他押走了。

丹驰紧紧跟在那木日身后，那木日回头对它说了一声："丹驰，回家。"

丹驰停下脚步。那木日又说了一句："丹驰，回家。"

丹驰不再犹豫，转身朝家的方向跑去，它跑得飞快，仿佛一团赤色的火焰，没用多久，便消逝在人们的视线中。

这匹马果然灵性！额布勒暗暗想着。

那木日被押进侍卫们执勤的大帐。这里的空间还算比较大，里面筑着一个半圆形的土炕，土炕旁边还摆放着几张长条形桌案。额布勒走过去，在上首位置坐了下来，军官坐在他的右侧。额布勒没说让那木日跪下，他默许那木日在大帐正中站着，等候阿尔斯兰和他的女儿。

不到半个时辰，管帐人阿尔斯兰过来了。他面向额布勒施礼："将军唤我过来有什么事吗？"

额布勒指指那木日，问阿尔斯兰："你认识这个年轻人吗？"

阿尔斯兰认真地打量了那木日一番，摇摇头："不认识。"

"他说，你认识你女儿德安。"

"是吗？这个我不知道。"

"你女儿没来吗？"

"来了。她在帐外候着呢。"

"让她进来。"

阿尔斯兰冲着喊了一声："德安，进来吧。"

随着他的话音，一个女孩走了进来，女孩十二三岁的模样，穿着一身粉色的蒙古袍，梳着整齐的发辫。女孩长着一张小小的、可爱的脸颊，但这是一张陌生的面孔，那木日根本不认识。

"德安，你认识他吗？"额布勒将那木日指给女孩看。

女孩摇摇头："不认识，我没见过他。"

额布勒又问那木日："你见过的德安，是你面前这个女孩吗？"

"不是。"

"这就奇怪了。阿尔斯兰，你有几个女儿叫德安？"

"将军开什么玩笑哪！在下就是有几个女儿，也不能都叫德安呀。何况，我只有两个女儿，大女儿前年就出嫁了，小儿子去年也成了家。现在我和老妻膝下，只有这么一个女儿。"

"是吗？你女儿确定叫德安吗？"

"自己女儿叫什么名字我还能不知道？千真万确。"

额布勒再次问那木日："你真的不认识这个女孩吗？"

"我真的不认识。"

"那你为什么说你是来找守帐人的女儿德安的？"

"我没撒谎，我是来找德安的。"

"可你并不认识德安。"

"难道只有一个守帐人，只有一个德安吗？"

"有几个德安我不知道，但蓝顶大帐只有一个守帐人，他就是阿尔斯兰，这一点确定无疑。"

那木日完全糊涂了。

他不明白，这到底是怎么回事？

蓝帐汗只有一个守帐人，守帐人只有一个叫德安的女儿，而这个德安，绝对不是那木日认识的德安。

德安，一个活生生的人，怎么会凭空消失了呢？

难道，这段日子，他都生活在一种幻境中？若是如此，他的幻境也太真实了。更可悲的是，只能在幻境中出现的德安，只怕他今生再也无法相见了。

接下来的时间，无论额布勒问什么，那木日都一言不发。军官有点不耐烦了，说道："将军，这个人擅闯宫禁，理应处斩。现在又不说出实情，我看，不如把他推出去，乱箭射死算了。"

额布勒尚未回答，外面急匆匆地走进来一个侍卫。他来到额布勒和军官面前，低声说了几句什么。额布勒与军官互相对视着，额布勒问那木日："你是呼格的儿子，叫那木日是吗？"

刚刚进来的那个侍卫走到那木日面前，示意他回答问话。那木日认得侍卫，他叫斡思昆，是那木日的族兄。

那木日勉强回道："是。"

额布勒看着那木日。那木日脸色苍白，神情恍惚，额布勒不免对这个孩子动了恻隐之心。他想了想，对军官说道："先把他看押起来吧。主君前往别儿哥萨莱朝见金帐汗，可能还要十天半个月才能回返。我这就去面见王子，请他示下。"

"好。"军官点头应道。

丹驰独自跑回家中让呼格夫妇感到不妙。一家人出去分头找了一圈儿，可找遍了那木日平素常去的地方都没有找到他。正当一家人不知所措、乱成一团时，那个在侍卫轮值的大帐向额布勒讲明那木日身份的斡思昆来到呼格家，将那木日闯下的祸事一五一十地说给了呼格夫妇。

听说儿子居然擅闯宫禁之地，呼格惊得面色如土，老伴儿更是急得直哭。斡思昆安慰道："婶娘莫急，事情还有转圜余地。如今主君不在汗营，王子主持政事。然而，刑狱民事都由大断事官额布勒负责。叔父与额布勒虽无深交，也不甚来往，但大家都在主君帐前效力，额布勒不会一点情面不给叔父。本来，侍卫长主张杀掉那木日，以儆效尤，可我看额布勒并不忍心。为今之计，不如叔父去求求额布勒，或许还可以保住那木日的一条性命。"

呼格听斡思昆这样说，为救儿子，哪里还敢耽搁，当即骑马去了额布勒家中。额布勒刚刚回来，听说呼格求见，就让他进来了。

呼格一看到额布勒，跪下就磕头。

额布勒说道："别这样。你我都为主君效力，我不能受你大礼。你先起来，有什么话但讲无妨。"

"将军，求你救救小儿，救救小儿吧！虽说我不知道小儿犯下这杀头之罪的原因，但我敢说他是无心的。小儿今年才十八岁，他从小就是个很守本分的孩子，对我和他额吉都很孝顺。你说这样的孩子怎么会对主君怀有不敬之心？一定是有别的缘故，才让他去了不该去的地方。将军，我求你救小儿一命，只要你能救小儿一命，日后我呼格做牛做马也会报答你。"

额布勒微微叹了口气："其实，我去见过王子了。"

"王子怎么说？"呼格焦急地问。

"在汗国，还是第一次发生这样的事情，又偏偏发生在王子代汗父主政期间，他自然十分震怒，觉得此事绝不能姑息纵容。他命令我……要依律治罪……"

呼格的脑袋嗡嗡直响，身体摇晃着，连视线都变得模糊起来。

难道，连额布勒也救不了儿子吗？这该怎么办？这该如何是好？

额布勒急忙伸手扶住了呼格的胳膊："呼格老兄，你先别着急，听我把话说完。那木日我已经见过了，我看得出来，他不是个坏孩子。何况，他又是你儿子，我怎么可能见死不救？我好好求过王子了。我跟他说，蓝顶大帐是那木日的阿爸呼格一手建造的，他想必是起了好奇心，想看看他阿爸建造的大帐是什么样的才误闯了宫禁之地。王子听我这么说，总算消了点气。不过你也知道，擅闯宫禁从立国起就是重罪，所谓律法无情，王子最后决定：死罪可饶，活罪不免。"

"真的吗？王子真这么说？"

"是啊。"

"谢谢你！谢谢你救了我儿子的命。可王子说的活罪不免，是要对我儿用刑吗？"

"以罚代刑。王子说，以十匹马的代价，换你儿子一条性命。"

呼格长长地松了口气。别说他家正好有十匹马，就算换命的代价是二十匹马，三十匹马，就算他得把家里的牛羊全都卖掉，他也要将儿子赎回来。

"十匹马，有困难吗？要不要我再……"

"不需要。你已经帮我大忙了，你的大恩大德，日后我一定报答。王子有没有说，什么时候才可以换回我儿？"

"你什么时候把十匹马献到汗廷，什么时候就可以把儿子领回家。"

"我明白了。我这就回去，明天一早，我就把马送到汗廷。"

"为了稳妥起见，我在汗廷等你。"

"谢谢。谢谢。"呼格对额布勒真是谢之不尽。他匆匆告辞离去，额布勒目送着他的身影消失在帐外，到底有些过意不去。

陆

第二天，呼格来到汗廷，额布勒信守诺言，果然等候在汗廷之外。呼格将十匹马交给额布勒，额布勒说王子一早出去打猎了，过几天才能回来。他就做主，让呼格将儿子那木日先领回家，等王子回来，他再向王子报备。

呼格千恩万谢。额布勒示意随从去将那木日带出来，把他交给他父亲。

呼格拉着儿子，又要向额布勒行礼，额布勒阻止了他。额布勒说："你不用再跟我客气了。虽说我是汗国的大断事官，但你儿子擅闯宫禁的确事出有因，我就算网开一面也诚不为过。"

那木日依旧是一副呆呆的表情，显然，对于昨天发生的一切，他到现在还处于混沌状态。看他那样，额布勒在心里叹了口气。

听说家里是用十匹马的代价才换回自己一条命，那木日十分懊悔，一方面觉得对不起家人，另一方面失去了如同亲兄弟一般的丹驰，他的精神受到了很大的打击，回家当天便病倒了。

没有了坐骑，呼格和长子的放牧变得困难起来。即便如此，却没有一个人对那木日说过一句责备的话。对家人来说，那木日才是这世间最贵重的"财产"，是他们不惜以生命来交换的亲人。

呼格决定卖掉一批牛羊，换两匹马，这样他与儿子们放牧还能方便些。他正与长子孛鲁台商议着去趟妹夫家，忽听有人在外面高喊："呼格叔父在吗？"

呼格和孛鲁台走了出来，只见斡思昆正站在帐外。

"你怎么来了？"

斡思昆笑道："是额布勒将军派我来的。"

"有什么事吗？"

"王子昨晚回来了。将军为了你的事，又去见了王子，他一再向王子求情，王子念在你建造蓝顶大帐的功劳，决定对你法外施恩。你奉献的十匹马，王子只留下丹驰，剩下的全部赏还给你。将军让我来通知你，你和我的两位兄弟，可以去汗廷牧马场把那九匹马带回来了。"

这突如其来的喜讯让呼格父子简直不敢相信他们的耳朵，孛鲁台有点沉不住气，一迭声地问道："这是真的吗？这是真的吗？"

斡思昆依然微笑："走吧。你们跟我去了牧马场就知道是真是假了。"

"好，我们走吧。"呼格对儿子说。

三个人并辔而行，斡思昆回头看了看呼格的帐子，问道："那木日呢？"

"他还有些发烧，我让他额吉照看着呢。"

"怎么，他病了？"

"是啊，这孩子心重，总觉得是他闯了祸，连累了家人。从汗营回来就病倒了。"

"真是的。他不要紧吧？"

"发了两天高烧，今天早晨总算好些了。"

正如斡思昆所说，呼格父子从汗廷牧马场领回了自己家的九匹马。在牧马场，他们没见到丹驰，听说丹驰被王子看中，留下了。

赐还的马匹中没有丹驰，这点虽然让呼格感到惋惜，但王子肯大发慈悲，赐还其他九匹马，他已经是感激不尽了。

呼格没有直接回家，而是带着字鲁台和斡思昆来到额布勒家中。额布勒仍旧很亲切地接待了他们。呼格欲留下五匹马作为谢礼，额布勒坚辞不受。推推让让间，额布勒又提出，待机会合适，他在汗廷给那木日寻个差事。呼格没想到额布勒如此仗义，心里感动，眼泪差一点掉了下来。

那木日的病终于痊愈了。他仍像往常一样，每日出去放牧。他骑的不再是丹驰，而是他放牧时有时会骑的青鬃马，至于那个古列廷，他再没有去过。曾经快乐单纯的小伙子，仿佛变了一个人似的，终日沉默寡言，人也越来越消瘦。

家人都为那木日感到忧心。他们知道，失去丹驰，那木日如同失去了生命的一部分。他们不知道的是，那木日失去的不只是丹驰，还有一个突然出现在他生活中又突然消失无踪的少女。

在那些个如梦似幻的日子里，有个像天使一样的少女曾经牢牢占据着他的心灵一隅。直到今天，他仍然无法将她忘怀，就像他无法忘怀丹驰一样。

这样浑浑噩噩的日子差不多过了半个月，一天傍晚，呼格一家正在吃饭，斡思昆突然造访。呼格殷勤地招呼斡思昆一起喝上几杯，斡思昆也不客气，坐下先喝了一碗奶茶，又喝了几杯酒，然后，他一边割下几片羊肉放入热奶茶中，一边告诉呼格：主君业已回到汗廷，他下令要那木日从明天开始做他的养马官。那木日的主要职责是照顾丹驰，俸禄是每个月能够领到两袋面粉。

这无疑是个令人兴奋的好消息，对那木日而言尤其如此。听说可以见到丹驰，那木日的眼睛里刹那间就有了光亮。

呼格问斡思昆："这一定又是将军帮了我们大忙吧？"

斡思昆回答："是啊。将军不是跟你说过要在汗廷给那木日寻个差事吗？正好主君回来，需要新进一个养马官，将军就向主君推荐了他。"

"将军对呼格一家恩重如山，只是不知我呼格该如何报答。"

"叔父也不用这么想。将军说他与叔父同为主君效力，帮点忙是应该的。何况，丹驰也离不开它原来的主人。"

"斡思昆哥哥，你这话是什么意思？"那木日问道。

"这件事，我还是听一位跟我相熟的养马官说起的。丹驰啊，真是一匹有情有义的宝马，自从到了汗廷牧马场，它大概是想念你的缘故，每天都甚少饮食，而且精神不振。从昨天开始，它便望着你家的这个方向流泪，除了能喝点水，连口草料都不肯吃了。主君听将军说了这事，十分感动，所以才下令由你亲自照顾丹驰。"斡思昆对那木日解释了原因。

听说丹驰因想念自己而吃不下东西，那木日眼泪顿时掉了下来。他担心丹驰吃不消，一定要马上见到它。斡思昆见他心急如焚，只好当晚就将他带到了汗廷牧马场。

那木日人还没到马厩，丹驰就已感受到了他的气息。它竖起耳朵，来回踱着步，当那木日出现在它面前时，它发出了一声欢快的嘶鸣。

那木日跑过去，紧紧抱住了丹驰的脖子。他的眼泪像小溪一样在脸上流淌着，许久，当他渐渐平静下来，丹驰伸过头，亲热地用舌头舔了舔他的脸。

那木日将丹驰带出马厩，让它在自己身边揪扯着青草送入口中。

见到了思念的主人，丹驰终于恢复了食欲。

不知道这段日子丹驰是怎么度过的？它瘦了许多，圆滚滚的肚子扁塌下去，昔日明亮的眼睛中似乎蒙上了一层薄薄的雾霭。它很干净，一看就知道它得到过精心的照顾，可它脖子上长长的鬃毛却完全垂落下去，贴着身体，显得没有一点精神。

那木日伸手抚摸着丹驰的鼻子，丹驰时不时抬起头来看一眼那木日，渐渐地，它的眼睛恢复了往日的神采。

那木日丝毫没有发现，有两个骑马的人，正在牧马场外看着他，看着丹驰。

柒

这两个人，一个是奴奴，一个是额布勒。

奴奴见丹驰开始吃草，心中有几分欣慰，也有几分嫉妒。

"这下，你可以放心了。"额布勒压低声音对奴奴说。

奴奴苦笑了一下。

"你也不用太失落。从今天起，那木日是你的养马官，丹驰还是你的。"

"我以为，"奴奴语气幽幽地说道："我能让丹驰跳舞，证明它已经接受了我。没想到，它心里想着的，始终还是那木日。"

"它从小就是那木日养大的。你不是对我说过，丹驰非常通人性，这样的马，怎么可能轻易忘掉它原来的主人？再说，它也并不是完全没有接受你，这些日子，若不是它还肯喝你喂的水，还肯吃你喂的草，恐怕早就死了。"

"我没想到会是这样的结果。从来没见过这么倔强的马匹，枉我费尽心机把它弄到身边。"

"算了，奴奴，别说气话。你是不会对丹驰放手的，不是吗？否则，你为什么又要将那木日找来呢？"

"你这人真够讨厌！好像我想什么，你都能够猜得出来！"

"奴奴，别忘了，你也是我的女儿啊。"

"我知道。可是，我阿爸从来不像你这样了解我，惯着我。"

"主君有那么多事情需要操心，我与他哪有可比性。尽管如此，他心里最宠爱的孩子还是你啊，你从生下来就是他的'奴奴'（眼睛之意）。"

"没错，我是我阿爸的奴奴，也是你的奴奴，从小，我以为自己想要什么都可以得到，没想到，我唯独得不到丹驰。"

"人不可能得到世间一切，这是天数。"

"你说得对。等过几天，丹驰的体力完全恢复了，我想试试，我是否还能让它跳舞。"

"在那木日身边，应该没问题。"

"说到底，还是要沾那木日的光，想想真够窝囊。"

"那又如何！只要丹驰在你身边，不就可以了？其实……"

"其实？"

"那天，我真的有些感动。"

"什么事让你感动？"

"我们安排护帐侍卫抓了那木日后，他不断追问你的下落，还央求侍卫放了你，说你是无辜的。他担心你要远远多过担心自己。"

"他担心的，是德安吧？"

"奴奴和德安，有区别吗？"

"奴奴在意的，只有丹驰。"

"德安呢？"

奴奴语塞。沉默片刻，她诚实地回答："我不知道。"

额布勒看着奴奴，笑问："你去看丹驰，是以奴奴的身份，还是以德安的身份？"

"当然是奴奴。这还用问！"

"那木日的心里，也许宁愿与德安一起拥有丹驰。"

"那是他的事情。丹驰已是我的坐骑，由不得他怎么想。下一步，我要让丹驰接受奴奴。"

"在那木日身边，无论奴奴还是德安，丹驰都会接受的。"

奴奴狠狠地瞪了额布勒一眼。这句话，她听着非常刺耳，却不得不承认，额布勒说的是实情。

如今，终于见到了日夜思念的主人，丹驰开始正常吃喝，很快便恢复了体力。不过，它的心里似乎在惦记着一个人，每天临近黄昏，它都会抬起头，长时间地望着西边的一条路。

那木日并不知道，那条路，通往奴奴的宫帐。

几天后的一个黄昏，那木日抱着一捧草料，放入丹驰专用的马槽中。丹驰正从桶里喝着水，这时，它的耳边响起了熟悉的音乐声，它立刻抬起头，望向西边的路。当它看到一个熟悉的身影正向牧马场靠近时，它顿时变得兴奋起来。接着，它便踏着音乐的旋律，欢快地跳起好多日子不曾跳过的舞蹈。

幸好，它记得每个舞步。这让它感到得意。

那木日一开始，完全不明白发生了什么事。逆着夕阳的光线，他的眼睛只能看到一个形体，却看不清她的脸容。然而，除了她，这世间又有谁能用手指吹出这般动听的乐曲？又有谁能让丹驰心甘情愿地起舞？

在那一瞬间，那木日的心脏剧烈地跳动起来。

一曲结束，丹驰冲到奴奴面前，亲热地舔着她的手和脸。

奴奴一边躲避，一边笑着责备道："你还记得我啊。"

丹驰低下头，轻轻地含住了奴奴的手腕，似乎对奴奴的这句话感到气恼。

奴奴用另外一只手抚摸着它的长鬃，安抚道："知道了，知道了，是我说错了。"

丹驰这才放开奴奴的手腕，甩了几下尾巴，走到在那木日与奴奴之间站住，低头吃起草来。

奴奴与丹驰说话的时候，那木日默默地注视着她。他眼前的这个少女，有着与德安一样清秀的脸庞，尽管如此，她不是德安。她的衣着不是德安那身朴素的衣着，她的眼神里流露着德安所没有的冷傲，哪怕她与德安有着相同的容颜，哪怕她能让丹驰心甘情愿地跳舞，在那木日的心中，她仍旧不是德安。

正因为她不是德安，那木日才突然想明白了一些事：这世上的确有一个德安，而且，她的确是守帐人的女儿，但是，这世上又根本没有德安，只有一个借用了德安身份的少女，将他引入了宫禁之地。

一个能将他引入宫禁的人，绝对不是一个普通人。

何况，此时她那身高贵的服饰，也证明了她不是普通人。

那么，她又是谁呢？

无论她是谁，她所做的一切，只怕是为了得到丹驰。

奴奴将目光移向那木日，她知道那木日在想什么。

"丹驰怎么样了？"她想，她应该对那木日说句话。不管怎么说，她的恶作剧曾经让这个年轻人饱受惊吓，甚至还让他大病了一场。

"你不是看到了吗？"那木日冷冷地回答。

她不是德安，他对她也就失去了热情。

奴奴反而轻笑了一下："好好照顾丹驰，我不会亏待你的。"

"怎么样才叫不亏待？"那木日仍然用同样冰冷的语气问。

"我会让我阿爸免了你阿爸和你大哥的兵役。"奴奴直截了当地回答。

那木日不禁一愣。

"你，你说什么？"过了一会儿，他试探地问。

"你听到了，不是吗？"

"你到底是谁？"

"我叫奴奴。"

"奴奴？"

“对。”

“你阿爸是谁？”

“他是管理蓝顶大帐的人。”

“你还要骗我吗？”

“随你怎么想。”

“那么，你的意思是说，只要我为你照顾好丹驰，你就能让你阿爸免了我阿爸和我大哥的兵役？”

“没错。”

“你……是……”

“别啰嗦了。我要去骑马了，这个给你。”奴奴说着，将一包东西递给那木日，那木日不知是什么，下意识地接在手中。

奴奴牵过丹驰，出了牧马场，扬鞭而去。

那木日打开奴奴给他的纸包，这才发现，里面包着几张黄油饼。那木日呆呆看着熟悉的黄油饼，说不清心里是什么滋味。

在德安跟他相处的那些日子，她每天都会变着法给他带来各式各样的精致又可口的点心。那个时候，他怎么就没有意识到，能带给他这些点心的人，肯定不会是德安。

不会是德安，只能是奴奴。

他将黄油饼放在一边。第一次吃德安带给他的黄油饼时，他只觉得自己从来没有吃过这样的美味。那个时候，他咀嚼着黄油饼，如同咀嚼着满满的幸福。

如今，他却犹豫着，是否接受奴奴送给他的黄油饼？

更不可思议的是，这个冷冷的少女，还清楚地记得他的喜好？

大约一顿饭的工夫，奴奴骑着丹驰回来了。她来到那木日的面前，将马缰甩给了他。她抚摸了一下丹驰的长鬃，说道：“我走了，明天再来看你。”

丹驰仰了仰脖子，它的样子，好像很不希望奴奴离去。

奴奴还是走了。直到离开，她再没对那木日说过一句话。

黄油饼，那木日最后还是将它吃掉了，不管怎么说，这是珍贵的粮食啊。他一边吃，一边责备丹驰：“见了她，你不用这么高兴吧？她又不是德安。以后，不要理她，记住了吗？”

丹驰站在那木日面前，睁着栗子色的眼睛看了主人好一会儿。它那无辜的眼神，让那木日哭笑不得。

捌

一种奇怪的相处方式就这样在奴奴和那木日之间开始了。

渐渐地，每天能在牧马场见到奴奴，也已成为那木日生活中的一项内容。他很快知道奴奴是蓝帐汗的女儿，而奴奴依然每天会带给他好吃的东西。只是，他们之间再不可能像奴奴还是德安时那样，他教她吹曲子，她耐心地学，他们无拘无束地聊天。当丹驰在他们面前起舞的时候，他会看到她快乐的笑脸。

这是一种因为身份地位不同造成的隔阂，或者说，这是一种人为的隔阂，哪怕她不再那么冷漠，他也小心翼翼地让自己站在离她很远的地方。

很远，不是身体与身体的距离，而是心与心的距离。

春末，边民发动叛乱的消息传到汗廷，昔班决定亲率大军前去征剿。昔洛王子自请为前锋，昔班让女儿奴奴协助他。奴奴从孩提时代就随昔班出征，他的这个女儿心思缜密，不似儿子做事有几分莽撞。昔班再三交代儿子：凡事要多与妹妹商议。昔洛满口应承，心里却完全不以为然。

那木日第一次看到一身戎装的奴奴。作为奴奴的侍卫——不久前，昔班命那木日做了女儿的侍卫——那木日也要随奴奴出征。出征前，奴奴准了那木日的假，让他骑着丹驰回家看望父母，并且送回几袋粮食。

生而为蒙古人，出征打仗从来都是不可避免的事情，家人纵然万般不舍，也不能阻止那木日从征。他们只是一再叮嘱他们的儿子和弟弟，一定要保护好公主，保全好自己，平安地回到家中。

那木日只在家里住了一宿，第二天一早便回到牧马场。出征的日期定在两天后，在此之前，每个人都有一些准备工作要做。

不出那木日所料，他在牧马场见到了奴奴。她坐在夕阳晕红的光线里，像一只孤独的丹顶鹤。

丹驰发出一声嘶鸣，这是它与奴奴打招呼的方式。那木日跳下马背，松开缰绳，丹驰立刻撒开四蹄，飞跑到奴奴身边才停下来。

它伸出脖子，等着奴奴来抱。见它这么乖巧，奴奴笑了起来。

那木日百感交集地注视着奴奴的笑脸，恍惚中，她又一次成为德安。只有德安，才是他愿意深藏在心底的女孩。

奴奴抱了抱丹驰的脖子，又让丹驰舔了舔她的手心，这才敛去笑容，对那木日说道："你过来。"

那木日不知道她要做什么，走到她面前。她取过一个包裹，递在他的手上："这是我哥哥的盔甲，他有好几套。你的身量和他差不多，这套你用吧。"

那木日接过包裹，想对她说一声"谢谢"，但不知为什么，话到嘴边却说不出口。

"你害怕吗？"奴奴突然问。

那木日愣了愣，反问道："你害怕吗？"

奴奴望着丹驰，好一会儿才语气缓慢地说道："昨晚，我做了一个不好的梦。我梦见丹驰浑身都是血……要不，这次，你和丹驰不要去了。"

"你也不去了吗？"

"说什么废话！我可是蓝帐汗的女儿！"

那么，你也不要再说废话了。那木日默默地想。不过，这种不敬的话，他只能放在心里说说。

奴奴能够猜得出那木日在想些什么。那木日是她的侍卫，即使面对死亡，他也不会犹豫退缩。何况，还有一点，出征是蒙古人的义务，倘若那木日不出征，就得他的父亲或哥哥出征，那木日不会让他们替自己去面对危险。

"那木日。"

"是。"

"保护好丹驰。"

"是。"

那木日答应下来，心里想的却是，我和丹驰，首先要保护好你。这是我的责任，我相信，这也是丹驰的心愿。

昔洛和奴奴率领的先头部队来到山区时，形势发生了变化，鹰部首领不战而降。他向昔洛献上了大量的金银珠宝，于是，昔洛没有进攻鹰部，而是转攻其他未降诸部。他的第一个目标，是与鹰部相邻的阿里部。

　　奴奴担心鹰部诈降，劝哥哥不妨先扎下营盘，等等主力部队。奴奴的想法是，待主力部队靠近，他们再向阿里部发起进攻不迟。一旦大军压境，鹰部真假也罢，假降也罢，只能真做假时假亦真，不敢轻举妄动。

　　昔洛急于立功，根本不听奴奴的劝告，执意攻打阿里部。奴奴无奈，只得吩咐额布勒率一千精骑隐入山中，监视鹰部动向，同时为先锋军后援。

　　奴奴的担心在几天后变成了现实。鹰部首领与阿里部首领在途中设伏，昔洛率领的先锋军落入了这两支军队的包围圈中。昔洛拼死力战，身边的人越打越少。他的从马在混乱中不知所踪，坐骑也中箭倒毙。不仅如此，他的脖颈处受伤，虽未伤到要害，却是血流不止。

　　奴奴正在哥哥身边，见状急忙将自己的坐骑枣骝马让给哥哥。她没有让哥哥骑丹驰，是因为丹驰是匹认主的马，她贸然让哥哥骑上，只怕哥哥难以驾驭。幸亏这时天色已晚，对方收兵。趁着稍事休整的工夫，奴奴找到斡思昆，迅速做出如下安排：让哥哥把盔甲换给她，由她代替哥哥指挥军队。斡思昆带领一百名武艺高强的宫廷侍卫护送哥哥去与额布勒和父汗会合。

　　昔洛如何肯听从妹妹的安排！他让妹妹先走，去向父汗报信。可昔洛流血过多，身体极度虚弱，说着话竟昏了过去。奴奴让斡思昆给哥哥换上了士兵军服，亲自护送他们杀出重围。鹰部首领见统帅的旗帜还在，便只派了一支人马前去追杀，其余人仍将昔洛的先锋军团团围定。

　　从始至终，那木日和丹驰都未离开奴奴身边一步。那木日对这个女孩子的智慧与勇敢充满敬意，同生共死的战友情也使他放下了成见。他曾经对她的欺骗耿耿于怀，然而现在，他是她的侍卫，就算死亡来临，他也不会弃她不顾。

　　当晨曦撕开夜幕，鹰部和阿里部对蒙古人的营地发起更加猛烈的攻击。这支先锋军纵然顽强，还是渐渐陷入绝境。接下来的时间每分每秒都变得异常艰难，奴奴带着剩余的军队好不容易杀开了一个缺口，他们边打边退，向额布勒靠拢。激战中，奴奴和那木日都受了伤，尤其是奴奴，她是胸部中箭，多亏她穿着护心甲，这一箭才没有伤到她的致命之处。奴奴让军医简单地为自己处理了一下伤口，鲜血染红了她的战袍，她仍顽强地坚持着。

　　鹰部和阿里部从两边包抄过来。在两部合围前，这已是最后的逃生机会。奴奴对那木日说道："快走！骑上丹驰，快走！你要活下来，你和丹驰，都要活下来！"她的气息已变得极其微弱。

那木日什么也没说。他走过去，抱起奴奴，将她放在丹驰背上，麻利地绑好。奴奴嘶声喊道："你要做什么？"

事实上，她所能发出的，只是一声微弱的呻吟而已。

那木日顾不上理会奴奴。他对丹驰说："拜托了，丹驰。向这个方向跑，一定要把公主送回去！拜托！"

丹驰来回踱着步。它明白它的使命，可它实在舍不得丢下那木日。

"快走！"那木日冲着丹驰怒喝，狠狠地拍了它一下。

丹驰恋恋不舍地看着那木日一眼，它的眼中似有泪光闪动。随后，它转过身，像箭一样冲了出去。

那木日跳上坐骑，抽出弯刀，冲回战场。他坚信，丹驰一定能将奴奴安全地送到她父亲身边。

在敌人的两支军队合围前，丹驰向前飞奔着，它无视在自己四周零落的箭雨，一刻也不停留，只是一味地向前，一味地飞奔。渐渐地，箭矢不能相够。丹驰像一团飞逝的火焰，驮着血人一样的奴奴，与残阳悬挂的血色天幕，融为一体。

玖

昔洛军越打越少，将士们已无力支持。正在这千钧一发的时刻，额布勒率领一千精骑从外面杀了进来，鹰部和阿里部的首领看到蒙古援军赶到，心里多少有些慌乱。夜色中，也辨不清对方到底来了多少人，二部首领只得勉力支撑。这一晚，双方都没有收兵，而是借着火把的光亮，展开了一场生死搏杀。

第二天黎明，昔班汗率领的主力赶到，鹰部与阿里部不敌，被昔班汗全歼。昔班挥令主力继续前进，一鼓作气攻下其余未降诸部，他在委任了管理当地几个部落的官员之后，下令于次日班师。

他记挂着儿子和女儿的伤势。根据他的指示，每天都有快骑送来这两个孩子的消息：昔洛的伤势已无大碍，奴奴却还在昏迷当中。

激战中，那木日身受重伤。额布勒找到那木日时，他倒在一块儿岩石前，浑身血迹斑斑，在最初的一刻，额布勒以为他已经死了。他来到那木日面前，发现小伙子还有微弱的呼吸，急忙传来军医。亏了那木日体质强健，经过一番救治，他总算死里逃生。回营途中，昔班想起丹驰驮着血人一样的女儿来到他面前的那一幕，对忠心护主的那木日格外施恩，允许斡思昆将那木日送回家中养伤，并给予了丰厚的赏赐。

直到昔班回到蓝顶大帐的那一天，奴奴才总算苏醒过来。她对之前发生的一切，只留下模糊的记忆。

昔班没在营地见到丹驰，他问侍卫丹驰在哪里？侍卫回答：这些日子，丹驰每天都在奴奴的帐子外面徘徊，大家知道它是惦记奴奴的伤势，所以，但凡知道点情况，都会对它说上一声。奴奴脱离生命危险的那天，就是这名侍卫将这个好消息告诉丹驰的。当时，丹驰看着帐子，抬起前蹄，用力地踏向地面。侍卫不知道它是什么意思，接着，就见它转过身体，在侍卫尚未反应过来怎么回事前，绝尘而去。

昔班急忙问："它向哪个方向去了？"

"山区的方向。"

昔班心中一惊："难道……"

"主君，它一定去找那木日了。"额布勒在昔班的身边说。

"可是，那木日已经回家了。"

"它并不知道。它去的，一定还是它送奴奴离开的那个战场。"

昔班只觉得心中翻起了热浪，"额布勒。"

"在。"

"带一队人马，去寻找丹驰，一定要把丹驰带回来。"

"我先去趟呼格家，看看丹驰是否已经回去了。"

"好，赶紧去。"

额布勒带着一支快骑来到呼格家，才知道丹驰尚未回来。他没敢让人将这个消息告诉那木日，又急忙赶往山区。然而，他转了一大圈，撒开人马四处寻找，也没见到丹驰的踪影，只好失望地回来了。

他回营时，奴奴刚好能够出来走动。奴奴的伤势虽无大碍，可是，她的神情闷闷的，像是疲惫，又像是哀伤。显然，她还是有些事情想不起来。

额布勒有几次都想跟奴奴说说丹驰的事情，可想到生死未卜的丹驰，他每一次都把话咽了回去。

丹驰，也许从此之后，这个世界上再没有这样一匹灵性的马儿。

大约过了一个月，有一天，斡思昆突然兴奋地跑来告诉额布勒：丹驰已经回到了呼格家。

据斡思昆说，那天实在有些凑巧，他去看望那木日。那木日送他出来时，他们站在帐外说了会儿话。那木日向他问起丹驰的情况，他正不知该如何回答，支吾着，恰在这时，他和那木日听到一声长长的嘶鸣，接着，他们看到一团火焰向他们这个方向卷来。转眼间，丹驰，遍体鳞伤的丹驰，出现在他们面前。

此前，那木日对丹驰失踪之事一无所知。家人没敢告诉他这个消息，他的腿还没有好利索，也没机会去汗廷牧马场。他只听说，奴奴因伤势过重，身体未能复原，他以为由于这个缘故，丹驰一直陪伴在奴奴身边。

所以，当丹驰突然出现在那木日的面前，当他看到丹驰的情状如此悲惨时，他愣愣地仿佛置身梦中。

没有人知道丹驰去了哪里，又是怎么回来的？也没人知道它到底经历了什么？它身上的伤痕与泥泞，讲述着一个只能凭猜测去演绎的故事。尽管饱受磨难，尽管筋疲力尽，丹驰见到那木日时却是欣喜若狂。

那一刻，看着丹驰的样子，连斡思昆都不由得感动落泪。他这才将丹驰为了寻找主人去了战场，而后失踪一事告诉了那木日……

斡思昆带回的这个消息令额布勒又惊又喜，他当即赶往呼格家。他没带任何人，在呼格家的帐外，他一眼看到正在照顾丹驰的那木日。

丹驰对额布勒很熟悉了，仰仰头算是打了个招呼。

正如斡思昆所说，丹驰的身上遍布伤痕。它的腰间、臀部和腿部有几处结着比巴掌还大的血痂，然而，无论模样多么悲惨，它的眼睛却是一如既往的明亮。此时，它好像早已忘了自己到底吃过多少苦头，对它而言，能在主人身边悠闲地吃草，它感到心满意足，别无所求。

额布勒走到那木日身边，仔细端详了丹驰好一阵儿。他问："丹驰没事吧？"

"我找兽医看过了，幸好没有受到内伤。"

"这就好。"

"对了，将军，奴奴公主怎么样了？"

额布勒犹豫了一下："她，醒过来了。"

"她没有……"那木日欲言又止。

"嗯？"

那木日将眼睛看向地面，脸色微微泛红。

额布勒明白他的意思，却岔开了话题，"你的腿伤没事了吧？"

"没事。再有几日，应该就能好利索了。"

额布勒沉默了片刻，试探地问："接下来，你有什么打算？"

那木日抬头望着额布勒，正色道："将军。"

"你说。"

"我不会再把丹驰送入宫廷了。"

"哦？"

"我决心已定。从丹驰死里逃生出现在我面前的那一刻，我就下定决心，决不会再让它经历同样的事情。"

额布勒沉吟着。

"将军。"

"嗯？"

"必须让丹驰回到宫里的办法只有一个。"

"什么？"

"把我变成尸体。"

额布勒认真地看着那木日。他很清楚，那木日不是说说而已。

"你不用这么想。你救了奴奴公主，主君不会勉强你的。奴奴……也不会。我来这里，是想看看丹驰，另外，我有一个请求。"

"您指什么？"

"等丹驰的伤完全好了，让它再给奴奴跳一次舞吧。或许，只有它，只有你，能让奴奴想起往日的事情。"

"您……这话是什么意思？"

"那个时候，假如不是丹驰两天两夜的飞奔，只怕奴奴已经死了。可是，奴奴失血过多，她不记得在她受伤前后发生的事情，或者说，她失去了一段记忆。本来，光是抹去一段记忆也不算什么大事，问题在于，她并不是完全忘掉了那段日子发生的一切,她只是无法清晰地记起。正因为如此,她很烦躁，也很苦恼。看她那样，我们……那木日，你要帮帮奴奴。"

心，像被什么尖锐的东西狠狠划过，在心口剧烈疼痛的同时，那木日的身体也不由自主地抖动了一下。

那木日这才明白为什么奴奴没有派人将丹驰失踪的消息告诉他。原来，她已经忘记了丹驰的存在，忘记了这世上还有一匹曾以生命来守护她保护她的马儿。

丹驰却从来不曾忘记奴奴。每当黄昏降临，它依然会长久地注视着一个方向。那里，伫立着一座在蓝帐汗国令人叹为观止的大帐。

"好，将军，我答应您。"片刻，那木日对额布勒说，没有丝毫犹疑。

第四章 决不放弃

壹

经历了生离死别，再次见到奴奴仍在汗廷牧马场。

奴奴坐在栏杆上，只是那样坐着，像看着什么，又仿佛对一切都视而不见。

丹驰即使不用看到奴奴，也能感受到她的气息。在进入牧马场前，它已经在飞奔了。奴奴听见了由远及近的蹄音，她注目凝望，视线里出现了一团赤色的火焰。当丹驰发出一声快乐的嘶鸣，停在她的面前时，她看着这匹马，眼波不觉微微闪动。

像往常一样，丹驰伸出脖子，等着奴奴来抱。它等了一会儿，奴奴却没有伸出手臂，更没有抱住它的脖颈。它不禁有点委屈，用嘴轻轻含住了奴奴的手腕。

奴奴没有抽出手腕。她觉得自己似乎很熟悉这匹神骏无比的马儿，很熟悉这个表示不满的动作。

那木日跳下青鬃马，走到奴奴面前。奴奴默默地望着他，他是谁呢？她一定在哪里见到他，一定！

那木日在奴奴身边站住，没说一句话。他重又吹起了那支乐曲。丹驰先是凝神谛听，接着，它松开奴奴的手腕，开始随着音乐的旋律起舞。

熟悉的舞步，这一次，它跳得没有以前那么欢快，却跳得极其认真，因为，它也隐隐地觉察出奴奴的异样。

熟悉的马儿，熟悉的音乐，熟悉的舞蹈，所有这一切，从开始到结束，如同一根线，正在串起奴奴记忆的碎片。

一曲终了，丹驰回到奴奴的身边。它舔了舔奴奴的手心，往常，奴奴会抚摸着它的长鬃，对它说上几句赞扬的话。

奴奴真的伸出手，轻抚着丹驰的长鬃。

渐渐地，她苍白的脸上就有了笑容。

这是奴奴的笑容，有几分苦涩，而德安，她的笑容永远都是那么明媚。

这天，奴奴跟丹驰一起待了很久才去睡觉，晚上，那木日就宿于牧马场他过去的房间里。第二天，那木日让奴奴跟他学吹那支乐曲，当奴奴吹响第一个音符时，她突然想起了一切。她看着丹驰在她面前起舞，泪流满面。

恢复记忆的奴奴再没有强迫那木日将丹驰送到宫廷。不过每隔一天，那木日都会带着丹驰去看望奴奴。他从来不进牧马场，只是让丹驰自己去找奴奴，黄昏的时候，他会骑着丹驰回家。万一哪天丹驰见不到奴奴，它会显得无精打采，而那木日的心情，也会变得很失落。

家人开始给那木日张罗亲事。那木日的哥哥、姐姐都已成亲，姐姐家也住得不算太远，姐夫的熟人有一个女儿，与那木日年貌相当。呼格听女婿说起这事，拜托女婿给打听一下，说合说合，女婿一口答应下来。

呼格将这件事告诉了那木日，那木日一句话没说。

此间，昔班出征高加索山区，再次大获全胜。为了庆祝胜利，他决定举办一场"三艺"比赛，借此犒赏所有的立功将士。尤其是塔布，这次战斗中，塔布发三箭射中三个敌酋，为战斗的迅速结束立下了首功。

昔班将比赛的筹备工作交给了额布勒。

赛事的安排和优胜者的奖励，一切均如成吉思汗在世时的规格。哪怕祖汗早已仙逝，昔班依然谨遵祖汗立下的规矩，决不轻易更改。

因姐夫家的小儿子要参加赛马，那木日禁不住姐姐说情，将丹驰借给了外甥。不过，以丹驰的性格，还需要外甥跟它好好磨合一下才行。

为了准备比赛，大家都很忙乱，为那木日说亲的事也就暂时往后放了。

转眼到了比赛的日子。

在昔班的大帐外面，人们用高大的宽辋马车搭起了一座看台，看台上按半圆形摆放着十八张雕花几案，几案上有奶食品、奶茶、马奶酒和炸果子，几案后铺着各色兽皮，供大汗和各部首领席地而坐，舒适地观看所有在看台下举行的比赛。比赛开始前，跤手们要抽签确定对手，胜负采取单淘汰制，一跤定胜负，无时间限制。

侯摔跤比赛结束，进入射箭环节。射箭比赛分为骑射、立射两种。参加骑射的人数不限，选手需自备坐骑与弓箭，在划定的跑道边上，设置三个靶位，每个靶位之间相距六十尺左右，在三个六尺高的木架上，分别挂上一尺见方的彩色布袋、白布袋、三角形的黄布袋，每人每轮一马三箭，共三轮九箭，每轮必须在射程内将箭射完，以中箭多者为优胜。立射则分射远和射靶两种比赛方式，射远不设箭靶，以箭射出的远近为胜负标准。射靶要在六十尺左右的距离放置毡牌靶，以射中靶心为优胜。

众人的目光再一次聚集在塔布的身上。塔布是蓝帐汗国公认的神箭手，他使用的弓箭与众不同，有一种特殊的霸气。漆红的弯弓，弓长 3 尺多，弓身很沉，整个弓体用几种材料黏合而成，弓面使用的材料是削薄的、用鱼鳔好几层粘成的牛角，弓背使用的材料是最有弹性的上等南竹。两端有拴弦的地方，弦架在弓码上。弓码用驼骨制作，上面刻有雄狮图案。弦是用公鹿的脊皮、犍牛膝筋等三股搓成，没有一定的臂力和技巧休想拉开。箭杆用细柳条制成，却比一般战争中使用的镞箭要长一截，约有二尺七寸，头上安着用青铜打制成的三棱箭头，下端均匀地粘着三支雕翎，确保了翎箭发射的力度、速度和准确度。

倘若塔布不出意外地夺得射远和射靶比赛的冠军，昔班打算将爱女儿奴奴许配与他。塔布是功臣之后，又是一员勇将，昔班对他十分钟爱，视若子侄。

那木日早早来到射箭比赛的场地，占据了一个比较有利的位置。塔布是草原人心目中的英雄，有他参加的比赛，那木日场场都会前来观战。

此时，比赛尚未开始，斡思昆正在场外巡视，无意中看到了那木日。他高兴地过来跟族弟打了个招呼："那木日，你来了？"

"我来看塔布将军比赛。"那木日笑了笑，回答。

斡思昆向场内看了一眼。选手们开始各就各位，其中，只见塔布一身戎装，端坐在马背之上，显得气势夺人。

"塔布将军真是威风凛凛啊。"斡思昆由衷地夸赞道。

那木日点头表示赞同。

"这样的英雄，才配做汗廷驸马吧。"

那木日的眉毛不易觉察地抖动了一下，"你说什么？"

"你不知道吗？我嘛，也是听宫里的人传出来的，塔布将军这回在高加索一战中立下首功，主君要将自己的女儿许配给他呢。"

"是哪位公主？"

"我想，一定是奴奴公主了。大家也都猜测是奴奴公主。奴奴公主，又聪明又美丽又勇敢，她可是主君的眼珠子。再说，她和塔布将军，还真是天造地设的一对。"斡思昆压低声音说道。

那木日笑着说："是啊，你说得没错。"

兄弟俩又闲聊了一会儿，斡思昆因职责在身，先走了。那木日一直看到射箭比赛全部结束，塔布不出意外地赢得了两项桂冠。当人们簇拥着他们心目中的英雄去接受昔班汗的奖赏时，那木日站在空无一人的草地上，面对着孤零零的靶子，突然发现自己根本记不起比赛的任何过程。

多么希望，这世上从来只有一个叫作德安的少女。

多么希望，奴奴没有与德安同样的容颜。

多么希望，他任何时候都不会忘记她是奴奴而不是德安。

他翻来覆去地想着这些话。

当他翻来覆去地想着这些话时，只觉得心痛欲裂。

贰

赛马比赛分两场，比的是耐力和速度，每场都会决出一位冠军。冠军将得到一匹马，两头牛，二十只羊的奖励。

这种比赛，人不分男女老幼，马不分性别岁口，只需要选择一处平坦的草原，划定约六十至一百里的距离就可以进行。

参加比赛的多是十二三岁的孩子。骑手们，特别是孩子们，一个个穿着轻松而鲜艳的衣服，衣服的前襟、后摆、裤腿上都绣有鸟、蝶以及各种吉祥图案，头上缠着彩巾或戴着红缨帽。乘马也被装饰一新。马的鬃尾被梳理成辫子形状，马头、马鬃、马尾系上了鲜艳彩绸，胸前还围着一条漂亮的彩带。为减少马的负荷，骑手们不备马鞍，他们或者顺着马的跑势前俯右仰，似雄鹰展翅；或者身体向前稍屈离开马背，目视前方……总之无论哪种姿势，都是驾驭自如。

比赛要经过几个时辰才见分晓，这期间，人们聚在一起拉响乐器，载歌载舞，尽情娱乐。还有一些中年或老年妇女，忙着在自己的毡包外面熬煮奶茶，炸制果子，无论谁想喝奶茶，吃果子，她们都会热情地招待每个人，如同招待自己的孩子。好客的草原人，内心像火一样赤诚，像风一样单纯。

额布勒陪着奴奴来观看赛马比赛。在跃跃欲试的选手中，在等待出发的马匹中，他们一眼就看到了丹驰。

从蒙古高原远古野马进化而来的蒙古马，体格虽小，身躯却很粗壮，四肢坚实有力。另外，蒙古马还有两个特点：一个是体质粗糙结实，头大额宽，胸廓深长，腿短，关节和肌腱发达。另一个是，蒙古马被毛浓密，不畏寒冷，能够在艰苦恶劣的条件下生存。经过调驯的蒙古马，在战场上不惊不诈，勇猛无比，历来是一种良好的军马。

在长年进化的过程中，草原上的马匹不仅个头发生了变化，其毛色也变得丰富起来。既有单一毛色，又有复合毛色，还有各种杂色，仅从毛色上就可以分为百种以上。许多时候，草原人会直接用毛色为自己的坐骑命名，这种区分十分细微，却被草原人熟知共识，这不能不说是一种智慧。

如马匹全身白色称"查干"，乳白色称"策根"，浅白色称"柴布日"，除头、四肢外全身枣骝或枣红并掺以白色称"布日勒"，全身苍白鬃尾黑青称"豹日"，鬃尾淡白全身淡黄色称"希日嘎"，全身黑青色称"巴日干"等等。丹驰不是纯种的蒙古马，而是典型的中亚马与蒙古马的后代，体形俊美，身躯匀称，体大力足。

十二世纪后叶，战争频起，马匹的养殖数量也达到高峰。为了区别各部的马群，成吉思汗即位之初，接受将领的建议，下令为各部的马群打上不同的印记。这些印记打在马的胯骨中心部位，形状有圆有方，有三角有梯形，还有日、月、星、火、山、树、花、草、鞍、嚼、蹬、弓、箭、锁、锤、法轮、万字、吉祥结等图形，易于辨识。被印具烙过的马匹，毛已烧焦，印形清晰醒目，即使再长出新毛，颜色也与原来的毛色不同，从远处即可辨认。因这种方法简便有效，很快风行于草原各部，为各部首领争相仿效。昔班治理汗国期间，也采用了这种方式。

呼格家的马同样打有印记，只有丹驰除外。

即使不用打上印记，也不会有人把丹驰与别的马匹弄混。

奴奴在心里暗暗为丹驰加油。

额布勒赞叹道："还是丹驰啊！天下只有一匹丹驰。"

丹驰敏锐地感受到了奴奴的气息，回过头来向她站着的地方张望。接着，它抬起两只前蹄，跟奴奴打了个招呼。

奴奴向丹驰挥挥手，丹驰这才心满意足地晃晃长鬃，专心地准备比赛。

额布勒注视着丹驰："无论奴奴人在哪里，丹驰都会知道。"

奴奴淡然一笑。

"奴奴。"

"怎么？"

"为什么，没有要回丹驰？"

"嗯？"奴奴的心思全放在比赛上，没听清额布勒问她什么。

"丹驰，它不是你最喜欢的一匹马吗？怎么你伤好后再没让它回去？"

"就是因为它是我喜欢的马啊。"

"你的意思是……"

"我不想让它再经历相同的危险。在这点上，我与那木日的想法一致。"

"不过，我看得出来，只有跟那木日和奴奴在一起的丹驰，才是最快乐的。"

"从我还是小孩的时候，你和阿爸就常常教导我，我可以看不起任何人，只要我愿意，我可以得到这世上的任何东西。是丹驰让我明白了，我们费尽心机得到的东西，未必就真的属于我们自己。"

"奴奴，经历了生死考验，你长大了。"

"奇怪的是，那个时候，我竟然忘了离我最近的事情。我竟然忘了丹驰。"

"是啊，我也想不明白，为什么会出现这种状况？"

"当我重新回忆起一切的时候，我也问过自己：为什么？"

"那么，答案呢？"

"也许只是为了忘掉，仅仅是为了忘掉。借着逃离死神的瞬间，为了忘掉最重要的人与事而做的最后一次努力。"

"嗯……可能是我太迟钝了，我不太明白你的意思。"

"额布勒。"

"我真的……只能做奴奴吗？我这一生，真的只能做奴奴吗？"

"奴奴！"

"是吗？"

额布勒沉默着。

"我想忘掉，可那些记忆又回来了，我还要继续逃避下去吗？"

"奴奴……"

"你会帮我吧？"

额布勒犹豫着。这一次与往常不同，他出手帮了奴奴，就等于犯了忤逆之罪。

"你会帮我吧？"奴奴执拗地问。

"奴奴，你到底想做什么？"

"我打算去中国。"

"去哪儿？"

"去中国。我要带丹驰去中国。"

"那木日会让你带走丹驰吗？"

"我不知道。"

"那你……"

"即使没有丹驰，我也要去中国。"

"可你这样做太危险了。"

"所以，我才要你帮我。"

"你需要我怎么帮你？"

"帮我安排好驿站的事。我打算走驿站，这样安全些，你也可以放心。"

额布勒沉默了一下。

奴奴看着他。从他的眼神里，她能看出他的犹豫。

"奴奴，你能告诉我，为什么要去中国呢？"

"我阿爸说，他过些日子要去中国觐见忽必烈汗。我想看看中都城，也想想看看开平府和和林。许多年前，那个时候蒙哥汗还活着，我阿爸去过开平府，阿爸说，开平府是一座比首都和林还要雄伟壮丽的城池。后来，忽必烈汗又在中都开始兴建新城。所有来往于中国和汗国的商人都说，忽必烈汗统治的，是世界上最富庶的国家。"

"只为这个吗？"

"不然，你觉得为什么？"

"我想，你是为了躲开塔布将军吧？要是你实在不愿意，不妨把你的想法明确地告诉主君。"

"不全是，我内心并不讨厌塔布将军。我真的想去中国，这是我久存的愿望。"

"一定要去？"

"对。"

"你这孩子，怎么总要做些出人意料的事？"

"我真正的想法，你比任何人都清楚。"

额布勒当然清楚。就算这一次，奴奴可以说服父亲，不让父亲将自己嫁给塔布，未来某一天，蓝帐汗还是会将女儿嫁给一个她根本不了解的人。与其如此，最好的办法确实莫过于离开。

只是不知道，奴奴的这个愿望真的可以实现吗？

无论实现与否，他都得帮奴奴安排好驿站诸事。无论奴奴的想法有多么荒唐，他都得帮助她。她不仅是蓝帐汗的孩子，她同时也是他的孩子。从他的妻子将奴奴抱在怀里的那一刻，从奴奴躺在妻子的怀中甜甜入睡的那一刻，奴奴就不再只是蓝帐汗的女儿，她还是他和妻子的女儿。

"奴奴。"

"嗯？"

"你做出决定了，是吗？"

"是。"

"既然如此，我有个要求。"

"是什么要求呢？"

"去找那木日，把你的想法告诉他。我希望你和他一起离开。"

"可是……"

"奴奴，你到了中国，说不定这一辈子就再也见不到他了。"

奴奴一震，望着额布勒。额布勒的脸上挂着慈爱的微笑，这微笑，有点悲怆，只有一点点，更多的，是祝福，是义无反顾。

奴奴的眼睛里泛起了泪光："好，我答应你。"

叁

丹驰理所当然地夺得冠军，外甥将丹驰还给了那木日。其后几天的比赛，那木日都没有前去观看，他怕自己再听到关于奴奴的消息。

丹驰这些日子也极不开心，它每天都在训练，已经好多天没给奴奴跳舞了。那木日放牧的时候，它只是百无聊赖地低头吃草。

突然，它竖起了耳朵。

那木日并没有注意，他比丹驰还要百无聊赖。

仅仅过了片刻，丹驰从那木日身边冲了出去，几乎没有任何犹豫。

"唉，丹……"那木日正想叫住丹驰，却愣住了。

她总是出现在夕阳沉落的方向，当她牵着丹驰来到他面前时，他看到的人不是奴奴，而是德安。

她穿着他们初次见面时德安穿过的那身衣服，脸上挂着他所熟悉的笑容。这个像小鹿一样活泼欢快的少女，肌肤洁白细腻，粉嫩的鹅蛋形脸上，一双乌黑的眼睛顾盼生辉，小巧的鼻翼有点调皮的意味，微微上翘的唇角却总是蕴含笑意。这是德安留给那木日的永远无法忘怀的形象。

事实上，在他眼中，德安的健康、朝气、纯朴远比美貌更让人难忘。

事实上，在他心中，只有德安才是他从初见起就悄悄珍藏在心灵深处的少女。

德安走到他的面前。久别重逢，他的胸口翻滚着阵阵热浪。

"不认识我了吗？"奴奴抱着丹驰的脖子，笑嘻嘻地问那木日。

那木日像傻了一般，只是呆呆地望着奴奴，不语不动。

"既然你忘了，我们不妨重新认识一下吧。我叫德安，你叫什么名字？"奴奴虽说在开玩笑，语气倒是一本正经的。

那木日"吭哧"了半晌，才结结巴巴地问了一句，"你……你怎么……会来？"

"我听说你这里有一匹会跳舞的马，我想学学，要怎么样去做才能让它跳舞。你愿意教我吗？"

那木日望着奴奴。他虽不知该说什么，脸上却不由自主地露出了笑容。这是很久以来人们难得在他脸上看到的笑容。

奴奴在那木日的对面坐了下来。丹驰腻在她的身边不肯离开，它将嘴伸进她的衣领，奴奴觉得痒，一边躲着，一边在它的嘴上轻轻地拍了拍。

丹驰惬意地扬了扬脖子。它最喜欢跟那木日和奴奴两个人待在一处的时光，它才不管她叫德安还是叫奴奴，只要能与他们两个人待在一起，它就不必总是牵挂着不在身边的另一个人。

尽管它是马，那样的日子对它而言也很辛苦。

奴奴将一个纸包递给那木日，那木日知道，这是德安带给他的黄油饼。他打开纸包，取出一块儿，先递给奴奴。

他们喝着奴奴带来的泉水，默默地吃了一会儿黄油饼。那种一切都回到从前的彼此相知的感觉，让长久以来郁结在那木日胸腔里的一层薄冰重又开始融化。

"你为什么不去看比赛呢？"奴奴若不经意地问。

那木日目光一闪，心头微动，"你怎么知道我没去？"

"在赛场上，我没有找到你。"

"你……你找过我？你找我做什么？"

"没别的事，想看看你是不是跟丹驰在一起。"

这个回答无法不令那木日失望。他扭过头，看着尽职尽责，正与牧羊犬一起轰回跑散小羊的丹驰。

奴奴微笑，接着说道："要是，你也像丹驰一样就好了。"

那木日不解，"你这话是什么意思？"

"丹驰对我很亲近，你却总是躲着我。"

当你还是奴奴的时候，我在你的脸上，只能看到冷漠，只能看到高傲。不是我在躲着你，是你在躲着自己。

"那木日。"

"嗯？"

"你能告诉我，那天，你为什么不肯听话，不肯带着丹驰离开，却把生的机会让给了奴奴？"

"我是个男人，怎么能做出那种丢人的事情！何况，我是公主的侍卫，保护她是我责任。"

"仅此而已？"

当然不是。奴奴，只是个年轻的姑娘，在那么危险的时刻却将生死置之度外。那时的她，无法不令我充满敬意。在死神尚且容我思考的间隙，我其实已经分不清她是奴奴，还是德安……

"说到那件事，我也有句话想问你。"

"好，你问。"

"后来，你为什么没再让丹驰回到宫里？甚至一个字没提？当初，你曾那么费尽心机地得到了它。"

"为了救我，它无惧生死，为了找你，它历经艰辛。我不能让它再经历同样的事情，我也不想让你再经历同样的事情。"

那木日在心里说：谢谢你。

夕阳渐向山峰之后隐去，奴奴站起身，拍了拍手，那木日以为她要回汗营了，也跟着站了起来。

"你要走了吗？我让丹驰去送你吧。"话是如此说，眼神还是暴露了他恋恋不舍的心情。她能亲自来看他，他从心里感谢她。

未来，是否还有这种跟她见面的机会呢？当奴奴出嫁后，德安也会消失在他和丹驰的生活中吧？倘若如此，真不如不要让他遇到她，不要让丹驰遇上她。其实，最先遇到她的，正是丹驰。

他要经过多长时间才能忘记她？丹驰要经过多长时间才能忘记她？

"那木日。"

"是。"

"说真的，长这么大，我还从来没到别人家做过客呢。我可以在你家吃上一顿晚饭吗？吃过饭，你和丹驰再一起送我回去。"

"这……"

"怎么啦？"

"你……行吗？"

"我们并肩作战过，你还问我这样的话？"

"我不是问你能不能吃惯我家的饭，我是担心你不习惯那种场合。"

"不会的。我有事要跟你阿爸和额吉商量。本来，我应该先与你商量这事才对，可我觉得，以我对你的了解，你会同意的。"

那木日没再多问。既然她不说，他晚些知道也无妨。

那木日的额吉、妹妹、大哥、大嫂都不认识奴奴，呼格在汗廷见过奴奴两次。他没想到公主亲自驾临，正要见礼，奴奴却拦住了他，"你不必如此。现在，我是那木日的朋友，你只需把我当成晚辈看待就行。"

呼格看看儿子，看看公主，再看看儿子，再看看公主，他摸不清状况，不过，公主的要求，他不能违背。

那木日从未带过女孩回家，第一次带个女孩回来，居然是平常见也难得一见的奴奴公主。这使全家人的反应，除了新奇和紧张，还有兴奋和骄傲。

劳作了一个白天，晚饭时，孛鲁台和那木日兄弟通常都要陪阿爸呼格喝上一碗马奶酒，这既是为了强身，也是为了解乏。奴奴也要尝尝这种家酿马湩的味道，那木日便给她倒了一碗。呼格责备道："你这孩子！去给公主取酒杯来。"

奴奴笑了，"不用！我喜欢用碗喝。"

那木日也说："一碗酒，公主没问题的。"

呼格家的晚饭极其简单，只有一盘奶食和一盆炖羊肉。奴奴是蓝帐汗的嫡女，在别人的印象里，她应该过着锦衣玉食的生活，可奴奴从小被父亲带在身边出征，艰苦的军旅生活使她养成了在饮食上从不挑剔的习惯。

奴奴带了两包黄油饼来，一包她与那木日吃掉了，另一包她拿出来请大家分享。她的随意与质朴，很快消除呼格一家人的拘谨。奴奴今天的表现，着实让那木日吃了一惊，说起来，能在家里招待公主，连他自己也不免感到得意。

事实上，自那一日他们共历死生，他早无法将奴奴与德安完全分开。

席间，那木日问奴奴："你不是说有事要与我阿爸、额吉商议吗？"

"对啊，我差点忘了。是这样的，呼格叔父……"

"公主，不可，老奴当不起这个称呼。"

"你把我当成那木日的朋友，就当得起了。"

呼格想了想，点点头，"好吧，既然这是公主的意思，我就愧受了。请问，公主有何吩咐？"

"过些日子，我要到中国去了。我想让那木日和丹驰跟我一起走。"奴奴开门见山地说。

那木日一愣。

呼格倒没想太多。他听斡思昆说，蓝帐汗过些日子要去中国觐见忽必烈大汗，他以为奴奴公主也要随行。呼格对蓝帐汗忠心耿耿，儿子既然做了奴奴公主的侍卫，自然是公主到哪里，儿子也应该跟到哪里。

"这事何劳商量？公主带小儿和丹驰同去便是。"

"此行路途遥远。另外，我打算在中国住上一段时日，好好看看和林，看看开平府和中都。一旦那木日跟我去了中国，你们会有一段日子见不到他。"

"这有什么！那木日是公主的侍卫，保护公主是他的职责。他不能只做我和他额吉的儿子。"呼格言简意赅。

"既然如此，我就放心了。"

肆

吃过晚饭，大家围在一起，一边喝着奶茶，一边你一言我一语地唠了会儿家常。奴奴见天色不早，起身告辞。呼格吩咐儿子将公主送回汗营，那木日揣着心事，站起来随奴奴走出帐门。

丹驰乖乖候在门边的草地上，看到奴奴，它立刻跑到她身边，舔了舔她的手。有些日子没见，它很怀念被奴奴驾驭的感觉。奴奴刚刚跳上马背，它便带着她飞奔起来，转眼间，它将那木日的青鬃马和奴奴的枣骝马甩在了后面。

跑了一会儿，奴奴对它说了一句："丹驰，我们等等那木日。"

丹驰一扬脖子，放慢了速度。工夫不大，那木日骑着青鬃马，带着枣骝马追了上来，三匹马迈着均匀的步伐，一路小跑并行。此时此刻，耳边只听马蹄声声，那木日和奴奴却都默默不语。

不知过了多久，那木日问了一句："到底怎么回事？"

"什么怎么回事？"奴奴反问。

"你为什么要去中国？"

"我为什么不能去中国？"

"你不是……"那木日欲言又止。

"不是什么？"

"我听说，主君他……把你许给了塔布将军。"

"是吗？"

那木日不知道该如何回答了。

奴奴扭头看了那木日一眼，"你听谁说的？"

"谁说的不重要。"

"那木日，你是因为听到这样的传言，才不去赛场的吗？"

那木日只觉得脸上一热："不是，不是这样的。我没有。"他极力否认，可是，他越否认，越显得心虚。

在融融的月色中，那木日感觉奴奴轻声笑了一下。

"那木日，你能告诉我吗？"

"告诉你什么？"

"在你心中，我是奴奴，还是德安？"

"这有区别吗？"

"德安，应该是你喜欢的女孩子吧？"

那木日没想到奴奴问得这么直接，此时，他不光是脸红，连心跳也失去了节拍。

"你是从什么时候开始喜欢上德安的？"

"我……我……这……"那木日的舌头都打结了。

"算了，你不说我也知道。"

"少开这种无聊的玩笑吧。你还没告诉我，为什么突然决定去中国？你到底打算怎么做？"那木日定定心神，正色道。

"要是我能顺利抵达中国，见到忽必烈大汗，事情或许还会有转圜的余地。要是不能……"奴奴说到这里，稍稍停顿了一下。

"不能，又怎样？"

"关于这一点，我得先跟你说说你的家人。我今天走这一趟，特意征求你父母的同意，就是为了日后我阿爸追查起来，会知道是我骗了他们。你的家人既不知情，加上有额布勒从中斡旋，便不至于受到责罚。"

"我说呢，难怪你会突然到我家来。"那木日心想，奴奴到底是奴奴，做任何事都会考虑周详，滴水不漏。

"现在的问题是你……"

"我怎么了？"

"万一事情不如预期的顺利，你可能，会死。"

那木日没接话。

"你不愿意跟我走，我不会勉强你。"

"你呢？不走也行吗？"

"别说废话！我决心已定。"

"既然如此，请你也别再说这些废话了。我是你的侍卫，自然是你去哪里，我都会跟在你身边保护你的。"

"我若是德安，你还只是我的侍卫吗？"

"这得问你。你希望自己是德安，还是奴奴？"

"遇到了你，我已经是德安了。"

那木日注视着奴奴，他从不奢望她对他说出这样的话来，即使亲耳听到，他也不敢相信她是认真的。

"那木日，现在你该明白了吧？我们要做的事，有危险。我阿爸的为人，你也许还不太清楚，他是个仁慈的父亲不假，可他也是蓝帐汗国一言九鼎的君主。任何时候，他都不会允许挑战汗权的行为出现，哪怕是他的女儿，也一样不行。我现在能抓住的，只有他的一个漏洞，我不知道，这个漏洞是否真的能保护我们。而且，在他意识到这个漏洞前，我必须抓紧时间逃走。那木日，我不能瞒你，我是在赌博，万一我赌输了，不光你会死，额布勒也可能被我连累。至于我，要么苟活，要么消失，不过，没有你和丹驰，我绝不会苟活于世。"

"那是什么样的漏洞？"

"这个，我以后再告诉你。要是我们能顺利地到达中国，这个漏洞对我们来说就没有任何意义了。"

"我知道了。我们什么时候出发？"

"额布勒还需要一天的时间为我做好安排。我们后天就走。"

"那就是后天了。"

"你确定自己想好了吗？"

那木日看了丹驰一眼："我想，这也是丹驰的心愿。丹驰，只有跟那木日和德安待在一起的时候，才会感到快乐。"

丹驰动了动耳朵，对于那木日的这句话，它表示完全赞同。

那木日回到家里时，已是后半夜。他看到父亲站在他的帐子外面等他，不由得有点惊讶："阿爸，你怎么还没睡？"

呼格问："你把公主送回去了？"

"是啊。"

"儿子，这会儿大家都睡了，你要不觉得累，咱们爷俩说会儿话。"

"好的，阿爸。阿爸，你进来吧。"

"不了，我们还是出去走走。"

"唉。"那木日把丹驰和青鬃马拴好，跟着阿爸向夜色中的草原走去。

"阿爸。"

"嗯。"

"你是不是有什么话想问我？"

"是啊。"

"你说。"

"其实，公主刚来的时候，我并没有多想什么。你和公主走了之后，我越想越觉得这件事不同寻常。"

"什么……不同寻常？"

"你还要瞒着阿爸吗？"

那木日犹豫了一下，面对阿爸跪了下去："阿爸，对不起。"

呼格叹口气，伸手将那木日扶了起来，"公主此行，是不是有危险？"

"嗯。"

"为什么？"

"主君将公主许配给了塔布将军，可是公主不愿意，她明知自己无法说服主君，所以才想……"

呼格倒吸了一口冷气。他对蓝帐汗的性格深有所知，这位蓝帐汗国的主君，从不出尔反尔。对于违逆汗命的人，也决不会心慈手软。

"难怪公主会屈尊驾临。"

"公主这样做，是为了保护我们。不知者不为罪，汗国律法严明，主君不会追究被公主欺骗的人。"

"想必如此。那么，你究竟怎么想？"

"阿爸，我……"

"你真心喜欢公主，是吗？"

"我……我不知道。"

"你不知道？"

"我认识公主的时候，她并不是公主。"

这话听着绕口，呼格并不想深问。

"可你，还是决定跟她一起走？"

"阿爸，对不起，真的对不起！"

"你是公主的侍卫，更是个男人，你必须承担起自己的责任。"

"阿爸。"

"做你该做的事吧。其他的，不用考虑。"

"我额吉她……"

"世上哪有两全的事情。不是吗，儿子？"

"阿爸，谢谢你。万一……"

"阿爸也舍不得你，但公主对你情深义重，为了你，她不惧自身安危，你又怎能苟且偷生？我呼格一生谨小慎微，却不是个没担当的人，我的儿子你也一样。所以，阿爸为你骄傲。"

"阿爸。"

"儿子，阿爸相信，圣主在天之灵，一定会保佑你们的。"

"是的，阿爸，我一定会回来看望你和额吉的。"

"傻孩子，是你一个人吗？"

"阿爸，你说，公主她真的对我……"

"你到现在还不敢相信吗？"

"她是公主啊。"

"阿爸不了解你们之前的事情。但阿爸听你说过，在公主身受重伤的时候，她要你带着丹驰逃走，她要你活下去。难道，你还不明白吗？"

那木日想起了那时的情景，想起了奴奴向他诀别的目光。他更想起了今天奴奴对他说的那些话，也想起了自己甘愿为她而死的心意。原来，她始终都是德安，就算地位的悬殊将他们隔得好远，她仍是德安。

原来，她从未真正地离开过他的身边。

呼格在儿子的肩上用力地握了握，这是男人对男人的鼓励。父子连心，并不需要太多的语言。

那木日感激地望着阿爸。夜色中看不清阿爸的脸，只能感受到阿爸温暖的目光。他抓住阿爸的手，用相同的力度回以一握。

这不是父子，而是两个男人对彼此的承诺。

伍

额布勒为奴奴做好了安排，这使奴奴与那木日的出行在最初异乎寻常地顺利。几天后，他们来到汗国内的最后一家驿站——陶勒驿，从中央至各个汗国，这个驿站其实也是金帐汗国的首站，与之相邻的下个驿站，已在察合台汗国境内。

奴奴紧张的心情略微松弛了一些。她知道，一旦进入察合台汗国，父汗就算派人来追她，也必须先知会八剌合汗才行，使者往来交涉，还能为她和那木日再多争取些时间。如今，几个汗国间战乱不断，奴奴向往强盛的大元帝国，也希望堂叔忽必烈汗能出面为她提供保护。有一点她很确定，忽必烈汗是父亲此生最敬重的人，只要忽必烈汗肯出面为她说情，父亲绝不会固执己见。

陶勒驿的主官奴奴认识，他的名字叫哈纳图，七年前曾担任过蓝帐汗的侍卫，又从侍卫迁宿卫。后来，蓝帐汗见他做事勤谨干练，颇有分寸，便将他提升为千户长，调到陶勒驿主管驿站的日常事务。奴奴还是小女孩时不止一次被哈纳图带着出去骑马，是以对他仍留有几分印象。也许因为彼此相识的缘故，哈纳图对公主的到来表现得格外殷勤，不仅早在驿站外迎候，而且准备了一桌丰盛的筵席，亲自作陪，款待一路风尘的奴奴和那木日。

席间，哈纳图问起奴奴为何会到驿站来，奴奴也不相瞒，说她要去中国。哈纳图问："怎么公主不与主君同行？"

哈纳图早已接到通知，不久蓝帐汗要入朝觐见忽必烈汗。

奴奴微笑着，平静地回答：“我和父汗会在中都见面的。”这话未尝不是实话，到了中都，奴奴总要与父亲面对，只是那时，她便不怕直面父亲了。

哈纳图似乎还想问什么，想到自己的身份，也就没再多嘴。

西域的葡萄酒一向天下闻名，最名贵的莫过于“玫石之光”。据说这种葡萄酒的颜色酷似中亚山中所产的一种玫瑰色石头，而它闪现的点点光泽堪比流动的天火。“玫石之光”由此得名。金帐汗国的首站与察合台汗国的尾站相接，两个驿站间经常互通有无，即便如此，因“玫石之光”的酿造工艺十分复杂，产量有限，凡到陶勒驿落脚的王公贵族，只有少数人才有幸能品尝到这在四大汗国被视为极品的佳酿。

为了迎接蓝帐汗，哈纳图提前备好了几坛“玫石之光”。区区几坛而已。不过，因为来者是奴奴公主，他很慷慨地拿出了其中一坛。

那木日第一次品尝到久负盛名的“玫石之光”。遗憾的是，他平素从没机会喝到葡萄酒，不能和其他同类酒做出比较，他只是觉得这种色泽动人的红酒格外好喝而已。另外，他担着心事，纵然是美酒佳肴，他也是浅尝辄止。

当天的酒宴以蒙古传统饮食为主，席间也备有不少中亚地区的果蔬瓜类。那木日此前不曾吃到过的东西还有在察合台汗国中亚地区盛产的甜瓜。若非此行生死未卜，那木日倒真觉得这是一次不错的旅行。

这不是那木日第一次与奴奴共历生死。不同的是，那次，奴奴是公主，是他的主人，这次，奴奴是女人，是他的德安。他没想到，单独与他在一起的奴奴竟是如此温柔，如此快乐，又如此单纯，他珍惜这样的奴奴，珍惜这样的时光。

主人好客，酒宴的气氛也融洽，奴奴喝了不少葡萄酒。那木日一向知道奴奴的酒量，虽然喝了不少酒，奴奴除了脸若桃花外，绝无一丝醉意。哈纳图早就让人收拾出两间上房，他见奴奴微露疲态，便宣布罢宴，亲自将奴奴和那木日送回住处。

一夜安然无事。早晨起来，奴奴和那木日向哈纳图告辞，准备继续赶路。哈纳图已备下早餐，他劝奴奴和那木日吃过早饭再走，哪怕喝碗奶茶，润润喉咙也行。奴奴和那木日盛情难却，只好坐下来，一人喝了一碗奶茶。

哈纳图看着奴奴说：“公主，对不起。”

奴奴的身体倒了下去。那木日想站起来，头一晕，接着便失去了知觉。

那木日苏醒的时候，只觉得头痛欲裂。他抱住了头，蜷曲着身体，重又闭上了眼睛。不知过了多久，他的记忆一点点回到了心间，随着记忆的恢复，他的第一个反应就是去寻找奴奴。

他的身体动了动，手却碰在了一个柔软的躯体上。

他费力地转动着眼珠。此时，哪怕转动一下眼睛，活动一下身体，他都觉得脖子像要被折断一样，"公主……公主？"

那木日回身抱住了奴奴，焦急地呼唤着，"公主，你醒醒！公主！公主！"

在那木日焦灼的呼唤中，奴奴呻吟了一声，慢慢睁开了眼睛。

"公主……"

奴奴的视线落在了那木日的脸上，那木日看得出来，奴奴的意识还有些模糊。

"公主，你认得出我吗？"

"那木日……"

"是，我是那木日。"

那木日用力将奴奴扶了起来，奴奴无力地靠在他的怀中，显然还不明白发生了什么事。

"公主，你是不是觉得头疼？"

"是啊，头有些疼，还昏沉沉的。那木日，我们在哪里？"

"我想，我们还在陶勒驿。"

"陶勒驿？"

"公主，你不记得了吗？我们喝了奶茶。"

奴奴努力回想着："难道……"

"是，没错，我们恐怕被哈纳图算计了。"

"哈纳图？为什么？"

"我也不知道。公主，你试试能不能站起来，我们得设法离开这里。"

奴奴活动着腿脚，她的头晕得厉害，只能勉强站稳身体。那木日搀扶着她，两个人蹒跚着走向房门。

就在这时，哈纳图推开门，脚步匆匆地走了进来。

"公主。"

奴奴默默地注视着他，眼神里满着疑惑和探究。哈纳图几乎是硬着头皮走到了奴奴面前，跪了下去。

"你……"

"公主，对不起。"

"你竟然这样对待公主！为什么？"这话是那木日问的。

"我……"

"算了，那木日。"

"公主。"

"他没有这个胆量。"

那木日一愣。

"哈纳图，你老实告诉我，是不是我父汗让你这么做的？"

哈纳图低下了头。

陆

房间里出现了短暂的寂静。

片刻，奴奴叹了口气，"这是什么时候的事？"

哈纳图嗫嚅着："公主，我……"

"你要对我说实话。"奴奴的语气依然很平静。

哈纳图无法不回答。奴奴少言寡语，沉稳自重，举手投足间别有一番威仪。

"是……昨天夜里。"

奴奴微微皱起了眉头，"那么现在，是什么时候了？"

"下午。"

"我父汗要亲自过来吗？"

"是。"

"明天到，还是今天晚上？"

"按行程，明天一早。"

"我知道了。你下去吧。"

"公主。"

"怎么了？"

"到底发生了什么事？"

"我就算告诉你，你也帮不了我。"

"那么……"

"事已至此，你下去吧。"

"对不起，公主，真的对不起。"用这种手段留住奴奴，哈纳图的内心充满了愧疚。昨天夜里，蓝帐汗的使者是那么突然地出现在了他的面前。一开始，他以为使者是来安排蓝帐汗在陶勒驿停歇诸事，不料，使者直截了当地向他传达了蓝帐汗的旨意：设法将奴奴公主留在陶勒驿，等候蓝帐汗到来。他若做不到，或者让奴奴公主走脱，便只能以死谢罪。交代完蓝帐汗的旨意，使者又给了他一包药。使者告诉他，若他不想伤害公主，又能留住公主，最好的办法莫过于让公主服下此药。

哈纳图做过蓝帐汗的宿卫，主君是个什么样的人，他比任何人都清楚。在蓝帐汗国，毕竟还没有人敢违背主君的命令，对于那些从主君身边来的人更是如此。何况，他也不清楚主君的真正意图。

他只知道，他必须将奴奴留到主君到来之时，除此，他别无选择。

哈纳图的歉意是发自内心的，他并不指望得到奴奴的原谅。此时，面对奴奴平静的目光，他不由自主地咬了咬嘴唇："我会派人把晚饭送过来，公主，我……您一定要吃饭才行。在明天早晨之前，我必须派人看守公主。"

奴奴依旧默默不语。

哈纳图施礼退去。眼看他就要跨出房门，奴奴突然想起什么，在他身后唤道："哈纳图。"

哈纳图立刻回头，应道："是，公主。"

"丹驰呢？丹驰怎么样了？"

"丹驰？"哈纳图愣了愣，突然想起那匹像火焰一样骏美的马，"您是说，您的坐骑吗？"

"对。"

"昨晚，我让马伕给它喂了草料，今天，它似乎显得很不安，一直走来走去，也不大肯吃东西。"

"丹驰是这样的，它很敏感。一会儿，让那木日去喂它吧，我答应你在这里等着我父汗，条件是，不能让丹驰受委屈。否则，想必你知道我会做什么。"

"是，公主。我愿意听从你的吩咐。"

"好，你下去吧。等我们吃过晚饭，你陪那木日去喂丹驰。"

"好。"哈纳图答应着，在身后轻轻带上了门。

当房中重又剩下那木日和奴奴时，那木日感到奴奴将头轻轻地偎在了他的胸口。他俯视着奴奴的脸，不无担忧地问："是不是还觉得头晕？"

奴奴没回答。

"要不，我先扶你躺下吧。"

奴奴伸出手，抱住了那木日，她的身体随之发出一阵轻微的震颤。

"公主，你怎么了？哪里不舒服吗？"

奴奴摇摇头。

"那木日……"

"是。"

"明天……"

"什么？"

奴奴忧伤地望着那木日："对不起。"

"傻瓜，干吗要说这样的话？"

"我想赌一把，我的确想赌一把。我不是没有一点胜算，只要我赢了，你就不用再称呼我为公主，到那时，我可以做你的奴奴，也可以做你的德安，随你愿意，怎么样都行。可是……"

奴奴的发丝轻触着那木日的面颊，有点发痒，却格外地让人安心。也许明天面对的就是死亡，那木日却感受不到一丝一毫的悲哀和恐惧。这个女人，想做他的奴奴，想做他的德安，她有这样的心意，已经足够了。

"那木日。"

"嗯？"

"其实，我想要你活着。"

"我知道。"

"万一……"

"没关系。"

"我不会就这样放弃的。我只怕，自己争不过命运。"

"那又如何呢！公主，你也要答应我一件事。"

"什么？"

"替我照顾好丹驰。"

"没有那木日，丹驰，还会快乐吗？"

"为了奴奴，丹驰知道该怎么做。"

"不行。"

"为什么不行？"

"你自己也说过，只有跟德安和那木日在一起的丹驰，才是真正快乐的。我想，只要你和丹驰活着，或许我们……"

"不可能。"那木日知道奴奴的想法，断然拒绝了。奴奴让那木日去喂丹驰的用意，就是为了给他创造逃走的机会。那木日却明白，别说哈纳图会不会给他这种机会，就算哈纳图给了他机会，他也不会丢下奴奴独自逃命。

他是奴奴的侍卫，何况，他是男人。

哪怕只剩下短短的一个夜晚，他也愿意与奴奴相守在一起。明天，他要确定一件事，只有确定了这件事，他才能够放心地离去。这件事就是：他要奴奴活着，他要丹驰活着，他从不怀疑，只要奴奴和丹驰活着，他的灵魂就不会真正地消失。

丹驰是长生天赐给他的灵物，奴奴则是他一生情爱之所系。

奴奴抬头望着那木日，强忍的痛苦终于化作两行晶莹的泪珠从她的眼中滚落。

"你怎么哭了？"那木日微笑着问。

"那一次，你明明将生的机会让给了我，可当我苏醒过来，我却忘了你，忘了丹驰。那个时候，你心里究竟怎么想？"

"我想，你会忘了我，可你一定不会忘了丹驰。在你被埋藏的记忆深处，总会为它留出一个地方。"

"你没有埋怨过我吗？"

"没有。任何时候，保护你，看着你平安无事，都是我的责任。"

"我想知道，那时在你心中，我是奴奴，还是德安？"

那木日犹豫了一下。

"我没有做过德安的话，你还愿意跟在我身边吗？"

"实在说——我不知道。"

"现在呢？"

"你是奴奴，还是德安，都已经不重要了。"那木日伸出手，爱怜地为奴奴拭去脸上的泪水。

奴奴眨动着眼睛，长长的睫毛上依旧挂着晶莹的泪花。那木日突然萌生了一种想在上面亲吻一下的冲动。

"别哭了。明天，以后，都不可以哭，知道吗，公主？"那木日稍稍推开了一些奴奴，脸色已有些泛红，呼吸也变得有些急促。他稳了稳心神，长长地吐出了一口气。

"不可以称呼我奴奴吗？"

"现在，还不可以。"

"为什么？"

"要等到那一天。"

"也许……没有呢？"

"就让我们，都把德安忘了吧。不过丹驰，我还是要托付给你。"

"可我……"

门外响起了脚步声，截断了奴奴的话。那木日拉着奴奴的手，在桌边坐下，他们的目光，依旧停留在彼此的脸上。

柒

门开了，送饭进来的人，竟是哈纳图。

"公主。"哈纳图轻声唤道。

"你怎么亲自来了？"奴奴淡淡地问。她并不埋怨哈纳图，这是父亲的命令，哈纳图除了遵从，别无选择。

"公主，我给你准备了你从小就很喜欢吃的酸奶面包。吃过饭，你不是还要让那木日去喂丹驰吗？我想，丹驰也饿了。"

哈纳图边说，边将晚饭摆在桌上。在离开前，他说了一句："我一会儿再过来。公主，无论如何，您都要吃点东西才行。"

奴奴目送着哈纳图离去，尽管没有一点胃口，她还是掰了一块儿酸奶面包。她正要将面包放进嘴里，那木日抓住了她的手。

"怎么啦？你也多少吃一点吧。哈纳图说得没错，吃过饭，你得去喂丹

127

驰了。你要表现得像往常一样才行，否则，丹驰会察觉出来，它会不安的。"

"这面包？"

"你放心，这面包没事。"

"你确定？"

"只剩最后一个晚上了。再说，哈纳图已经把一切都告诉了我们，就不会再用早晨的办法对付我们了。"

"哈纳图到底是个怎样的人？他为什么要做这样的事？"

"他也是没办法。早晨与现在的情况不同，他当时不那么做，万一我们反抗，双方起了冲突，他的人就很可能会伤了我们。小的时候，哈纳图经常带我去骑马，他一定不想让我受伤。"

"哦，是这样啊。"那木日心中暗想，奴奴到底是奴奴，还是一样的善解人意，还是一样的聪明绝顶。

奴奴递了一块儿面包给那木日，他握住了她的手。他们的眼中映着对方的容颜，原来，无论幸福还是苦难，他们都愿意一起分享。

"公主。"

"嗯？"

"你还是跟我一起去喂丹驰吧。见不到你，我想它一样会担忧的。这些日子，我们都是一起去喂它的，它应该早就习惯了。"

"好吧，我会向哈纳图要求的。"

"喂过丹驰，我们就得分开了。其实……"

"你想说什么？"奴奴温柔地问。

"就算短暂，也感谢你出现在我的面前。我在想，万一明天……答应我，你千万不要伤心太久，还有，一定要照顾好丹驰。"

奴奴注视着那木日。任何时候，她明白他希望她活着并且好好活下去的心意。

她的眼中重又泛起点点泪光，却微笑点头，这是承诺。

他们开始吃面包，有那么一会儿，两个人都没有说话。

奴奴几乎是强迫自己吃掉了半个面包。无论如何，她必须打起精神来，哪怕只有一线希望，她也必须打起精神来。

那木日不觉得饿，他只觉得渴，他喝光整整一壶的清茶。蓝帐汗偏爱中国的饮食文化，尤其喜欢喝茶，他的使臣出使汗廷，回国时有一样必带的东西就是茶叶。窝阔台汗、蒙哥汗和忽必烈汗时代，茶叶也常常作为赏赐诸王之用。奴奴受父亲影响，特别喜欢喝茶，哈纳图很了解奴奴的习惯。

简单地用过晚餐，那木日吩咐门外的卫兵去请哈纳图。工夫不大，哈纳图走了进来，他看了奴奴一眼，从容的神态掩不住满心的歉疚。

"公主。"

"哈纳图，让我跟那木日一起去喂丹驰好吗？"奴奴直截了当地提出要求。

哈纳图明显地犹豫了一下。

"你放心，我不会做出让你为难的事情的。"

这句话，果然让哈纳图放下心来。奴奴是个什么样的人，他心里有数。

"那好，公主，请二位跟我来吧。"

丹驰被拴在马厩中，对面前的草料不屑一顾。远远地，它便感受到奴奴和那木日的气息，不由得伸颈张望。当它的视线中出现了那两个熟悉的身影时，它不由开心地抬了抬前蹄，甩了甩长鬃，随即嘴里发出一声快乐的嘶鸣。丹驰一向是用这种方式跟奴奴打招呼的，说真的，整整一天没见到他们，它不免有些疑惑。

奴奴来到丹驰面前，抱住了它的脖子，丹驰惬意地享受着奴奴的拥抱。那木日征得哈纳图的同意，去将丹驰放了出来，与别人喂食相比，丹驰更自己喜欢揪扯地上的青草来吃。

陶勒驿的马场周围都围有高高的木栅，唯一的出入口是马场大门。哈纳图虽不敢掉以轻心，命人关上大门，可事实上他也不是很担心。既然公主说了会等着她父汗，就一定不会试图逃走。

说起来，在一言九鼎方面，奴奴公主与她的父亲如出一辙。

奴奴和那木日陪了丹驰许久，直到夜深时，他们才离开马场，返回自己的住处。哈纳图为那木日和奴奴安排的是后院的两个房间，这里幽静，也便于守卫。在奴奴卧房的门口，两个人停下了脚步。

奴奴与那木日默默相望，片刻，奴奴问："不进来吗？"

那木日摇摇头："不了。天晚了，你早点休息吧。"

奴奴向周围张望了一番，哈纳图只将士兵们安排在院外，院内空无一人。这也算哈纳图的细心之处以及对她的礼遇。

"那木日，有件事，我想告诉你。"

"哦，是什么？"

"就是关于我的想法，让你陪我去中国的想法。你愿意听我说吗？"

"当然。"

"我是怀着侥幸，以为我们能够逃出去。要是我一个人，我担心，就算我真的到了中国，也可能再也见不到你，再也见不到丹驰。所以，我明知道这样做很可能会害了你，还是想让你和丹驰跟我一起离开。"

"这个想法不错。"那木日微笑。

"可是我……"

"别说了，没关系。"

"不，我要说。现在不说，我怕再没有机会说了。"

那木日妥协了："好吧。想不到，你也这么啰嗦。也难怪啊，女人就是女人。"他开了个玩笑。这是他第一次用如此随意的口吻对奴奴讲话。在他的心目中，当奴奴不再是德安时，她就变得高不可攀起来。他从不敢奢望自己会在她的内心占据一席之地，也从不打算让她知道，当她不再是德安时，他所深藏的痛苦、失落和迷茫。此时，掩藏已毫无意义。在她做出与他一起出逃的决定时，他便明白，德安只是个幻影，奴奴才是真实的存在，他无法为德安做任何事情，但他可以用生命陪伴奴奴。

是啊，也许明天就是永别，她想说什么，还是让她都说出来吧，毕竟明天之后，他可能再也听不到这个刻骨铭心的声音了。

唯一能够确定的是，他有足够的勇气面对明天，对于明天将要发生的一切，他有所留恋，却无所畏惧。

捌

奴奴凄伤的目光仿佛穿透了那木日的身体，停留在一个不可知的远方。

"公主。"那木日轻声唤道。

奴奴收回目光，落在那木日的脸上："我以为自己这样做是对的，我真的以为自己这样做是对的。现在，我才感到后悔。"

"后悔？"

"是的。是我太傻了。无论如何，我都不该把你拖进这样危险的境地。只要你活着，哪怕今生再也不能相见，可是，只要让我知道你还活着，这便足够了。为什么一定想要在一起呢？活着不比在一起更重要吗？我本来应该这样来考虑问题，却一步步把你拖到了悬崖边上。是我错了，我错了，想错了，也做错了。"

"公主！"那木日唯一的念头就是阻止她说下去，此时此刻，他并不希望听到她说出这样的话来。

"该怎么办？万一明天……"

"你到底要我说几遍才可以呢？没关系，真的没关系。我心甘情愿，也永远不会后悔。不一定活着就是最好的，与再也见不到你相比，我……哦，丹驰，我是说丹驰，它一定会想念你的。"

奴奴的眼窝酸涩，脸上却旋出了一丝苦笑。

他还是羞于表白。无论他是否愿意对她表白，危急关头，他从来都不惜用生命去保护她。

"我要回房了。晚安，公主。"那木日说着，拉开了房门。

奴奴没有再说什么。她走到那木日面前，在他的嘴唇上亲吻了一下，这一吻极其短促，却充满着柔情。他呆呆地站着，好似愣住一般。

她将双手叠放在他的胸前，仰头看着他。此时，她的眼波微微闪动，双眸亮如星辰。那木日的脸上重又泛起红晕，一颗心激跳着，仿佛要冲出胸膛。仅仅是片刻的踌躇，他伸出一只手臂，用力地将她揽入怀中。

她偎在他的胸前，甜甜的气息里藏着一丝悲伤的味道。

这是他久已期待的拥抱。曾经，他记得不是很清楚了，那时他身受重伤，经常陷入昏迷，有一次，他似乎梦到她来到他的身边，他抱住了她，接着，他在她的呼唤中睁开了眼睛。

"记住我的话，要活着。丹驰，我就交给你了。"他在她的耳边轻声叮嘱。事实上，这是他唯一牵挂的事情。

"我答应你。不过……"

"不过什么？"

"我不会轻易放弃的。"

那木日并不明白她这句话的意思。

她重新在他的嘴唇上亲吻了一下："那木日。"

"嗯？"那木日梦呓般地应着。这一刻，能拥着她柔软的躯体，能被她亲吻，听着她温柔的低语，他很幸福，也很知足。假如可以，他多么希望流逝的时光能在这一刻停下脚步。

他何尝不想称呼她"奴奴"，只可惜他不能。倘若明天就是永别，倘若他注定要离开她的身边，他希望她还有机会能够爱上别的男人，还有机会将一个完整的自己交给她爱的人。

为了她，他只能称呼她"公主"。

他的确有那么一点点不甘，一点点伤感。即便如此，像他对她说过的那样，他并不后悔。

在天上，他最希望看到的，是她还能做一位妻子，做一位母亲，做一个快乐的女人。

"你困吗？"

"有一点。"

"那么，再回答我一个问题好吗？"

"你问吧。"

"当你发现，自己受了我的骗，我使用那样的手段夺走了丹驰，你在心里怨恨过我吗？"

那木日略略犹豫了一下，"你要听实话吗？"

"对。"

"其实，我感到很伤心。"

"伤心？"

"对。我以为，今生再也见不到德安了。丹驰似乎不这么想。事实证明，丹驰比我更了解你。"

奴奴若有所思地微笑着。善于相马，是奴奴与生俱来的天赋，在汗国无人能及。别看她只有十七岁，却相过无数好马，就连父亲都极其信服她的这个本领。唯有像丹驰这种几乎拥有人类情感和智慧的马匹，她还是第一次见到，这也是她不惜设下圈套将丹驰据为己有的重要原因。

的确是一个重要原因，现在回想起来，却远远不是全部的原因。

另一半的原因，是为了那木日。

尽管一开始，她并不知道。

说不上是幸运还是不幸，她生而为蓝帐汗的掌上明珠。一个高高在上的公主，只能与孤独为伴。那木日是第一个把她当作朋友的人，的确，他不知道她的身份，可那段生活于她而言，是纯净和美好的。

为了丹驰的缘故，那木日来到她的身边。从刻意的疏远到生死与共，她终于能确定这样一种心意：丹驰值得她拥有，他更值得她拥有。

心意一旦确定，她便绝不会为任何人任何事背叛自己。

奴奴走回房间，在门口，她与那木日互道晚安。他们望着彼此，脸上都露出了笑容。这笑容，依然有一点凄楚，更多的是相知和无悔。也许明天就是永别，奇怪的是，生死相许竟让他们的心境如此平和。

奴奴向那木日挥挥手，在身后关上了门。仅仅片刻，她听到隔壁房门响动的声音，她知道那木日也回到他自己的房间。

房间里的油灯一闪一闪的，昏暗的光线无法照到每一个角落。奴奴摸索着洗漱完毕，在床上躺了下来。这是她的习惯，就算在战争期间，每当宿营时她也会设法洗漱干净了才能安然入睡。

她和衣躺在床上。明天，父亲就要来到陶勒驿。她千算万算，到底还是没能逃出父亲的手掌心。

在与父亲见面前，她得尽快想出个万全之策，可她的思绪太乱了，仿佛千万个念头一起塞进脑中，让她的头有一种快要炸裂的感觉。后来，油灯熄灭了，她的身体陷入黑暗中，竟然不知不觉地睡着了。

玖

早晨，奴奴是被刺入眼帘的一束光线以及一阵轻微的响动惊醒的，她睁开门，发现窗纸上已然映出晨曦微明的光线。

她起身走到门前，拉开了门。她觉得门外有人。

她的感觉没错，门外站着哈纳图和两个侍女。显然，这两个侍女是哈纳图带来服侍她洗漱的。

"我父汗来了？"奴奴镇定地问。

"是。大汗刚到。"

"他让你来叫我？"

"是。"

"那木日呢？"

"他也起来了。大汗吩咐，要把你们两个人一起押到……带到他面前。"

奴奴不再多问。她让哈纳图在门外等着，两个侍女服侍她洗漱打扮，她又换了一身干净衣服，这才重新走出房间。

哈纳图陪着她来到院中。她一眼看到那木日正站在回廊下，他没有被上绑，两个佩着腰刀戴着护甲的士兵正看押着他。

哈纳图示意可以走了。

两个带刀士推搡着那木日走下回廊，奴奴喝道："等等！"

二人被喝，停下脚步，扭头望着奴奴。

"放开他，让他自己走！"

带刀士面面相觑，又一起望向哈纳图。哈纳图摆摆手，示意他们照办。

带刀士只好放开那木日，不过，他们还是很谨慎，亦步亦趋地紧紧跟随在那木日左右。哈纳图向奴奴做了个"请"的手势，奴奴看了他一眼，从容地举步而行。

出了后院，一路向东，通过日月门，便进入五年前在蓝帐汗主导下修建的花园。花园的布局是典型的中亚风格，庭院中小桥流水，古木参天。中间的开阔地则立着一座用以接待大汗与诸王的五色大帐，大帐顶毡分蓝、白、红、黄、绿五色，象征着五色民族，里面可轻松容纳六十余人。

大帐里的设施一应俱全，其中，最独具匠心也最引人注目的是被称作"黄金宝座"的紫檀木御榻。御榻置于九级台阶之上，其摆放完全采用中原王朝坐北朝南的规制，台阶及御台全以红毯铺设，而台阶之下的地面则铺着产于吐蕃的蓝色纯羊毛地毯。当初，陶勒驿的官员根据蓝帐汗的指示，征集中原的能工巧匠先行设计御榻图纸，而后，由蓝帐汗亲自选定图样后方才开始制作。

御榻的外形是由唐代圈椅演化而来的花围三屏式，榻板很厚重，靠背与榻身皆采用镂空雕饰并嵌以金箔，扶手向上撬起，曲线流畅，扶握舒适，最顶端则镶嵌着两颗价值连城的夜明珠。这是御榻的第一个精妙之处；第二个精妙之处在于榻足。榻足用纯金分别打制成狮、虎、马、牛四种造型，每种造型无不栩栩如生。事实上，这个纯金榻足也是御榻被蓝帐汗命名为"黄金宝座"的由来。厚实直立的榻腿稳稳地落于榻足之中，二者严丝合缝；第三个精妙之处，是或镂空或立体的花雕装饰疏密有致，美轮美奂，飞马、麒麟、大海、莲花、云纹等多种图案，体现了蒙古帝国治下各种文化兼容并包的特色；第四个精妙之处，是御榻的设计者将紫檀的庄重与黄金的高贵巧妙地融为一体；最后一个精妙之处，是榻上铺着半尺厚的褥子，褥面用波斯织金锦——纳失失缝制而成，褥里冬絮羽绒，夏絮干花，花有奇香。

五色大帐设有专人管理，就算空置时也会不染一尘。在陶勒驿，五色大帐冬暖夏凉，自然是最理想的饮宴之所。别的犹可，唯御榻的使用有一个明确规定：只有出身于成吉思汗一系的诸王才有资格登临御榻，至于旁系诸王举行宴会时，可以使用大帐，但必须在御榻旁另设座位。

按照蓝帐汗的命令，那木日和奴奴被一起押入大帐。

两个人一进大帐，便一眼看到额布勒全身上绑，正跪在蓝帐汗的面前。

奴奴吃惊地望着额布勒。额布勒也看到了奴奴，他的眼神霎时就变得柔和起来，嘴角却掠过一丝含义复杂的微笑。对额布勒来说，他早将生死置之度外，可是，没能让奴奴顺利逃走，他不能不感到懊丧。

除了额布勒，大帐中还有两个人，一个是神箭将军塔布，另一个是斡思昆。高加索一役结束后，斡思昆凭借战功升任为蓝帐汗的侍卫长，这次昔班朝觐忽必烈汗，斡思昆负责保卫他的安全。

此时，塔布和斡思昆正分立于御榻之下。塔布目视前方，片刻也没有移向奴奴，从他的脸上，人们也看不出他在想些什么。斡思昆与塔布不同，他的眼睛盯着那木日，神情有些紧张。

奴奴不知道父亲是在凌晨什么时候赶到驿站的。她看到父亲端坐在御榻之上，正用一种平静的神情打量着她和那木日。

昔班是蓝帐汗国的主君，更是成吉思汗的孙子，在成吉思汗的众多儿孙中，有不少人都继承了这位蒙古大汗喜怒不形于色的特点。但作为父亲，昔班不过是借平静的外表，掩藏着内心的百感交集。

奴奴是昔班的嫡女，也是他膝下唯一嫡出的女儿，而他的其他女儿皆为庶出。昔班的正妻是他十六岁的时候祖汗亲自为他指定的，那时他人在玉龙杰赤，是大哥陪他回国迎娶了这位女子。为他指婚的第二年，祖汗便离开了人世。妻子秀外慧中，温柔贤惠，他对她十分中意。婚后，妻子为他生了几个儿子，但许多年不曾生下女儿。奴奴的年龄比她的哥哥们小许多，奴奴出生时，他与妻子都已人近中年。这使奴奴从出生起就深得宠爱，正如奴奴的名字，他爱惜她就像爱惜自己的眼睛一样。为了让女儿健康成长，他精心为女儿选择了乳母，这位乳母，是额布勒的妻子，也是奴奴的堂舅母。额布勒的另一个身份是奴奴母亲的堂兄。

奴奴十二岁那年，她的生母，也就是昔班的正妻去世，从此，昔班再未立过正室夫人。自母亲去世，禁不住奴奴的一再请求，昔班从女儿十二岁起就带着她四处征战。不知是无情战争的磨砺，还是天赋异禀，奴奴日渐表现出一种风范，一种如战士般勇敢、顽强以及指挥若定的风范，足以令昔班自豪。在许多时候，奴奴不仅是他的女儿，还是他最信任的谋士。

那次，在平定山区边民叛乱的战争中奴奴差点丢掉性命，又一度失去记忆，这件事令昔班每每思之都心有余悸。待奴奴恢复了健康和记忆，昔班开始考虑为女儿选择一个终身伴侣，他选定的这个人就是塔布。

塔布是功臣之后，他的人品和才干昔班信得过，他亲口将女儿许给了塔布，他相信，塔布将是女儿最好的归宿。

不料恰恰在这件事上，他的宝贝女儿却做出了有损于汗廷颜面的事情。

别的倒也罢了，唯有他亲口许下的诺言，他不会收回。

奴奴与那木日跪倒，拜见蓝帐汗。

昔班俯视着他们。片刻，他挥挥手，两个护帐侍卫立刻上前，将那木日拖到一旁看押起来，等候昔班的命令。

昔班的嘴唇刚动，奴奴抢先说道："父汗您要做什么？"

昔班冷笑，他用目光问：你说我要做什么？

奴奴站了起来，毫不畏惧地迎视着父亲的目光，"父汗，就算您贵为蓝帐汗国的大汗，也不能滥杀无辜啊。"

昔班反而笑了，"你说我滥杀无辜？"

"对。"

"好吧，我不妨听听你的理由——你说我滥杀无辜的理由。"

"在此之前，父汗您不妨先问问这些跟随您多年的侍卫，您问他们，如果是您发下话来，他们会不听从，会违背您的命令吗？如果他们都敢违背您的命令，您还会要他们跟在您的身边吗？"

昔班沉吟着，没有马上回答。

"您能理解这一点，就该明白，那木日是我的侍卫，他除了服从我的命令，还能有别的什么选择？若忠诚是错，塔布将军是不是该死？您身边的侍卫是不是该死？还有那些对您忠诚的人是不是都该死？反过来，您若赞赏他们的忠诚，请问您又依据什么样的律法处死那木日？"

昔班思索着，一时间倒也想不出反驳的言辞。

那木日望着奴奴，暗暗焦急。他并不希望奴奴为了救他而独自承担罪责，他早做好了赴死的准备。这段日子的朝夕相处，能够明了奴奴的心意，他死而无憾。

额布勒的神情在焦急中混合着懊悔。他责备自己百密一疏，当初若不是为了快捷和安全，他本不该答应奴奴的要求，让她走驿站前往中国。最终，到底因为替她安排驿站诸事，才致使消息泄露，传入蓝帐汗耳中。

昔班的目光短暂地落在那木日的脸上。

"那木日。"

"是。"

"果真如此吗？你的确事先全不知情？"

"不，我知道。"那木日简短地、干脆地回答。

第五章　风还在雨还在

壹

奴奴的心往下一沉："那木日，你……"

那木日的承认让斡思昆的心窝里一片冰凉。那木日是他的族弟，他们平素交往不是很多，可一旦面对那木日的生死，他真的做不到无动于衷。

那木日将目光转向奴奴，深深地凝望着她。即使是众目睽睽，他也要好好地再看她一眼。在即将永诀之时，他终于抛开了所有的顾虑，现在的他，只想让她的形象深深地刻入脑海，刻在心中。他并不怀疑，只要心中存有爱情，即使今生不能与她相伴，来生，他也会在茫茫人海中将她认出。

"公主，"那木日语调轻轻地开了口，"别忘了我对你说过的话：照顾好丹驰。在这个世界上，能照顾丹驰的人，只有你了。"他将丹驰再次托付给了奴奴，他知道，唯其如此，奴奴才能活下去。

奴奴向那木日一笑，笑容惨淡、恍惚。

昔班将他们道别的情景默默地收入眼底，他无声地叹了口气，问道："奴奴，你还有何话可说？"

奴奴望向父亲："当然有。"

"哦？"

"您要听吗？"

"也罢，你说。"

"父汗，您常说，曾祖汗是您此生最崇拜的人，但身为他的儿孙，您终究无法与他相提并论。"

昔班一愣，"你这话是什么意思？"

"当年，只尔豁阿台在战场上射伤祖汗，又拼死力战，护送主君塔儿忽台逃离险境。事后，他向曾祖汗投降，并且坦白了一切，曾祖汗不但原谅了他，还为他改名'哲别'，将他置于左右，委以重用。当时，换了父汗是曾祖汗，一定没有这样的心胸，做不到这一点吧。"

"你到底想说什么？"

"我想说，第一，那木日明知道在没有得到您允许的情况下，随女儿一起离开汗营会为他自身带来怎样的危险，他却无惧生死，义无反顾。他的忠心护主以及心怀坦荡，我想会得到曾祖汗的赞赏——我是说，曾祖汗尚在人世的话，忠心的人肯定会得到他的赞赏。毕竟，那木日是我的侍卫，不是您的侍卫，他要服从的人只能是我。同样，额布勒从小看着我长大，他疼爱我就像疼爱自己的亲生女儿一样，他为我安排一切，只是不想让我遇到危险。否则，我又何必非走驿站？第二，您总以大札撒的执行者和维护者自居，既然如此，大札撒的条文就远比您的尊严来得重要，您做不到公正严明，又有什么资格夸耀是成吉思汗的子孙？第三，我除了不该偷偷离开汗营，别的并未做错什么。就算是我考虑欠周，您可以惩罚我，可这件事罪不至死，您为什么咄咄逼人，非要迁怒于这两个没有一点过错的人？请问您依据的又是哪条律法？"

昔班被女儿的质问弄得有点尴尬，又有几分恼怒。额布勒和斡思昆望着昔班阴沉的脸色，不免都为奴奴捏着一把汗。

昔班向下看了额布勒一眼，"额布勒。"

"臣在。"

"你来告诉奴奴，我依据的是《大札撒》的哪一条？"

蓝帐汗国的《大札撒》，是昔班为了加强对封地的治理，在蒙古立国后的第一部成文法——成吉思汗《大札撒》的基础上，结合征服地的实际情况，重新加以修订及完善而成。这部蓝帐汗国《大札撒》与成吉思汗《大札撒》

相比，条目更加细致，而且相应的处罚更加明确。

额布勒犹豫着，不知该说还是不该说。

"怎么？你忘了？"昔班的嘴角掠过一抹嘲笑。

额布勒看了奴奴一眼，奴奴用眼神示意他照实说。

"是。"额布勒清晰地回道："第二条，在汗国地域生活的臣民，任何人都必须拥有以服从主君为天职，以效命主君为荣誉的觉悟，忠诚、恭顺，视君如父。凡有忤逆主君的行为发生，均等同背叛，罪责轻重由主君及法律大臣依据其危害程度共同裁定，危害轻者杖刑，危害重者斩刑，从者同罪。"

额布勒说完，昔班问了一句："额布勒，你是汗廷的法律大臣，大断事官，如今你知法犯法，我倒想听听你要给自己一个什么样的裁定？"

额布勒尚未回答，奴奴说道："给额布勒定罪之前，不如父汗先来检讨一下自己的过错。父汗也该明了自己犯下的过错不是吗？否则，您就失去了裁定女儿和额布勒罪行的资格。"

此言一出，大帐中一片沉寂。

昔班微愣，坐直了身体，从高高的御榻上俯视着女儿，"你说什么？"

"我是说，我没有犯下忤逆主君之罪，又何来从犯同罪之说？"

"我在诸臣面前，已亲口将你许配给塔布将军，你私自离开汗营，不是为了逃婚又是为了什么？"

奴奴轻描淡写地反驳："您这'逃婚'从何说起？我只是带着那木日和丹驰出去游玩儿而已。请问父汗，《大札撒》里可曾立有条文，明确规定不允许子女在未得到父母许可的情况下出游？"

昔班心思微动。奴奴一反常态，据理力争，其中的原因一定是她抓住了他的什么漏洞。只是一时间，他想不出来那是个什么样的漏洞。

昔班了解他的女儿，以奴奴的个性，纵然她一心想救那木日和额布勒，对于犯下的过错她却不会抵赖，更不会像现在这样竭力为他们辩解。

"你说你只是出去游玩？还说你没有逃婚？"

"没错，父汗。您又没将我许配给任何人，既然如此，'逃婚'这个罪名无论如何安不在我的头上。"

"狡辩！那天我亲口颁下旨意……"昔班说到这里，停了下来。

他终于想明白那个漏洞是什么了。

贰

人们面面相觑，不安又有期待。

奴奴向父亲微笑："您想起自己说过的话了，对吗？我没记错的话，您说，要将公主许配给塔布将军。您何曾说过，要将我许配给塔布将军！"

昔班沉默了。在他沉默的时候，所有的目光都投注在他的脸上。这目光的内容不尽相同，总的来说，人们还是希望他能网开一面。

昔班回想着女儿的话，神色异常严肃，微抿的嘴角甚至显得有些恼怒，实际上，他心里倒有几分说不出来的轻松。到底是他的女儿啊，奴奴在做出决定时已为自己想好了退路，而且，确如奴奴所说，既然她没有犯下忤逆君父的"罪行"，那木日和额布勒自然也就不存在所谓"同犯"之说。

想到这里，他无奈地挥了挥手。

侍卫们明白他的意思，立刻释放了额布勒和那木日。

那木日、斡思昆，甚至连哈纳图都不觉暗暗舒了口气，额布勒和奴奴的心里却远没有那么轻松。对奴奴而言，她只是救下了那木日和额布勒，暂时躲过了第一个危险，接下来的，恐怕才是最难应付的。

不出所料，昔班面对女儿，正色道："之前的事情的确是我考虑不周，我可以不再追究。但此时此地，我以天赋汗权，命你……"

话未说完，忽见塔布大步上前，跪倒在丹墀之下，"主君！"

"塔布？"昔班被打断了话头，脸上闪过一丝惊讶，目光却是格外得温和。塔布将成为他的女婿，这一点决不会有所改变。

奴奴的心情比之刚才与父亲争辩时还要紧张，额角、鼻尖、手心甚至后背上全是浸出的汗水。她对塔布怀有内疚，可她不能为了他改变心意，哪怕从此需要放弃公主的身份，她也要与那木日和丹驰相守一生。

"大汗，可否容臣说几句话。"

"哦，你说吧。"

"大汗，那天，您在蓝顶大帐当众允诺，要将公主许配给为臣时，臣的心里……其实臣……臣的心里……"塔布说着，不由自主地停顿了一下。他不得不停顿一下，毕竟接下来，他要做出违心的决定。他不后悔，可他所能感受到的痛苦终究使他的声音变得极不稳定。

他深深地调了一下气息，"其实……其实臣……"

"你，到底想对我说什么呢？"昔班问，若有所悟。

塔布几乎是咬着牙说了下去，"臣以为，大汗是要将安迪娅公主许配给微臣，臣……当真是这么想的。"

安迪娅乃奴奴的庶母所生，年龄比奴奴小一岁。在昔班的几个女儿中，如今只有奴奴和安迪娅尚未出嫁。

昔班沉吟着，没有立刻做出回答。

额布勒与奴奴飞快地对视了一眼。万万没想到，在这最关键的时刻，竟是塔布助了奴奴一臂之力。塔布的话换了别人听来可能会信以为真，他的牺牲却瞒不过额布勒。额布勒与塔布相识不是一日两日，他比任何人都了解这位神箭手的心思。舍弃私情，有时仅仅是为了守护深爱的人。

片刻，昔班试探地追问："这么说，你想娶安迪娅为妻？"

"是的，大汗。大汗对臣有天高地厚之恩，臣这么说太过冒昧，也没有这样的资格，但臣的确倾心于安迪娅公主。如蒙大汗赐嫁，臣感激不尽。"

昔班不易觉察地摇了摇头，"你想好了？"他意味深长地问。

"是，臣绝不反悔。"

"好吧，既然你的心意如此，我就将安迪娅许配与你。"

"臣谢大汗成全！"

"不过你们的婚事，必须要等我从帝都返回汗国后才可操办。你先随我一同前往帝都可好？"

"大汗容禀：臣何尝不想留在大汗身边，朝夕服侍。然而大汗赐嫁公主，于臣全家何等荣耀，臣岂敢轻忽？大汗可否容臣回转汗营，早做迎娶准备？"塔布委婉地拒绝了蓝帐汗的要求。现在，将来，他都不会再与奴奴在一起了。这就是他的性格，对于做出的决定，他决不会患得患失，更不会三心二意。无论他是否爱慕安迪娅公主，唯有一点他能确定，她将成为他帐中的女主人。

奴奴的眼中泛起了泪光。她长久地注视着塔布挺直的脊背，在心里郑重地说道：谢谢你，塔布。

塔布似乎听到了她的感谢，这是心灵的感知。他只是感受到了，从始至终，他的目光一次也不曾转向奴奴和那木日。

奴奴，我只能帮你到这里了。不管在我做出选择前，我有多么希望你能成为我的妻子，不管我曾经有多少次幻想过未来的日子如何疼你爱你，可是现在，我只想要你活着，我只想要你幸福。即使你并不属于我，我仍旧希望你幸福地活着。

我发誓，在未来的日子里，我绝不会再用自己的眼睛去看你，我情愿将你永远地放进我的心底……

一场风波就此消弭，虽说出人意料，却也未尝不是好事。只要塔布仍是汗廷驸马，便不至于有损汗廷威严。昔班心中释然，走下御榻，亲手将塔布扶了起来。"你打算何时动身？"

"明天一早。"

"也罢。"昔班略一深吟，吩咐额布勒："明日，你随塔布一同起程，向汗妃和安迪娅宣布我的决定。在我返回汗营前，你要协助汗妃，将婚礼诸事安排妥当。"

"是！臣当不负主君所托，为安迪娅公主和塔布将军准备一个盛大的婚礼！"额布勒愉快地接受了汗命。他像奴奴一样，对塔布充满感激，若非塔布的成全，也不会有这样一个皆大欢喜的结局。

皆大欢喜，对主君、对奴奴、对额布勒、对那木日，只除塔布本人。

塔布再次谢恩，回到了自己的位置上。

昔班慢慢踱到女儿面前。他凝视着女儿，目光里似乎仍旧凝结着淡淡的责备。

片刻，他伸出手，在女儿的肩上重重地一拍。

叁

这一掌有些重，奴奴不由自主地缩了缩身体，"疼。您轻点，阿爸。"她一边娇嗔着，一边向父亲展开了笑颜。

奴奴的个性深沉稳重，不苟言笑，从小到大，人们还很少能从她的脸上看到如此甜美的笑容。

"跟我说说吧，你的下步打算。"

"我要跟父汗一起去中国。"

"怎么，你还是要去吗？"昔班的意思，是指女儿不用再逃婚了，去不去中国也没关系。这无非是父亲对女儿的玩笑之语，做父亲的内心，倒是蛮希望让他的女儿陪伴在身边。

"当然要去，我好想看看中都城宏伟的宫殿，看看金莲川的草原，我也好想见到忽必烈汗。父汗说过，他是一位伟大的人物，既慈爱又有威严，而且富有四海。"

"我说的话，你倒是记得很清楚。"

"父汗说的话，女儿岂敢不记在心上。"

"是啊，记得很清楚，才好拿来对付你阿爸。"

"阿爸！"

"行，行，行！事情过去了，我保证以后再不提起就是了。我给驿站带了许多粮食、草料和衣物，以及觐见大汗的贡品，都由重甲骑兵押送着，他们离驿站还有一日的路程。斡思昆，那木日，你们立刻带上这里的一半侍卫和驿兵出发，务必要安全地将这批辎重带回来。"

昔班让那木日与斡思昆一起去执行这个任务，本身表明了他的态度：为了女儿，他决定接受那木日。

人的感情说起来既微妙又奇妙，一旦认可了那木日的女婿身份，昔班再看这小伙子，就觉得他除了家世背景有所欠缺外，其他方面倒也配得上女儿。小伙子眉眼乌黑，身材匀称，动作矫捷，举止稳重，这且不论，更难能可贵的是，为了心爱的人，哪怕明知是死路，他也不会有所退缩。

这最后一点，尤其能引起昔班的赞赏。

斡思昆与那木日接令，正要离开，奴奴在那木日的身后嘱咐道："带上丹驰。"丹驰是一匹酷爱在草原上自由奔驰的骏马，却在陶勒驿被关了两天，奴奴想让丹驰奔跑起来，展展身骨和四蹄。

"等等。"昔班说。

"阿爸，怎么了？"

"让那木日骑别的马去吧。"

"为什么？"

"人们都说，丹驰是匹追风逐电的宝马，我还没有亲眼见识过呢。你连逃跑也要带着丹驰，想必是觉得骑上丹驰，你阿爸就追不上你了吧？"

"怎么？难道阿爸不服气吗？"

"你说呢？"

"那就比比好了。"

"我正有此意。"

"现在吗？"

"下午吧。"昔班说。

在大太子术赤的诸多儿子当中，昔班是性情最豁达，心思最细密的一个。对儿女，他也是个体贴的父亲。他知道，从昨天到今天，女儿一定没有好好吃过东西，他可不忍心让女儿饿着肚子跟他比赛。

父女俩正为此商议时，斡思昆与那木日已经走出了五色大帐。在帐外，斡思昆用拳头在那木日的肩胛上轻轻地擂了两下，"你呀，都吓了我好几次了。等你跟公主成了亲，记得要经常请我喝酒啊。否则，我可不答应。"斡思昆笑着索要代价，抱怨的语气里却能听得出真心的羡慕。

那木日的眼眶微微泛红。一切的逆转都发生得如此突然，直到这一刻，他仍有一种仿佛置身于梦中的感觉。

"多亏了塔布将军。"斡思昆接着说道。斡思昆与塔布是战友，也是朋友，他像额布勒一样了解塔布对奴奴公主由来已久的倾慕。

那木日连连点头。他不知道未来的日子他是否有机会报答塔布的恩德，有一点他能确定，只要一息尚存，塔布就是他此生最敬重的人。

昔班如愿领教了丹驰的速度与耐力，他骑过无数好马，却从未想到，世上还有一匹像丹驰这样神奇的宝马。或许正因为如此，在那天危急的时刻，丹驰才能在如蝗的箭雨中冲出一条生路，救回了奄奄一息的奴奴。

比赛结束后，昔班对奴奴说："是匹神马。不过，能一眼相中它的，肯定是我的奴奴了。"

奴奴微笑："把它训练成丹驰的，却是那木日。"奴奴的意思是，从小将丹驰养大，发现和激发了它潜能的人都是那木日。

"额布勒说得没错，你和那木日果真是因为丹驰才会相识相爱。说句实在话，看到那木日对你真心实意，跟着你出生入死，又曾救过你的命，我的心里也不是没有一点感动。本来，我是想让塔布做我的女婿，塔布选择了安迪娅，倒也不违背我将公主许配给他的诺言。事已至此，我就成全你和那木日吧。我若仍旧反对，恐怕又要被你说成'没有资格做你曾祖汗的子孙'了。"

"瞧您说的，我可不会这么想。在我心中，您从来都是这世上最好的阿爸。"奴奴搀住了父亲的手臂，娇昵地说道。父女情深，不过，昔班与女儿之间鲜有这种表达亲密感情的动作。这个原因在于奴奴，奴奴自幼深沉持重，母亲去世后，她更是封闭了内心。应该说，在遇到丹驰前，她的身上总像罩着一层薄薄的冰霜，这个高高在上的少女，对任何人任何事都缺少热情。

没有一个人能够改变她，改变她的，严格而论是丹驰。

丹驰只是一匹马，可就是这匹马，对身边的人怀有最单纯的忠诚，最单纯的爱。忠诚与爱，带给它许多快乐，也使它无所畏惧。它的出现，让奴奴明白，爱人和被人爱，这样活着，算得上真正地活着。

昔班拍了拍女儿的手背，说了句"你就不用哄我开心了"，语气里却不无感慨。此时，看着女儿神采奕奕的双眸，他同样明白了一件事：有时候放下君主的尊严，未必就是一件坏事。

作为父亲，能得到子女的热爱，恐怕才是真正的尊严。

肆

斡思昆与那木日顺利接回辎重，昔班下令于次日出发，兼程赶往中国。

辛苦的旅程，结束于忽必烈汗的昔剌斡耳朵（斡耳朵为宫帐之意）。蓝帐汗国的蓝顶大帐，是仿照昔剌斡耳朵建造的，但蓝帐汗国在规模及华丽程度上与昔剌斡耳朵相比还是有所不及。

感情深厚的堂兄弟久别重逢，那份喜悦与兴奋之情比美酒还要令人沉醉。

远在昔班与忽必烈还是王子时，二人就是十分相知的朋友。友谊，在充满尔虞我诈甚至你死我活的宫廷里，显得难能可贵，他们格外珍惜。如今，昔班与忽必烈汗一别数载，就算没有接到忽必烈汗的来信，昔班也打算做一趟中国之行。

蒙哥汗活着时，东西道诸王以及三大汗国的王公贵族完全听命于中央政府，那是中央政府对三大汗国拥有绝对权力的最后一段时期。蒙哥汗去世后，拖雷家族爆发了汗位之争，这件事在三大汗国内部造成分裂，同时成就了第四大汗国：伊儿汗国，也成就了海都。而海都的崛起，进一步导致忽必烈汗的中统王朝失去了对除伊儿汗国之外的三大汗国的统辖权。一年后，即使忽必烈汗最终战胜阿里不哥，成为继蒙哥之后的蒙古帝国第五位大汗，也无法阻止名义上仍将忽必烈汗奉为宗主，实际上已形成独立政权体系的三大汗国与中央政府渐行渐远。

忽必烈与阿里不哥为汗位而战时，在支持谁的问题上蓝帐汗昔班与金帐汗别儿哥之间出现了分歧，蓝帐汗支持忽必烈，金帐汗却支持阿里不哥。这件事在一向亲密无间的术赤诸子中造成了潜在的裂痕，其后亦成为蓝帐汗国、白帐汗国脱离金帐汗国走上独立发展道路的肇端。

阿里不哥避走封地吉儿吉斯，在经济上陷入困顿，在军事上则将长兄蒙哥汗留给他的精锐主力消耗殆尽。若不是忽必烈顾念手足之情，不忍对胞弟逼之过急，只怕阿里不哥连一个月都难以支撑下去。

面对阿里不哥的无能，金帐汗别儿哥从初时坚决支持阿里不哥，到冷眼旁观兄弟之争，再到对忽必烈执掌国政乐见其成，他在态度上的变化，使昔班终于能放下所有顾虑，接受忽必烈的邀请，往开平府觐见这位具有雄才大略的中原之主，同时也是他打心眼里最喜爱的堂弟。

岁月无情，拔都立国后的二十余年间，术赤的儿子们多已离开人世，如今诸兄弟中活在世上的最年长者只有白帐汗斡尔多、金帐汗别儿哥以及蓝帐汗昔班。虽说此前，在究竟奉谁为蒙古帝国之主的问题上别儿哥与昔班意见不同，然而涉及国家利益，他们尚能彼此妥协，理智对待。至少有一点，兄弟二人都谨守分寸，毫不含糊。那就是，别儿哥是金帐汗，为兄，为君，昔班是蓝帐汗，为弟，为臣。

至中统四年（1263），蒙古帝国分裂的局面依旧存在，政局走向却一目了然。阿里不哥已无力与忽必烈抗衡，投降只是时间问题。

对汗位，忽必烈当仁不让，但在做人上，他却是一个颇有胸襟器识的人。他很清楚弟弟阿里不哥目前的处境，也了解他进退维谷的心情。为了给阿里不哥一个台阶下，同时，也为了避免兄弟间的最后决战，他需要找到一个能为兄弟二人共同信服的人，充当他们之间的和平使者，劝说阿里不哥主动归降。这是其一。其二，在非常时期采取非常之法匆匆登临汗位的忽必烈，很想得到来自西道诸王和东道诸王的共同认可。因此，从中统四年初，新的忽里勒台已在积极筹备当中。忽必烈的愿望是，一旦阿里不哥向他俯首称臣，他希望能在全体蒙古人的拥戴下，体面地成为中原王朝与四大汗国名副其实的共主。

至于忽必烈邀请昔班赴开平府与他一会的目的，他在给昔班的信中也做了明确说明。身为成吉思汗之孙，术赤之子，两代金帐汗拔都与别儿哥之弟，昔班从少年时代起就善于处理各种纷繁复杂的事务，他的个性又耐心、细致、平和，大太子术赤活着时，对这个儿子便格外倚重。

蒙古军第二次西征时，昔班跟随兄长拔都出生入死，立下赫赫战功，后来，拔都定都萨莱，分封诸兄弟时，将离自己最近的广大地区分给了昔班。战功卓著，口才惊人的昔班，又能秉持公正之心，这使他在蒙古帝国享有崇高威信。忽必烈希望昔班能以长子系宗王的身份出面劝说阿里不哥，早日结束南北对峙。

昔班崇敬忽必烈，很愿意充当这个和平使者。

奴奴终于踏上了处处盛开着金莲花的草原，终于见到了父亲一再提起的忽必烈汗，她发现她想象中威严的大汗，其实是位比她父亲还要慈祥的长者。

这是忽必烈汗和察必皇后第一次见到奴奴。夫妻二人格外喜爱这个眉目如画、进退合度的少女，赐给她许多华美的绸缎和珍奇的首饰。不久，忽必烈从昔班口中得知了丹驰的故事，决定为奴奴和那木日举办一场典型的中统朝婚礼。忽必烈一向喜欢为年轻的子侄主婚，开阔的心胸与爽朗的性格也使他福寿绵绵。

婚礼完全按照帝国公主的礼仪规格举办。参加婚宴的王公大臣们，将各色礼物堆满了婚礼大厅的中央。

这些尚且不算什么，忽必烈赠送给奴奴的另一件使人惊奇的礼物，是一匹像丹驰一样长着烈焰般鬃毛的骏马。这匹骏马是数月前一位汉族世侯所献，还有一个美丽的汉名：晚霞。

丹驰可谓不虚此行，它对晚霞一见钟情。

此后，无论是在开平府还是在中都的日子，当那木日和奴奴骑着丹驰与晚霞，迎着夕阳纵情奔驰时，连风也在传颂着丹驰的故事。

俟盛大的婚礼结束，昔班带着女儿、女婿来到阿里不哥的封地，觐见这位左支右绌、一筹莫展的蒙古大汗。不能说昔班的劝说起了决定性作用，但昔班的劝说促使阿里不哥最终下定决心却是不争的事实。阿里不哥答应昔班，待他来年做些准备，就去开平府觐见哥哥。

为了更好地协助忽必烈，昔班决定放弃汗位，留在忽必烈的宫廷。从阿里不哥的封地离开，他先回了一趟蓝帐汗国，择定吉日将汗位传给儿子，并为塔布和女儿安迪娅主持了婚礼。安排好汗国事务，他便开始代表元帝国在吉儿吉斯阿里不哥的汗帐以及四大汗国间奔走斡旋。

他的力量尚不足以阻止四大汗国之间，四大汗国与元朝之间摩擦不断，尚不足以阻止各国为了利益之争兵戎相见，但他的奔赴斡旋，确实在一定程度上起到了延缓矛盾迅速激化的作用。

在这个过程中，奴奴和那木日，丹驰与晚霞始终陪伴在他的身边。

伍

许多年后，当昔班在八十八岁高龄谢世，奴奴和那木日便定居于中国的泉州，他们在远离宫廷的地方过着自由自在的生活。

丹驰和晚霞老弱故去之时，它们的后代已繁殖成群。若干年后，又有一匹马，它火红的鬃毛光滑如闪缎，栗子色的眼眸明亮如金星，奔跑起来可以追风逐电，它的名字仍叫丹驰。丹驰永远陪伴着奴奴和那木日，直到他们长眠在山间湖畔，满怀悲伤的丹驰才消失在他们离去的地方。

而当奴奴与丹驰的故事在金帐汗国被人们广为传唱时，汗国的历史已经翻到了月即别的一页。

作为金帐汗国的第九代大汗，月即别的励精图治为金帐汗国带来了四十余年的繁荣，也使金帐汗国的国祚向后延续了一百多年。值得一提的是，孕育了金帐汗国中兴之主的女子，正是奴奴与那木日的女儿。

而这，已是后话。

中统五年（1264），阿里不哥践约，向忽必烈请降。为庆祝漠南漠北重新归于一统，忽必烈改年号至元，并接受谋臣建议，将开平府更名为"上都"，置上都路总管府。同时，诏立为百姓治病的"上都惠民药局"，升宣德州为宣德府，隶上都。至此，忽必烈正式实施两都巡幸制。

就在忽必烈接受阿里不哥请降的同一天，奴奴在万安宫产下一女，这是她与那木日的长女。这个孩子的出生被忽必烈视为祥瑞之兆，他对此十分重视，特意让自己最信任的谋臣子聪和尚为新生儿起名。子聪经过反复考虑与推算，为孩子起了一个寓意深远的名字："承平"。

数日后，应旭烈兀之请，忽必烈派出一个使团出使伊儿汗国，对弟弟旭烈兀的"伊儿汗"正式予以册封。

诸兄弟中，蒙哥汗一向都是旭烈兀敬重的兄长，但与他感情最亲密的，是比他年长两岁的四哥忽必烈。十余年前，旭烈兀奉旨西征，从此与长兄天人永隔，与四哥天各一方。蒙哥汗去世后，本土爆发忽必烈与阿里不哥的汗位之争，加上波斯高原局势不稳，旭烈兀便留在征服地，自立为"伊儿汗"。

"伊儿"为"藩属"之意。即为藩属，必须得到中央大汗的确认才能名正言顺地行使权力。旭烈兀在占领地建立了汗国，但对中央帝国，他仍然恪守臣子本分。在得到正式册封前，他一直以摄政王的身份管理国家。

如今，忽必烈已成为中央大汗，旭烈兀再次遣使，一为向大汗庆贺，二为向大汗请封。忽必烈经过一番准备，派近臣走水路前往伊儿汗国。

旭烈兀以隆重的礼节欢迎大汗使者的到来，在接下来的吉日里，他正式接受了忽必烈的册封。册封仪式上，旭烈兀率领诸子与将臣，面向东方跪倒，虔诚起誓：子子孙孙，永为帝国藩属。

忽必烈的理想是成为一个与前四任大汗有继承关系的蒙古帝国第五任大汗，而不只限于做元朝的君主。在战胜阿里不哥后，他派出以昔班为首的使者团前往四大汗国斡旋，希望诸汗回国，参加在蒙古本土召开的忽里勒台，对他的汗位重新予以认可。

昔班的出使颇见成效，除海都坚决反对，一再申明汗位只属于窝阔台家族，别的家族无权染指外，别儿哥、阿鲁忽、旭烈兀均表示愿意回国参加选汗大会。

在同意参会的三位大汗中，别儿哥对忽必烈原不抱个人成见，既然汗位之争尘埃落定，他倒乐得顺水推舟。阿鲁忽是阿里不哥一手扶立的察合台五任汗，虽说他在即位之初已公开倒向忽必烈，可他的汗位没有得到中央大汗的确认，终究有些名不正言不顺。这一次，他同意参会的条件是，在忽里勒台上，请"长辈"（指忽必烈）对他正式予以册封。旭烈兀是拖雷家族的一员，维护家族利益他责无旁贷，何况，他与四哥经年不见，心中十分惦念，回国参加忽里勒台，正可与四哥盘桓一段时日。

至于海都，忽必烈的身边从来不缺少窝阔台家族的支持者。阔端的后王，合丹的后王都在他的驾前为臣，海都一人不来，也不可能改变忽必烈成为帝国共主的结果。

不管个人怀有什么目的，一旦忽里勒台召开，忽必烈就将被四个家族的大汗或王公贵族体面地拥上汗位。在此期间，考虑到三位大汗路程的远近，以及做好会议准备需要的时间，忽必烈将举行忽里勒台的日期初步定在至元四年（1267）。

忽必烈一边安心地等待着忽里勒台召开，一边开始谋划南征，进而统一中国。他万万没有想到，三位大汗的承诺言犹在耳，帝国西部却是烽烟又起。

对于旭烈兀占据了富庶的阿哲尔拜展，别儿哥始终耿耿于怀。经过充分的准备，别儿哥亲自率领大军，再次攻向伊儿汗国。旭烈兀早有准备，双方就在阿哲尔拜展你攻我防，谁也无法占据绝对优势。

此后数月，双方陷入鏖战。恰在这关键时刻，旭烈兀突然出现中风症状，继而在军营病故。消息传到别儿哥耳中，别儿哥也不知道自己是什么心情，反正酸甜苦辣，样样俱全。不过，抛开兄弟间仅存的那一点点温情以及对世事无常的感叹，别儿哥倒觉得这是他的机会，于是加紧了对阿哲尔拜展的攻打。

别儿哥最初的想法未免失于简单，他以为旭烈兀新逝，伊儿汗国军队群龙无首，必定军心不稳，他趁此机会加紧攻打，不难拿下旭烈兀设于阿哲尔拜展的各个要塞。他万万没想到，继承父位的堂侄阿八哈是个比其父还要厉害的角色，他坚决果断地打退了别儿哥的进攻。

该是蒙古帝国的多事之秋，这边一波未平，那边一波又起。

别儿哥与阿八哈互有胜负，双方形成僵持局面，谁也不敢先行退兵。而察合台五任汗阿鲁忽为了扩张领土，竟趁着别儿哥倾力南征，国内兵力空虚之际，出兵夺取了金帐汗国在中亚的军事重镇讹答剌。

曾经在第二次西征战场纵横沙场，令对手闻风丧胆的别儿哥，在伊儿汗国差一点折戟沉沙。这且不论,两军对峙本就牵制住了别儿哥的兵力,一错眼,别儿哥又被阿鲁忽抄了后路,平白丢失了一处战略要地。

从来没吃过这种亏的别儿哥气上加气,暴跳如雷。他想撤兵与阿鲁忽展开决战,又担心阿八哈尾随而至,届时他将处于阿八哈与阿鲁忽的夹击之中。可不夺回诧答剌,恐怕金帐汗国与察合台汗国的边境再无宁日。别儿哥整整考虑了一天,决定借助与海都联手,给阿鲁忽来个"以其人之道还治其人之身"。

忽必烈与阿里不哥争夺汗位期间,海都趁机整合了窝阔台汗国的力量。此后,他一直觊觎着察合台汗国富庶的城市与领土,他的目标是先成为中亚霸主,只有这样,他才握有从忽必烈手中夺回帝国汗位的资本。如今,金帐汗别儿哥为了请他出兵相助,慷慨地为他提供了大量的武器和黄金,这种拿别家钱做自家事的买卖最合海都心意,他当即出兵,攻入察合台汗国领土。

至此,别儿哥"成功"地将四大汗国全都卷入了战争。

见战火已烧到自家门口,阿鲁忽不得不从诧答剌撤出兵力,回援本土。阿鲁忽本是名将贝达尔之子,指挥才能颇得乃父真传。双方接战,他用计打败了海都,可他很快生病,无法从根本上解除海都对察合台汗国的威胁。不久,阿鲁忽因病去世,临终前,这位痴情的察合台五任汗,按照当初他与兀鲁忽乃成亲做出的承诺,将汗位传给了继子木八剌沙。

木八剌沙是二任汗哈剌旭烈与兀鲁忽乃之子。俟贵由登基,在贵由的干涉及帮助下,汗位由哈剌旭烈的二叔也速蒙哥夺取。蒙哥即位后,赐死也速蒙哥,同时将汗位还给哈剌旭烈。可惜,哈剌旭烈没有接到圣旨就已亡故,蒙哥遂让木八剌沙接替了其父的汗位。因木八剌沙尚是幼童,蒙哥恩准由王妃兀鲁忽乃摄政。

兀鲁忽乃摄政的第九年,蒙哥去世,汗国爆发内战,阿里不哥又扶持阿鲁忽从木八剌沙手中夺走汗位。阿鲁忽向堂嫂求婚,条件是他可以将木八剌沙立为继承人,为了儿子,兀鲁忽乃同意再嫁。

木八剌沙如愿登上汗位的那一天,远在叶密立筹划着下步行动的海都看到了长生天对他露出的微笑。

阿鲁忽的病逝令别儿哥不需要再担心察合台汗国的军队会对自身形成威胁。转眼已到隆冬季节,因别儿哥在阿哲尔拜展寸步难行,时间一长,军需供给出现困难,别儿哥不得不接受部将建议,先行撤回国内再做打算。

在萨莱城金碧辉煌的宫殿中，别儿哥度过了生命中的最后一个冬天。无法战胜年轻的阿八哈令他心情沮丧，一次他外出打猎，回来便病倒了。当晚，他发起了高烧，十二天后，他在高烧的折磨中溘然长逝。

这是至元三年（1266）的春天。

陆

别儿哥去世后，拔都之孙，也就是当年那位短命的金帐汗国三任汗乌剌黑赤的次子忙哥帖木儿在诸王贵族的拥戴下登上汗位。

忙哥帖木儿是金帐汗国第五任大汗（1266 年至 1282 年在位）。他的登基，使汗统重新回归拔都一系。

九年前，别儿哥的确是取代拔都家族继承了汗位，但当时的状况是，拔都的两个儿子在登基后一年多的时间内相继暴亡，这令人们相信汗位对于拔都的儿子们产生了诅咒，也令拔都剩余的儿子将继承汗位视若畏途。现在的情形却明显发生变化，汗位对拔都的儿子们或许是个诅咒，对拔都的孙子们却不会仍是诅咒，大家的心目中，除别儿哥是个例外，正统的继承人还需在拔都的后代中产生。

忙哥帖木儿即位后，又将统治中心移回拔都萨莱。

在拔都汗诸孙中，忙哥帖木儿是最具英雄气概的一个，许多人都说，他长得很像祖父拔都。

初登汗位的忙哥帖木儿雄心勃勃，颇想建立一番无愧于先祖的功业，而他将建立不世之功的第一个目标，依旧锁定在了阿哲尔拜展。好好的阿哲尔拜展，简直成了金帐汗的心病，更可怕的是，这心病还会传染。

忙哥帖木儿一再引军进攻伊儿汗国，可惜他遇到的对手是阿八哈。阿八哈自幼从军，极善统兵，这使忙哥帖木儿在与阿八哈交战中一次也没捞到便宜，不得已，忙哥帖木儿与阿八哈议和，退回本国休整兵力。

所谓失之东隅，收之桑榆。忙哥帖木儿刚刚回到都城，尚未坐热黄金宝座，就接到了一封海都的求援信。信中，海都请求他协助自己进攻察合台七任汗八剌合。

察合台汗国的六任汗是木八剌沙。八剌合原本在元朝宫廷担任官职，忽必烈为了掌握中亚地区，将八剌合派回汗国。当年，汗国的建立者察合台将汗位约定在长子南图赣一系，八剌合跟木八剌沙一样，也是南图赣的嫡传后人。木八剌沙的父亲是南图赣的次子哈剌旭烈，八剌合的父亲是南图赣的三子帖散都哇，根据察合台汗的遗命，木八剌沙与八剌合都具有继承汗位的资格。

八剌合工于心计，他回国后经过一年多的活动，终于将木八剌沙撵下汗位，自己取代他做了察合台汗国的第七任大汗。

木八剌沙庸碌无能，他当政期间，汗国领土被海都蚕食了近一半之多，许多重要城池都落入海都之手。八剌合登基后，发誓要从海都手中夺回被其侵占的领土，他主动向海都发起进攻。海都开始没将八剌合这个后生晚辈放在眼里，二人战于锡尔河畔，不料八剌合于途中设下伏兵，竟将海都一举击败。海都无奈，急派使者远赴金帐汗国，向忙哥帖木儿求援。

想当年，别儿哥与旭烈兀在阿哲尔拜展陷入鏖战时，被察合台五任汗阿鲁忽趁机出兵夺取了边城讹答剌。别儿哥苦于无法脱身，派人向海都求援，海都当即从叶密立发兵攻入察合台汗国，这才将别儿哥从腹背受敌的险境中解救出来。

忙哥帖木儿是个很讲义气的君主，金帐汗国既与窝阔台汗国结盟，前代大汗又受过海都恩惠，而今海都有难，忙哥帖木儿如何能袖手旁观？他很快抽调兵马，派遣四叔祖别儿哥察儿前去增援海都。八剌合还没顾上为自己的胜利庆祝一番，就被从天而降的金帐军队打了个措手不及。面对金帐汗国和窝阔台汗国两支军队的夹击，八剌合不敌，被迫退入河中地区。联军穷追不舍，一直将八剌合追到阿姆河畔。八剌合担心河中地区富庶的城市落入两个汗国之手，决定摧毁所有城市，将其夷为平地。

这个愚蠢的决定吓坏了河中地区各大城市的总督和贵族，他们当即拿出金银财宝前去恳求八剌合，希望他对他们所在的城市网开一面。海都的长远目标，是要以中亚之地作为他与忽必烈抗衡的资本，一旦富庶的河中诸城变成焦土，那等于是毁了他的创业资本，他当然一万个舍不得。为了不进一步刺激八剌合，海都与金帐军统帅别儿哥察儿商议后，决定派堂弟乞卜察克驰往八剌合军营斡旋，以便商议出一个三家罢兵，通过和谈解决目前争端的办法。

身处绝境的八剌合没想到事情还有转机，当即欣然应允。

至元六年（1269）春，术赤系的代表别儿哥察儿，察合台系、窝阔台系的两位大汗以及诸王贵族，在塔剌思河流域召开了一个没有拖雷系大汗及诸王参加的忽里勒台。会上，三家签订盟约，瓜分了阿姆河以北地区，并立誓维护蒙古传统，共同对抗违背祖训的忽必烈与阿八哈。

这便是历史上有名的"塔剌思会盟"。

八剌合原本是依靠忽必烈的扶持才能登上察合台汗国的汗位，现在，他却与海都和忙哥帖木儿结盟，共同对付忽必烈与伊儿汗阿八哈。这还真应了那句话：没有永远的敌人，只有永远的利益。

在宣誓永结盟好后，三家又重新划定了领地范围。他们协商的结果是这样的：阿姆河以北地区，三分之二归八剌合汗所有，三分之一由海都汗与忙哥帖木儿汗平分。八剌合如今据有的领土，其实只有阿鲁忽统治时的一半，这个盟约，意味着察合台汗国被海都以战争手段非法侵占的领土得到认可，而忙哥帖木儿的收获在于，他夺回了别儿哥在位时被阿鲁忽占领的金帐汗国领土。

和平骤然降临，忙哥帖木儿一时间反而有些不适应。他仍想建立起超越前两代大汗的功绩，经过几番斟酌，他将目标确定为东罗马帝国。

东罗马帝国也称拜占庭帝国。旭烈兀建立伊儿汗国后，为对付埃及玛麦鲁克王朝，与东罗马帝国结为盟国。

至元八年（1271），忙哥帖木儿派堂兄那海以突袭的方式攻入东罗马帝国领土。

在国家与国家之间，敌人的敌人就是朋友，这很像一个通行的法则。

当初，为了共同对付伊儿汗国，别儿哥从长远考虑，与埃及的玛麦鲁克王朝建立了联盟关系，这个联盟的一个副产品是，两国的贸易关系由此得到发展，另一个副产品是，伊斯兰教文化对汗国的影响更加广泛。

至于东罗马帝国与伊儿汗国结盟，则是为了防备埃及玛麦鲁克王朝与金帐汗国。没想到，金帐汗国与伊儿汗国签订了和约，竟突然对其国发动进攻。东罗马帝国当时尚无能力抵挡那海的进攻，不得已，皇帝米开勒帕烈斡罗格只能将自己的女儿献给那海，并献上大量珠宝，那海人财两得，于是撤围而去。

帖列克河大捷与迫降东罗马帝国为那海带来了巨大声誉，此后，他据有从顿河到第聂伯河之间的广大领土，逐渐发展成为一支与汗廷分庭抗礼的力量。

忙哥帖木儿并非没有觉察到来自那海的危险，只是无可奈何。他不能与那海刀兵相向，他尚且不具备这样强大的力量。

这恐怕就是战争，不仅在战争中，总会充满了这样那样的变数，具体到战争的结果，也不总是那么尽如人意。

从表面上看，对于东罗马帝国的战争，忙哥帖木儿似乎取得了胜利。真实的情况是，当胜利来临之际，金帐汗能行使汗权的范围已经缩水了一半。在汗国西部，忙哥帖木儿凭空多出了一位敌人，这个敌人还是与他有着相同血脉的亲人。面对汗权，面对利益，亲人，或者说，成为敌人的亲人，远比单纯的敌人更加危险。

这个成为敌人的亲人，实力即使不比忙哥帖木儿强大，至少也不比他弱小。若非两个人实力相当，只怕连暂时的相安无事也无法做到。

尤其令人感到担忧的是，那海已将野心的老虎放出了牢笼，并且，老虎在自由的土壤上正在一天天长大。

柒

不能给忙哥帖木儿带来真正荣誉的战争，令他失去了最初的热情。东罗马一战结束后，忙哥帖木儿开始将精力转入到城市和经济建设之中。他在这方面取得了成效，金帐汗国在蒙古帝国北部贸易中心的地位进一步得到巩固。

另外，对于宗教，忙哥帖木儿不限制伊斯兰教的传播，同时比较重视东正教在斡罗斯人精神生活中的影响，他采取了一些保护和鼓励东正教传播和发展的措施。在他统治的十六年，东正教的活动十分活跃。

金帐汗国的主要贸易伙伴除了埃及的玛麦鲁克王朝外，还有察合台、窝阔台、伊儿汗国以及元帝国。随着汗国进入全面建设时期，金帐汗国与元帝国的经济往来开始变得密切起来。通过来往的使团、商队与旅者，忙哥帖木儿对元帝国的繁荣与富庶耳熟能详，渐渐产生了向往之情。

当初，忙哥帖木儿对堂叔祖忽必烈确实怀有某种排斥心理。这位公开宣称"祖述变通"，并在东方帝国毅然采行汉法的元朝皇帝，在一向坚守并忠实于祖宗传统的忙哥帖木儿看来，无疑是个另类。尽管如此，这并不是他与海都结盟反对忽必烈的真正原因，从一开始，他与海都的目的就完全不同。

海都是想从拖雷系夺回属于窝阔台家族的汗位，而他，以及他之前的别儿哥汗，都是想在确保东部边境不受威胁的状况下，全力对付伊儿汗国，继而实现从伊儿汗国夺回阿哲尔拜展的目标。

海都的矛头是针对元帝国的，忙哥帖木儿的矛头只针对伊儿汗国。

不管是否愿意承认，元帝国的强大无可撼动，而且，元帝国比之处于繁荣时期的四大汗国还要繁荣更多。若非如此，在塔剌思会盟中，三位大汗也不会对忽必烈的东方霸主地位予以认可，他们只是不承认忽必烈对西部拥有宗主权。

金帐汗国与元帝国从最初便不存在直接对立，如今，鉴于国内经济形势发展，金帐汗国需要有更多的机会与元帝国互通有无。

忙哥帖木儿不能推翻他与海都的盟约，此时海都已并吞察合台汗国的领土，成为中亚地区名副其实的主人。金帐汗国与元帝国之间隔着窝阔台汗国，海都对忽必烈的敌意，令金帐汗国与元帝国的交往并不顺畅。

目前，忙哥帖木儿只能满足于双方的民间贸易往来。至于海都与忽必烈的争端，他一直谨慎地让自己置身事外，绝不插手。

忙哥帖木儿在遥远的金帐汗国躲着清静，不料事情还是找到了他的头上。

至元十二年（1275），驻守天山与阿尔泰山之间的海都，欲乘元军三路攻宋之际，举兵袭扰天山南麓。忽必烈遂以北平王那木罕及其弟阔阔出、河平王昔里吉、宗王脱黑帖木儿、河间王兀古带等七八位宗王至阿力麻里戍边，并遣丞相安童以行中书省兼枢密院事辅佐那木罕。

次年秋天，脱黑帖木儿与玉木忽儿、明理帖木儿以及撒里蛮暗中联络，趁那木罕毫无防备，劫持了那木罕兄弟，并扣押了丞相安童，又胁迫兀古带等诸王反叛，拥立昔里吉为汗。

这是一场由蒙哥后王和阿里不哥后王联合发动的叛乱。昔里吉是蒙哥之子，脱黑帖木儿是蒙哥庶弟岁都之子，撒里蛮是蒙哥汗之孙，玉木忽儿和明理帖木儿是阿里不哥之子，他们发动叛乱的目的，是要拥立昔里吉为汗。

昔里吉将那木罕兄弟与安童送往海都处，同时向海都提出互为应援的请求。海都"慷慨地"收留了那木罕兄弟与安童，却无意拥立昔里吉为汗，更无意与之合作。海都担心这些人势力的快速扩张会威胁到他在中亚的统治，至于这些人制造的乱局，他倒挺愿意加以利用。昔里吉等人的叛乱，令他的领土向东又扩展了一大块儿。

河间王兀古带等人不愿协助昔里吉背叛朝廷，他们联军自保，与昔里吉对抗。无奈，昔里吉率脱黑帖木儿、玉木忽儿、明理帖木儿、撒里蛮等西道诸王攻入和林，他得到了弘吉剌部只儿斡带的应援，总算占据了祖宗之地。

为平定昔里吉等诸王叛乱，忽必烈派名将伯颜督师北征，自己亦至上都边境，为其声援。此前，伯颜派先锋军已将弘吉剌叛军扫平，只儿斡带被斩于军中。至元十五年（1278）四月，伯颜率军与昔里吉军猝遇于斡鲁欢河，两军夹河而营。

若是别人犹可，蒙古诸王诸将，皆畏惧伯颜用兵如神。昔里吉得知对岸乃伯颜领兵，难免心虚，唯有严阵以待。而这时，先前遭到昔里吉、脱黑帖木儿胁迫的河间王兀古带等带领本军来到伯颜军营，与伯颜合兵一处。

昔里吉于河岸筑垒，欲拖疲伯颜军再行出击。伯颜如何能给昔里吉这个机会，他另设奇兵，截断了昔里吉的粮道，诸叛王闻讯，无不大惊失色。昔里吉明知其计已破，只得开垒与伯颜决战。

这一场短兵相接着实酷烈，伯颜亲率一支军队从正面拖住昔里吉，暗中却派都元帅洪茶丘、骁将土土哈失伺隙截流渡河，从两翼猛攻昔里吉叛军。昔里吉大败，逃往金山（今阿尔泰山）一带。伯颜遣军一路追击，昔里吉、脱黑帖木儿等只得率叛军逃向金山以北，在这里勉强扎营据守。

昔里吉负隅顽抗，却已不足为惧。忽必烈真正在意的敌人还是海都，对于昔里吉等人，他则采取逼和参半的战术。忽必烈的选择，为昔里吉等叛王留下了一线生机，不过也避免了元军的更大伤亡。

这里权且交代一下昔里吉之叛的结局。不用忽必烈过分逼迫，昔里吉的队伍很快发生内讧，叛乱的始作俑者脱黑帖木儿被人杀害，明理帖木儿见昔里吉不能成事，暗中带走自己的军队，投奔了海都。后来，撒里蛮悔过归朝，俘获昔里吉、玉木忽儿解至上都，昔里吉之乱始平。

此事发生在至元十九年（1282），当时忙哥帖木儿已经去世。

海都表现出他爱才的天性，他将安童留在身边予以重用，同时，将北平王那木罕兄弟送往金帐汗国羁押。

海都的这份"厚礼"送得未免太重，忙哥帖木儿即使腾出双手去接，都感觉力不从心。海都派来的使者说得很清楚，金帐汗国与窝阔台汗国是兄弟之国，理当利益共享，将那木罕和阔阔出留在金帐汗国，必要时能从忽必烈那里得到丰厚的赎金。忽必烈富有四海，赎金的事确有诱惑，但对忙哥帖木儿来说，那木罕兄弟倒更像两个烫手的山芋，他是丢不得吃不得。他为此愁苦了几天，多亏三弟脱脱蒙哥向他献上一计：在脱脱蒙哥的封地上，选择一处水草丰美的所在，作为那木罕兄弟的采邑，将他们软禁在那里。至于未来如何与忽必烈交涉，只能走一步看一步，视情而定。

果然，忽必烈派出的使者团很快来到萨莱城，要求忙哥帖木儿放还那木罕和阔阔出。元使的态度极其强硬，不谈赎金，只谈放人。忙哥帖木儿顾虑他与海都的联盟，没有立刻答应，他推说考虑考虑再给忽必烈汗答复。元使离开汗国前，他托元使带了封家信给昔班，信中，他请五叔祖回国参加他的寿宴。

捌

至元十七年（1280），昔班以古稀之年，应侄孙忙哥帖木儿的盛情邀请，返回金帐汗国参加大汗寿宴。

忙哥帖木儿万万没想到五叔祖真的会不辞辛苦，从遥远的大都城赶回汗国为他贺寿。喜悦和感动之余，他命文武将臣列队，张大排场，亲自迎出萨莱城外。

年已七旬的昔班，须发半白，身体健硕。数月的长途跋涉，在他脸上也不见多少疲态。忙哥帖木儿抢先下马，以侄孙之礼拜见叔祖。昔班上前，扶起忙哥帖木儿，朗朗笑道："大汗这是家礼，五叔祖受了。大汗且请起身，容我以臣礼相见。"

忙哥帖木儿无论如何不肯。他注视着五叔祖气色红润的面孔，想起祖父拔都，想起多年前祖父与五叔祖相亲相爱的往事，更想起五叔祖对自己的关心和照顾，不由得鼻子一酸，流下了感慨的泪水。

昔班也是难掩激动的心情。良久，他拭去两行老泪，吩咐站在他身后的少女："承平，过来见过大汗。"

承平乖乖地上前，以蒙古贵族女子的礼节拜见忙哥帖木儿。忙哥帖木儿望着她，眼神里满是惊奇。

"这位是……难道是……"过了一会儿，他语气不太确定地问。

"她是奴奴的女儿，叫作承平。"昔班微笑着将承平介绍给忙哥帖木儿。

奴奴因刚刚产下幼子之故，在泉州休养，没能与父亲同行。陪昔班一起回国的，是他的外孙女承平。

这些年，为了调停汗国争端，昔班需要经常往来于元帝国与四大汗国之间。承平从还在襁褓时起就跟随外祖父与父母出使各个国家，独特的经历使她形成了开阔的眼界，也养成了不拘小节的性格。不仅如此，承平还继承了外祖父和父亲的天赋，精通音律，尤擅制作和弹奏蒙古筝。

忙哥帖木儿少年时代曾在蓝帐汗国生活过一段时间，那时，奴奴还是个十岁的小姑娘。忙哥帖木儿继承汗位前，奴奴已随父亲去了中国。这些年，奴奴和那木日经常陪伴父亲出使各个国家，也曾回过金帐汗国两趟。但那时，那木日的父母尚且健在，他们一家便留在了蓝帐汗国与家人团聚。

无论忙哥帖木儿是否见过长大后的奴奴，在金帐汗国的宫廷，恐怕没有人不知道丹驰与奴奴的传说。

"我还以为……"

"以为是奴奴？"

"是啊。连承平都长这么大了，难怪我们要变老了。"

"在我面前，你还敢说自己老了吗？"昔班出言责备，说罢，哈哈大笑。

忙哥帖木儿又细细地端详了承平好一阵儿，他心中暗想，这个女孩子，长得着实清秀可爱。

十六年的时光，承平已出落成一位亭亭玉立的少女。尽管论容貌，她或许不及母亲那般美艳动人，论体态，她或许不及母亲那般婀娜多姿，但这并不意味着，像明月一般的母亲就能遮挡住她的光芒。其实，承平沉稳的气质、良好的修养以及得体的谈吐，远比美貌更令人见之难忘。

承平迎住忙哥帖木儿的目光，毫无羞赧之态。

"承平。"

"大汗。"

"累吗？"

"在外祖父面前，我哪敢说累。"承平学着外祖父的语气说，一副调皮的模样。

忙哥帖木儿笑了起来，很愉快，"五叔祖，我已在宫中备下家宴，请随我回宫一叙。本来，科齐和哲齐也要跟我出城迎接五叔祖，是我让他们都在宫里等着。"科齐是白帐汗，哲齐是蓝帐汗，他们二位都是昔班的孙辈。科齐是斡尔多的亲孙，哲齐则是昔班的亲孙，承平的表哥。

承平乖巧地为外祖父牵来坐骑，昔班翻身跃上马背，看着他上马时矫健的姿态，忙哥帖木儿既羡慕又佩服。

寿宴在三天后举行。

忙哥帖木儿对叔祖昔班不辞鞍马劳顿，如期返回汗国为他庆寿充满了感激之情。他在比自己稍低一些的位置上单独列出一个座位，请昔班入席。此时，术赤诸子中除昔班外皆已凋亡，昔班不仅年龄最长，辈分最高，而且，他的身份也比较特殊，他不仅是蓝帐汗国的创立者，还是忽必烈皇帝的特使。

在这次寿宴上昔班没有见到那木罕兄弟和那海。那木罕兄弟在他们的采邑上过着衣食无忧却音讯封闭的生活，忙哥帖木儿暂时还没想好是否释放这兄弟俩，也不想与叔祖谈论这个问题，出于为难的心情，他命脱脱蒙哥向那木罕和阔阔出封锁了昔班要来的消息。至于那海，他根本无意以臣子的身份给堂兄忙哥帖木儿贺寿，因此，他借口腹泻严重，只派了一位近臣代表他送来贺礼。

忙哥帖木儿让儿子们都来拜见曾叔祖，然后，又吩咐哥几个去见过他的表妹，他们的表姑承平。

论辈分承平是表姑不假，看年龄却只是个小丫头而已。忙哥帖木儿最小的儿子也要比承平年长几岁，所以，这几个人只是笑着，向承平简单地问候了一声，谁也不肯真的就将承平视为长辈尊重。

斡察因帮哥哥脱脱处理一些事情，兄弟俩来得稍微晚些，忙哥帖木儿依旧命他们先去见过昔班和承平。

其实，从踏进汗帐的那一刻，脱脱与斡察就一眼看到了承平。这个突然出现在大厅中的少女，犹如一朵雪莲盛开在艳丽的花丛中，即使走过的人不去注意，它也会跃入你的眼帘。怀着不同的心思，兄弟俩在与承平见礼时，脱脱的眼中满是欣赏，斡察却显得有些局促和慌张。

承平从来不会介意这些事情。脱脱与斡察归座后，担任今天宴飨官的千户长钢特木尔宣布宴会开始。

这一次，为了给金帐汗祝寿，承平用自己在途中制作完成的蒙古十三筝弹奏了一曲宴歌《心愿》作为开场：

没有人可以永远年轻，
只有在年轻时离去的人，
放开了韶华渐逝的幸福。
我愿意和你一起老去，
在叶落时看你染上色彩的双眸。

当手不再灵活，
当脚不再有力，
当双眼变得昏花，
仍有浅香的草尖，
在黎明的风中，
亲吻着柔软的露珠。

步履蹒跚的小马驹，
努力追上群马的脚步。
一只蝴蝶落在小马的背上，
蓝羽鸟欢快的和鸣，
被风带到了草原深处。

年少的你不经意的笑容，
不知何时已住进我的梦中。
那天你穿上了嫁衣，
从此便是无数夏春无数冬秋，

即使夕阳碎成我的星光，
仍悄悄摇落在你的胸口。

舍不下的只剩诺言，
以后每个清晨，
是否记得将我从梦中唤醒，
以后某个夜晚，
是否也会笑谈我们拌嘴的时候。

将你的手放在我的手中，
将你的温存留在记忆的最后，
无论快乐与忧伤，
无论年轻与衰老，
当夜幕垂落的那一刻，
我会一起带走。

《心愿》最早是一首粟特部民歌。蒙古帝国疆域辽阔，治下民族众多，一次承平随外祖父出使察合台汗国，在敦煌以东的七河流域，她偶尔听到几位祖上从中亚地区迁来此地的粟特人用一种古老的语言唱起了这首歌，他们饱含沧桑和激情的嗓音感染了她，于是，她记下了曲调，并请他们将歌词解释给她听。

作为居住在中亚地区的古老民族，粟特人主要从事农业、手工业和商业活动，他们的生存轨迹也是沿着商业通道迁移，这使许多人渐渐融入当地民族中。到了察合台汗国时代，粟特民族留下最多的，还是文化上的记忆与符号。

从察合台汗国返回元大都后，承平对这首民歌进行了改编。她保留了原曲深情、舒缓以及优美的基调，却对其中悲凉的部分做了大幅度改动。不仅如此，她将原词中对生命易逝的惋叹，变成对忠贞爱情的讴歌，以及对顽强生命的礼赞。经承平改编的《心愿》，曲风积极乐观，旋律通脱流畅。

从小陪伴外祖父在各国游历，见过太多世事无常的承平是想通过这首歌曲告诉人们：生命终会消失，活着就是一种伟大。

玖

少女清越的歌声，伴着蒙古筝浑厚质朴的音色，久久回荡在宴会大厅。男人们在昔班的带领下，离席跪倒，女人们在座位上行礼，大家一起恭祝大汗福寿绵长。忙哥帖木儿照例发表了一番简短的演讲，然后请大家免礼归座，开怀畅饮。

昔班回到座位上，忙哥帖木儿立刻回敬了叔祖一杯酒。他不无动情地对叔祖说，这是他一生中所度过的最难忘的生日。

承平见大汗高兴，便又弹了几首乐工们常在元朝宫廷宴会上演奏的筝曲。本来，承平是奴奴公主的女儿，身上流着黄金家族高贵的血液，她能在寿宴上亲自抚琴唱歌，已经是给了金帐汗莫大的情面，也算顾念亲戚之谊。承平的身份如此，即便意犹未尽，忙哥帖木儿也绝不可能要求她多弹奏一曲。没想到，生性豁达的承平全然无视身份的束缚，她的好意捧场，着实令忙哥帖木儿心花怒放。

受承平影响，忙哥帖木儿一反常态，频频举杯劝酒，酒宴的气氛越发热烈。正与叔伯和兄弟们推杯换盏的脱脱十分留意弟弟斡察，他发现，除了敬父亲的那杯酒，斡察再没有碰过酒杯，而且，也几乎没有吃过任何东西。

在忙哥帖木儿的众多儿子中，斡察是最不受父亲期待，也是最不被兄弟重尊的一个。他完全不像成吉思汗的后人，身上缺少英武之气。他迄今为止从未建立过任何值得人们称颂的功业，而他唯一被人津津乐道的"光辉事迹"竟然是：忙哥帖木儿曾想派他协助堂叔那海南征伊儿汗国，他却由于担忧和害怕发起了高烧。高烧多日不退，最后，他父亲在气恼之下，只得不了了之。

在众多亲兄弟与堂兄弟中，只有脱脱与斡察感情亲近，或者说，只有脱脱懂得斡察。脱脱与斡察，如同勇敢无畏与胆怯懦弱的两极，奇怪的是，胆识过人、心机深沉的脱脱，偏偏能理解斡察对战争和杀戮的恐惧。

此时的斡察，似乎正陶醉在承平的琴声中。脱脱走过来，用胳膊肘碰了碰斡察，悄声问道："你怎么不喝？"

斡察笑了笑，没做回答。

"来吧，喝一杯。"

　　斡察陪脱脱饮尽杯中酒，又给哥哥和自己将酒杯重新斟满。脱脱在他的身边坐下来，眼睛看着承平，笑道："有趣的丫头。"

　　在脱脱心中，承平的确只是个小丫头而已。与一般小丫头不同的是，她极其有趣。

　　斡察"嗯"了一声。他的样子，总显得心不在焉。

　　"酒不喝，肉不吃，想什么呢？"脱脱关切地问。

　　斡察犹豫了一下："哥。"

　　"怎么？"

　　"我在想，假如这是我们的生活，活着一定是件美好的事情。"

　　"你在说些什么啊？"脱脱没听懂，微微责备。

　　"我是说，为什么我们不能过上现在这样的生活：每天都能听到美妙的琴声，每天都能看到快乐的笑脸？"

　　脱脱笑了，"大白天的，说什么梦话！"

　　"是梦吗？想必是了。难怪，我真希望时光可以停留在这一刻。"斡察喃喃着，眼神里充满了惆怅。

　　"别说傻话了。你带笛子了吗？"脱脱岔开了话题。

　　"笛子？"

　　"是啊，你平常不是总随身带着吗？"

　　"哦，带了。"

　　"太好了。今天是父汗的寿宴，你也吹上一曲为他助兴如何？"

　　"可是……"

　　"可是？"

　　"也许父汗不需要我的助兴，他不会喜欢的。"

　　"你呀，就是不开窍。你看父汗的脸。"

　　斡察不解，望向父亲。父亲的脸，红光满面，喜气洋洋。

　　"父汗的愉悦，是发自内心的。我想，今天这个场合，无论他的儿子做什么，都能讨到他的欢心。"

　　斡察仍然有些犹豫，"必须吹吗？"

　　"必须。"

　　"那我……吹哪首曲子合适呢？"

"就吹那首曲子吧。"

"那首？哪首？"

"《心愿》。"

承平演奏前，宴飨官钢特木尔介绍过曲名。

斡察以为自己听错了，"你说什么？"

"就是小丫头刚才演奏过的《心愿》，你一定全都记下来了吧？"

斡察没有否认。对于音乐，他的确有着过耳不忘的才能。

"果然厉害。"脱脱一边赞叹，一边向钢特木尔招了招手。

承平的演奏结束后，舞女们献上了舞蹈《圣母颂》。这是从成吉思汗立国以来形成的定制：宫廷宴会上的第一个舞蹈，永远是歌颂成吉思汗母亲的《圣母颂》。

脱脱对钢特木尔耳语了几句，钢特木尔会意，趁着舞女退去的间隙，大声宣布："下面，请斡察王子为大汗和昔班汗演奏。"

大帐中顿时安静下来。与会的王公贵族大多知道斡察很会吹笛子，不过，斡察从未在公开场合吹奏过，更别提是在父亲的寿宴上。

斡察来到大帐中央，将笛子放在唇边，从容地吹起了《心愿》。这首新曲，承平只弹奏过一遍，他竟将曲调记得分毫不差。不光是这样，《心愿》虽是一首筝琴曲，此番他用笛声演绎出来，反而别有一番轻快和悠远的韵味。

忙哥帖木儿坐在高高的御座上，看着他的儿子。他第一次发现，这个他平素最不中意的儿子，眉目竟是如此聪慧，形容竟是如此俊美。

脱脱的注意力全在承平身上。承平正专心地倾听斡察演奏，眼神中满是欣赏与钦佩。脱脱要的就是这个效果，他很想让承平知道，他们兄弟中也不乏卧虎藏龙之辈，至于为什么会怀有这样的心思，他倒没有多做考虑。

一曲终了，脱脱带头鼓起掌来。忙哥帖木儿很想听到昔班的评价，扭过头去，却发现昔班脸容肃穆，老泪纵横。

忙哥帖木儿不由得愣住了。

第六章　月上中天明

壹

"叔祖，您……"过了一会儿，忙哥帖木儿试探着唤道。

昔班看看斡察，又看看忙哥帖木儿。他伸手拭去泪水，微微慨叹："太像了，简直太像了！刚才那一瞬间，我还以为……"

"像？像谁？"

"像我父亲。他吹笛子的姿态，和我父亲一模一样。"

"您说曾祖父吗？"

"是啊。我父亲活着的时候，能演奏许多乐器，可他最喜欢的乐器还是笛子，因为笛子便于携带，哪怕是出征，他也会带在身边。那时候，祖父成吉思汗常说，能有幸听到父亲吹笛子的人，都是很有耳福的人。"

直到今天，昔班仍然无法忘记父亲在二哥拔都的搀扶下走出大帐，披着美丽的霞光最后一次吹起笛子的情景。那是一支曲调悲凉的思乡曲，再也回不到故乡的父亲，一生都在为自己的身世之疑郁郁寡欢的父亲，内心里却深藏着对故乡，准确地说，对祖父的无尽思念。

从攻打玉龙杰赤开始，父亲用五年的时光拒绝与祖父见面，与此同时，他的病情日益加重，健康每况愈下。后来，祖父率领大军回到了蒙古本土，而父亲直到这时才突然意识到，他将再也见不到他此生最在意和最牵挂的那个人。或许正因为如此，所有刻意的报复都变成了心灵的折磨与悔意。或许正因为如此，在生命行将消逝之时，父亲才会让二哥转告祖父："今生能做成吉思汗的儿子，我死而无憾。"或许正因为如此，父亲最后留在世间的话才是那句："父——汗——"

忙哥帖木儿自己，对于祖父拔都和父亲乌剌黑赤都留有深刻的记忆，毕竟那时他已经十五岁了。不过，在父亲突然亡故之后，反倒是叔祖昔班对他们兄弟特别是对他关照颇多。十六岁那年，他被叔祖接到蓝帐汗国生活过一年，也是在那一年，他经常听叔祖讲起往事，才了解到关于曾祖父术赤的生平以及曾祖父与高祖父之间的恩恩怨怨。人说帝王之家少恩义，有时也不尽然。至少，忙哥帖木儿在与叔祖共同生活的过程中，却能感受到一种发自内心的爱与关切。

再后来，别儿哥汗去世，忙哥帖木儿继承了汗位，汗统重又回到拔都家族。初登汗位的忙哥帖木儿雄心勃勃，这使他在同海都还是同忽必烈结盟的问题上与叔祖出现分歧。不过，忙哥帖木儿的真正目的是要夺回被伊儿汗国占据的术赤封地，而不是直接针对新兴的元帝国，以此为前提，他与叔祖在各自坚守义理的同时，尚能顾全大局，始终没有将他们的分歧激化成为宗主汗国与附庸汗国之间的冲突。

如今，经过昔班不懈的调停，人们已看到金帐汗国与元朝结束对立的前景。在这种情况下，昔班回到金帐汗国，亲自参加忙哥帖木儿的寿宴，并且奉上忽必烈皇帝的赏赐，这份诚意，足以令忙哥帖木儿铭记于心。

在热烈的掌声与喝彩声中，斡察收起长笛，得体地向父汗和曾叔祖深施一礼，然后退回到自己的座位上。

脱脱向他竖起大拇指，"斡察，好样的！"他赞道。

斡察腼腆地笑了笑。他坐下的时候，忍不住偷偷地瞟了承平一眼。正好承平也向他这个方向看过来，少女的脸上笑意盈盈，斡察很想将这笑容理解成赞赏和一种遇到知音的欣喜。

他真的很想这样理解，可事实上，他只是慌乱地避开了视线。

兄弟们都来给斡察敬酒。一码归一码，他们打心底瞧不起斡察的窝囊和胆小不假，但斡察的笛子吹得那可真叫棒。刚才，不是连昔班汗都赞扬斡察有当年大太子术赤的风采吗？

何况，你若细细察看斡察的形容举止，也未必就找不出当年大太子的影子。

接下来的舞蹈是《成吉思汗阵图》，这个舞蹈场面宏大，气势雄浑，它由那海俘获的一位伊儿汗国琴师根据元朝的宫廷舞蹈编排而成。十八位武士打扮的艺人，通过肢体与队列的变化，展现了成吉思汗的用兵如神。

从《成吉思汗阵图》到最后一个舞蹈结束，忙哥帖木儿和昔班都已是醉态毕现，被侍卫们送回各自的住处安歇。承平不放心外祖父，随后离去，她一走，斡察失去了饮宴的兴致，勉强又待了一会儿，也悄悄溜出了大帐。

留下的人狂欢至凌晨，后来，大家便纷纷地失去了记忆。天近晌午时，一向海量的脱脱第一个醒来，他好笑地发现在大厅的地毯上横七竖八地躺着一堆人，而他自己也是其中的一个。

脱脱走到大厅门口，与钢特木尔撞了个满怀。

钢特木尔是蒙古开国名将、"四狗"（指速不台、哲别、者勒篾、忽必来四员开国名将，所谓"四狗"，取其忠诚，绝无贬义）之一的忽必来的后人。这些日子，他在汗宫轮值，担任忙哥帖木儿汗的宿卫。在积功升任千户长前，钢特木尔是忙哥帖木儿汗的亲随。他与诸位王子都很熟稔，尤其与脱脱交情深厚。

"脱脱王子，您睡醒了？"钢特木尔揉了揉被撞疼的胸口，笑道。

"你怎么来了？"脱脱问。

"大汗要见你。"

"你说我父汗吗？"

"是啊。"

"他的酒，没事了？"

"大汗一早就起床了，还去看望了昔班汗，刚回来。"

"是吗？昔班汗没关系吧？他昨晚可没少喝。"

"嗨，他瞅着比咱大汗还要精神不少倍呢。大汗去他那里的时候，他正坐在大帐的外面，喝着公主亲手给他熬的奶茶，一副逍遥神仙的模样。"

脱脱"嗤"的一声笑了，"这老爷子，该不是要活到一百岁吧！"听他的语气，说不上是羡慕，还是赞赏。

"没准。先不说了，王子，我们走吧。"

两个人一问一答地，走出大厅。

脱脱使劲地揉了揉太阳穴："不成啊。我这还是有点头重脚轻的，得先找个地方洗把脸。"

钢特木尔往四下看了看："不如，我们去公主那里借个盆吧。"

"你说去哪儿？"

"哎，公主的帐子就在旁边，我们借个盆用用，外面有水，您简单地洗漱一下。我们要赶着去见大汗，别让大汗等得太久。"

"你说公主，哪个公主？"

"当然是承平公主了。她和昔班汗就住在附近。"

汗宫离承平的大帐不是很远，不用骑马，脱脱与钢特木尔边走边谈。

"你怎么知道那是公主的寝帐？"

"老爷子和公主的住处，都是大汗让我安排的。"

"难怪。不过，我们贸然前去，不好吧？"

"没事，公主不在，她应该还陪着老爷子呢。刚才我不是跟你说了，大汗去看望昔班汗的时候，昔班汗正在喝奶茶？那奶茶是公主起早给昔班汗熬的，说是里面放了什么木香叶，别有一番风味。大汗一连喝了好几碗，赞不绝口，还要公主明天过来也熬给他喝呢。"

"有这事？公主同意了吗？"脱脱心想他父亲可真行，承平又不是侍女，亏他父亲竟提出让她来给自己熬奶茶。

"她相当痛快地就同意啦。她还跟大汗说，若大汗的御厨想学，她可以教给御厨熬木香奶茶的诀窍。"

"她真是这样说的？"

"小的在场，亲耳听到的。"

脱脱想了想，脸上重又露出笑容："这丫头，果真与众不同。"

"这丫头？您说公主吗？"

"除了她还有谁！"

"按理说我不该多嘴，不过承平公主的行事为人，确实与我见过的其他公主都不太一样。"

"当然不一样了，话说别人也没有她的经历啊。"

"您说……是什么样的经历？"

"从在襁褓里就跟随外祖父出使各国的经历。"

"原来您指这个。"钢特木尔点点头，表示赞同。

贰

两个人因为聊得投机，不知不觉就走到了承平的帐子前。钢特木尔的妻妹昨日已被大汗派来服侍承平，钢特木尔很容易就向她借到一个木盆。脱脱洗漱完毕，钢特木尔又将木盆还了回去。

用凉水洗过脸，脱脱顿觉昏昏沉沉的脑袋清醒了不少。对于谈论承平，他显然意犹未尽，不过，现在他得赶紧去见父汗。

承平的住处离汗宫只有两三里地，而昔班汗住的地方靠近牧马场。以前，拔都汗活着时，他每次回到萨莱都住在这个地方。承平原想就近照顾他，他却对承平说："好不容易回趟家，你让我偶尔找找年轻时的感觉不好吗？每天守着你，不用你说我也知道自己老了。"承平便随他去了。

脱脱与钢特木尔走得很快，不多时已至汗宫门外。钢特木尔要脱脱稍等，他先进去通报。忙哥帖木儿正等着儿子，听说儿子来了，立刻宣他入见。

在忙哥帖木儿诸子中，脱脱能文能武，处事又通达谙练，忙哥帖木儿凡有重要的事情，总喜欢交给脱脱去办。

说罢要紧的事，父子俩又闲聊了一会儿，脱脱才告辞出来。钢特木尔仍旧候在宫门外面，不过，他已让人将脱脱的坐骑从大厅带回了汗宫。

脱脱牵过缰绳，夸了钢特木尔一句："你的机灵劲儿可是一点儿没变！"

钢特木尔却问："大汗找你有什么事？"

"哦，父汗为了欢迎昔班汗还有白帐汗、蓝帐汗以及众位王公，打算举行一场大规模的围猎。他要我先确定狩猎范围，做好安排。"

"和我想的一样，此事果然还得交给王子去办。今天早晨，大汗去看望昔班汗的时候，非常诚恳地挽留昔班汗在萨莱城多住一些时日。大汗说，当年他在蓝帐汗国生活时受到过昔班汗诸多照顾，如今昔班汗来到萨莱，他希望自己这个做孙辈的也能有机会略尽地主之谊。表明这个意思后，大汗才邀请昔班汗参加围猎。大汗还跟昔班汗逗趣，要看看昔班汗是不是宝刀已老。"

脱脱听到这里，神情变得严肃起来，他看着钢特木尔问道："那么，昔班汗是怎么答复大汗的？"

"昔班汗的原话是：大汗尽管做好大吃一惊的准备吧。"

"我不是问你昔班汗要不要参加围猎，我是想知道，昔班汗肯接受大汗的提议留在萨莱城吗？他和承平能在这里待多久？"

钢特木尔用讶异的眼神看了看脱脱。他心中暗想，脱脱关心的，难道只是承平公主要不要留在萨莱城？钢特木尔很了解脱脱的个性，这位王子，沉着稳重，胸有城府，不近女色，想不到，他也有放不下的女孩子。特别是，脱脱还将公主直称为"承平"……

脱脱无意猜测钢特木尔怎么想，他还在等着他的回答。

"一两个月想是有的吧。这次大汗寿宴，白帐汗科齐、蓝帐汗哲齐不都从封地赶过来给大汗贺寿了吗？他们两位还有其他人都要留下来参加围猎。昔班汗既然在萨莱见到了孙子，转回蓝帐汗国的心情大概也不会那么迫切了。"

"你确定他们能住一两个月？"

"我确定不了，是公主说的。"

"你这话什么意思？"

"意思就是说那老爷子真有意思，自己不拿主意，却问公主他们在萨莱多待一段时间行不行？公主说行啊，萨莱城这么繁华，我们住上一两个月大汗也供得起面包。大汗一听就乐了，说不光面包，酸奶他也供得起。"

脱脱沉吟了一下，才一两个月吗……

"王子。"

"嗯？"

"您打算什么时候出发？"

"明天吧。我得先回去做些准备。"

"也对。"

脱脱手里攥着缰绳，不知在想什么，有点愣神的样子。

"王子。"

"怎么了？"

"要不我跟大汗说，我也去，给您做个帮手？"

"可以啊。我正想着，带上你，还有斡察，有你们两个人协助我足够了。"

"我没听错吧，您说的是斡察王子吗？"

"没错，是斡察。"

"斡察王子最不喜欢打仗打猎的事儿了，您怎么想起带他去？"

"又不是让他去打猎，只是让他跟我去察看一下地形。再说，要是有个人能去，他一定求之不得吧。"

"还要谁要去？"

脱脱不做回答，翻身跃上马背。他的手里摆弄着马鞭，笑眯眯地问钢特木尔："你刚才说，承平明天要过来给大汗熬奶茶？"

"是啊，公主和大汗是这么约定的。"

"那我知道了。"

"王子，莫非你……"

脱脱一踹马镫，扬鞭而去："我明天一早过来向大汗辞行。"

钢特木尔目送着他远去的背影，脸上滑过了一抹狡黠的微笑。

向大汗辞行？原来如此！

叁

夏末的萨莱，清晨的风中已带上微微寒意。随便加一件黑缎子坎肩，盘腿坐在厚厚的地毯上，整个身体都沐浴在明媚的阳光中，一边和叔祖唠着家常，一边看美丽的姑娘忙忙碌碌。面前的长条桌上已摆上了奶食和炒米，只等着喝上几碗热气腾腾的奶茶，这样的早晨于忙哥帖木儿而言真是少有的惬意。

脱脱兄弟来得正是时候，承平的奶茶刚刚熬好。承平并不知道脱脱兄弟要来，好在地毯、长条桌、茶碗都是现成的，忙哥帖木儿招招手，让两个儿子过来坐下，陪他和昔班汗吃上一顿早餐。

承平亲自动手，为每个人盛上一碗奶茶，包括她本人在内。她坐在斡察身边，斡察正襟危坐，目不斜视，可是，他的脸颊已经开始发烫了。

在众多亲子与侄子当中，忙哥帖木儿一直不甚中意斡察，平素也不大待见这个儿子。但因为斡察受到昔班的赏识，他对儿子的印象已有所改观。此时离近了细看，发觉这孩子还真是长得眉清目秀，心境一变，对儿子倒是越看越顺眼了。

脱脱慢慢啜着奶茶，他想喝承平熬的木香奶茶不假，不过，他一早来见父亲不是为了这个。

忙哥帖木儿舀了一勺炒米放进奶茶中，随口问脱脱："你不是说今天一早要出发吗？怎么还没走？"

"我想跟父汗借个人，特来请父汗示下。"

"你说钢特木尔吗？"

"父汗怎么知道？"

"钢特木尔昨天跟我提起过。"

"是吗？那您是同意了？"

"这又不是大事，有什么不同意的！"

"谢父汗。这次，有钢特木尔和斡察协助儿臣，应该很快就能确定出猎日期。"

"你说斡察吗？"

"是啊。这不，斡察也跟儿臣过来了。"

忙哥帖木儿看了看斡察，"你真的要去？"

斡察点了点头。

"你居然肯去，这可奇了怪了。"

承平不明白这话的意思，问道："斡察肯去，这很奇怪吗？"

忙哥帖木儿一笑："是啊。换了别人不奇怪，若是斡察，就让我没想到了。"

"哦，为什么？"

忙哥帖木儿看了看儿子。斡察的眼睛只顾盯着茶碗看，一脸都是尴尬。"你问他自己吧。"忙哥帖木儿说。

承平觉得她能理解，没有必要问。她见脱脱的茶碗见底了，又去给他盛了一碗奶茶，这让脱脱找到了与承平说话的机会："公主这些年跟随昔班汗出使各国，一定没少见识围猎的场面吧？"

承平想了想："也不多。在上都和大都，我参加过两次忽必烈汗举行的围猎。在帖必力思，我参加过阿八哈汗举行的围猎。一共就这三次。"

"公主的箭射得怎么样？"

"我不行，比我母亲差远了。"

"是啊，别儿哥汗在世的时候，常说蓝帐汗国的奴奴公主是一位巾帼英雄，有大将风度。"忙哥帖木儿插进一句。

"忽必烈皇帝也这样称赞过我母亲呢。"

脱脱似乎有点惋惜："真遗憾，奴奴公主这次没来，要不她大显身手，我们也可以一睹巾帼英雄的风采。"

承平点点头。她从小很少与母亲分开，此时，她不禁有些想念母亲了。

"公主箭射得不好，一定没有打到过什么猎物吧？"

"说实话，没有。"

"斡察有伴儿了。"

"哦？"

"我是说我弟弟，他也没有打到过猎物。每次参加围猎，他都躲得远远的。"脱脱笑着说。

斡察不明白一向爱护他的哥哥为什么要当着承平的面揭他的短儿？他既觉得惭愧又觉得恼怒，一张脸涨得更红了。

承平倒是一副趣味盎然的样子，"真的吗？他可是成吉思汗的后人，大汗不生气吗？"

"我父汗经历过最生气的事，这个倒没什么了。"

"难道，还发生过更让大汗生气的事？"

"当然啦。我跟你说，有一次，我父汗想派斡察随那海堂叔出征东罗马帝国，谁知道当天晚上斡察就发起了高烧，直到那海堂叔出发，斡察的烧也没退。你知道我父汗当时有多生气吗？可就算他大发雷霆，也总不能让个病人出征吧。"

昔班和承平听到这里，都笑了。他们的笑声，并不是对斡察的嘲笑，而只是觉得这件事着实有趣。

肆

脱脱旧话重提，忙哥帖木儿一方面觉得丢人，另一方面觉得纳闷。脱脱在诸兄弟中说话做事一向最有分寸，怎么今天在承平面前，竟像变了个人似的？

昔班看了看脱脱，又看了看斡察，若有所思地说道："我的感觉果然没错，斡察不光吹笛子的神态像，连性格也是最像他高祖父的一个。"

忙哥帖木儿不以为然："大太子术赤，还有我的祖父拔都，他们都是草原人景仰的英雄。斡察岂能与大太子相提并论！"

"是那个时代，作为成吉思汗的儿子他别无选择。如若生在和平年代，我想，我父亲也一定希望自己能在围猎的时候远远地躲在后面吧。"

"是这样吗？"

"我了解的父亲的确如此。"

忙哥帖木儿听叔祖这么说，对儿子斡察的不满又减弱了几分。

脱脱与承平聊得越发投机。斡察坐在一旁，忍着一肚子闷气，一言不发。

"公主，你待在汗宫也没多少事可做，不如跟我们一起去察看地形如何？我带你看个风景绝佳的所在。"脱脱若无其事地发出邀请。

"这个主意不错。"

"那么，吃过早点，你去做个准备？我们等你。"

"好。"

"承平，你真的要跟他们一起去吗？"忙哥帖木儿问。

"当然，大汗。"

"这一来一去，可需要几天的时间呢。"

"没事，让她一起去吧。这丫头从小玩性就大，也不惧怕长途跋涉，这点路程对她不在话下。"

"是啊，是啊，我差点忘了，承平这些年走过的路，不见得比我这个金帐汗国的大汗还少。"忙哥帖木儿边打着哈哈，边瞪了脱脱一眼。知子莫如父，他这时已猜出脱脱一早来觐见他的目的了。

脱脱哪里是为了向他借人！从一开始，脱脱就是想带承平一起出去勘查地形，顺便让承平饱览一番萨莱城外美丽的风景。年轻人的心思着实不好琢磨，脱脱是忙哥帖木儿最钟爱的儿子，在做父亲的印象中，儿子可不是一个愿意在女人身上用心的人。唯独这一次，脱脱的表现非比寻常。

脱脱如此，斡察呢？

还有，脱脱要带承平出行，为什么要让斡察相陪？

不明白，不明白。

承平果然是惯于出门的，吃过早点回到住处，不多时就将包裹收拾停当。

脱脱和斡察站在外面等她，斡察的脸色还算平和，平和中却透着冷肃。他此时心里在想什么，脱脱一清二楚。

"你还在生我的气吗？"脱脱问弟弟。

斡察没说话。

"你计较我跟承平说了你的事儿？"

斡察避开了脱脱探询的目光。

脱脱的神情变得严肃起来，"难道，你不想让承平了解一个真实的你吗？你不觉得，无论结果如何，诚实总比欺骗来得要好？"

斡察心头一震，重又抬头盯着脱脱的脸。

莫非……哥哥这样做的目的，完全是出于一番好意？扪心自问，对于刚才发生的一切，他的确感到生气。此刻回头细想，他真正在意的，并非哥哥跟承平说了他那些不光彩的往事，而是哥哥竟与承平相谈甚欢。他心里那么不是滋味，也不单纯地是出于羞恼，更多的还是出于担忧和不快。

无论心情如何，至少有一点哥哥说得没错，他没有必要在承平面前扮演让人景仰的英雄角色，哪怕被承平小瞧，他也应该活得坦坦荡荡。

脱脱点到为止，再不多说。

年轻人聚在一起，很容易就能找到彼此都感兴趣的话题。脱脱对中国的富饶与强盛充满了向往，对忽必烈皇帝充满了好奇，承平绘声绘色的讲述在他的面前打开了一个神奇的世界。他很羡慕承平小小年纪就到过许多国家，这个少女，亲眼看到了元帝国、伊儿汗国、察合台汗国、窝阔台汗国、金帐汗国的强盛与富足，也目睹了自相残杀为这些国家带来的创痛悲伤。

脱脱知道他自己恐怕一生都不会拥有这样的机会，这是其中一个原因，或者还有其它什么他不能完全辩明的情愫，他格外看重承平的出现。一个念头一经产生便挥之不去：未来，不论用何种方式，他希望还有机会见到这个女孩。

承平与斡察的关系也变得熟稔起来。如脱脱预料的那样，承平不会因为斡察惧怕鲜血与杀戮就对他心存蔑视，她见过形形色色的人，斡察只是其中的一类。再说，斡察虽然话少，只要谈起乐器和音乐，他们两个人仍有说不完的话题。另外一点也很重要，斡察心思缜密，对她算得上体贴入微，关怀备至。

　　自从回到金帐汗国，尽管只有短短三天，承平却很满足自己与大汗忙哥帖木儿以及脱脱兄弟相处的状态。承平的父母都是生活在金帐汗国的蒙古人，母亲在蓝帐汗国出生，父亲的身上有一半白帐汗国寒地民族的血统。蓝帐汗国与白帐汗国都是金帐汗国的组成部分，也就是说，她的血脉与这片土地紧密相连。

　　出生后，她随父母和外祖父一共回过两趟蓝帐汗国，那时她的祖父母都还健在。外祖父因为要出面调停四大汗国之间以及四大汗国与元帝国之间错综复杂的争端，担心此行会有危险，就让她留在了祖父母家里，她也因此有机会跟父亲和母亲最想念的家人生活了一段时间。后来，她随外祖父回到大都，又过了几年，祖父母相继去世，从那以后，她和父母就再也没有回过蓝帐汗国。

　　这次忙哥帖木儿汗大寿在即，他专门派出信使以家信的方式向外祖父发出邀请。一直与海都汗结盟，协助海都汗攻打过察合台汗国的八剌合汗，又与八剌合汗、海都汗在塔剌思三方会盟，明确元帝国和伊儿汗国是他们共同敌人的忙哥帖木儿汗，在元帝国日益强盛，在与伊儿汗国的领土争端尚且没有任何结果的情况下这样做，完全可以看成是一种主动求和的信号。忽必烈汗对这件事相当重视，经过商议，多年来为帝国和平四处奔走的外祖父毅然决定返回汗国参加寿宴。在决定由谁陪伴时，外祖父第一个想到的人就是外孙女承平。

　　承平很愿意陪伴外祖父做这趟远行。外祖父年过七旬，身边必须有个人照顾，另外，那个地方，也是她的家乡，她很想回去看看。当她的双脚站在这片既陌生又熟悉的土地上时，她还没来得及欣赏汗国的美景就遇上了脱脱兄弟，她能感受到他们的喜爱，这让她有一种与这片土地融为一体的亲切感。

　　对脱脱来说，勘察地形，做好围猎前的准备工作都不存在困难，他从小就常被父亲交代做各种琐事，他的能力有目共睹。这次，他还带了钢特木尔和斡察，这两个人，一个干练，一个细致，有他们从旁协助，他更加得心应手。他只用了两天时间，便将一切安排妥当。至于承平，脱脱带她出来就是为了游玩，在计算好的时间内，四个年轻人在附近尽情游览了一番，第五天才回到萨莱。

伍

兄弟二人和钢特木尔一道，将承平送回她的住处。他们已经得到通知，晚上，大汗要款待从封地赶回的诸王和叔祖昔班，他要求诸子作陪。这是一个小型的家宴，没有女眷参加，女眷由汗妃单独招待。

承平急于梳妆打扮，向三个男人挥挥手，跑回了自己的帐子。这几天本应该很累了，她的脚步仍是那么轻盈。当帐门遮断了承平的身影，脱脱吩咐钢特木尔："向父汗汇报的事，交给你了，我和斡察先回去准备一下。"说完，又对斡察说道："我们走吧。"

斡察点了点头，无言地圈回了坐骑。

气氛陡然间就变得沉闷无聊起来，钢特木尔讶异地看了脱脱兄弟一眼。他发现脱脱还好些，斡察却像用光了力气，无精打采。

通过这些日子的朝夕相处，钢特木尔对于这兄弟俩的心思多有觉察。站在旁观者和挚友的角度，他为脱脱感到惋惜。他看得出来，脱脱一直有意将机会让给弟弟斡察，而且，为了成全弟弟，他也努力压抑着内心的矛盾和苦闷。

在大汗诸子中，脱脱是独具君主气质的一个。无论智慧胆识，还是骑射本领，他都远较其他兄弟为高。没想到，就是这样一位可以在战场上一往无前的勇士，面对自己喜欢的女人，竟会胆怯退缩。

相比之下，斡察反而少了许多顾虑。斡察几年前娶过一位妻子，后来，这个不幸的女子死于难产，她给斡察生的儿子也只活了一天。从此之后，斡察拒绝与任何女子成亲。孑然一身的斡察，谁敢说不是从很久以前，就在等待着承平的出现？

再往后想，具体到婚姻，承平只是奴奴公主的女儿，并非蓝帐汗国宗王之女。换句话说，承平的身上流着孛儿只斤家族的血液，却不姓孛儿只斤。在这种情况下，承平进入金帐汗国宫廷，在身份上并不存在阻碍。

不过，这一切的一切无非都是美好的愿望，钢特木尔很清楚，用不了多久，承平就会离开金帐汗国，到那时，无论脱脱与斡察，还得恢复昔日的生活，继续做他们想做和不想做的事情。

奇怪的是，想到那种结局，连钢特木尔的心中也不免产生了些许遗憾。

短暂的相处让钢特木尔意识到一件事，像承平这种开朗热情、见多识广的女子，一旦走进男人的内心，就很难让人真正忘怀。

几天后的围猎昔班大显身手。他像年轻人一样纵马驰骋，箭法依然精准，弓弦响处，猎物应声而倒。斡察和承平也都参加了围猎，承平是为就近照顾外祖父，斡察却依旧一只猎物未能打到。看样子，斡察有些晕血，面对血腥的场面，他脸色煞白，后来，干脆呕吐起来，一口饭吃不下去。

脱脱见弟弟如此受罪，向父亲提出请求，让斡察跟承平待在一起，不要再勉强他参与围猎。忙哥帖木儿气恼儿子给他丢人，不准脱脱所请，将斡察撵回了萨莱。

围猎结束后，昔班被忙哥帖木儿款留着又在汗国又待了半个月之久。在此期间，昔班与忙哥帖木儿具体商谈了关于释放北平王那木罕和宁王阔阔出一事。昔班循循善诱，向忙哥帖木儿介绍了元帝国在国力上的强盛和经济上的繁荣，介绍了忽必烈作为大国之君的慷慨与远见。他向侄孙描绘了金帐汗国与元帝国建立官方贸易关系的前景，那是规模宏大也远比民间贸易更易掌控的方式，而它带给汗国的现实利益和巨额利润远非汗国与玛麦鲁克王朝、伊儿汗国、窝阔台汗国的贸易交往可比。

忙哥帖木儿被叔祖的一番道理说服了。他答应叔祖，他会写信给海都，劝说海都释还右丞相安童。另外，他毕竟扣押了那木罕兄弟一段时间，虽说他对那木罕兄弟以礼相待，可那木罕和阔阔出的身份终究有所不同。为表达他的歉意，容他稍作准备，多酿美酒，多备骏马，待明年秋高气爽，他将派弟弟脱脱蒙哥护送那木罕兄弟归朝。

忙哥帖木儿毕竟是一国之君，他的话已说到这份儿上，昔班也不能太过勉强。他征得忙哥帖木儿的同意，与那木罕和阔阔出见了一面。

如忙哥帖木儿所说，那木罕兄弟除失去自由，脱脱蒙哥对他们的其他照顾算得上无微不至。昔班请那木罕放宽心怀，明年就可由脱脱蒙哥亲自护送回国，那木罕没有多说什么，显得意志消沉。

作为忽必烈的嫡幼子，那木罕曾梦想通过建功立业，积累起与兄长真金争夺储君之位的资本。如今，他的一切雄心壮志化为泡影，只求尽快回到封地与家人团聚，只求父亲不要因失望对他厌弃就行。

昔班又去见了阔阔出。在忽必烈诸子中，阔阔出的才能平庸，只要有酒喝，有猎打，生活就还过得去，昔班也照例安慰了他一番。

陆

所有的事都处理妥当，昔班忠于王事，向忙哥帖木儿提出辞行。若说忙哥帖木儿对叔祖和承平是依依不舍，脱脱的心思难以琢磨，那么，斡察对于承平，就是生离死别般的难过。承平远非一般不经世事的少女可比，为了安慰斡察，她将自己亲手制作的蒙古十三筝留给了他。她甚至充满乐观地畅想：明年北平王那木罕回朝时，斡察能与脱脱蒙哥王爷一道充当使者，他们就可以在大都重逢了。

从小到大，斡察对父亲都是敬而远之。唯有这一次，他一反常态，主动向父亲提出护送曾叔祖昔班至窝阔台汗国边境。儿子的心思，忙哥帖木儿并非一无所知，加上脱脱从旁鼓动，忙哥帖木儿终于同意交给斡察一支两百人的汗宫卫队，让他将元朝使团送至窝阔台汗国边境即刻返回。

人生在世，难免会遇到极偶然极巧合的事情。没有偶然与巧合，可能就没有天定的缘分，没有天定的缘分，便不会产生金帐汗国的又一个传奇。

一行人开始的行程很顺利。

海都与忽必烈对立，使元帝国至金帐汗国的陆路通道被人为阻断。来时，昔班和承平是走海路，先到了伊儿汗国，在伊儿汗国小住一段时间后，才一路向北，走驿站来到金帐汗国。

回去的时候省却了这种麻烦。

金帐汗国和窝阔台汗国是多年的盟国，昔班由汗廷卫队护送，海都不会不给忙哥帖木儿面子。斡察给边将看了使团的通关文牒以及他的金牌，边将很热情地将他们请入军营，设宴款待。本来，按照忙哥帖木儿的要求，斡察只需将使团送到窝阔台汗国的边境便须返回本国，斡察却因这是他与承平相处的最后一个白天及晚上，擅自接受了边将的款留。

自海都在蒙古西部崛起，成为中亚霸主，他本人以夺回原本属于窝阔台家族的汗位为己任，而金帐汗国与伊儿汗国多年来又存在领土争端，元帝国和四大汗国之间的关系变得错综复杂。唯有一点，无论元帝国还是四大汗国，统治者都是一个祖先的后代，加上自古以来两国相争不斩来使，这是基本法则。在这种情况下，使团的安全一般都能得到保障。如今，见边将好客，大家也没多想，包括昔班在内，都开怀畅饮。其中，斡察是不知道该如何面对明日的分离，为了掩藏痛苦，只能一醉方休。

大约过了一个时辰，连浅尝辄止的承平也失去了意识。

边将见时机已到，下令将这些人全部羁押在兵营。

边将怎敢扣押金帐汗国的王子？这是要造反还是吃了熊心豹子胆？都不是。事情的起因说起来偏偏就是如此凑巧。

大约半个月前，也有一位金帐汗国的王子，带着一个二百来人的使团，拿着通关文牒以及证明他身份的金牌，来到边城请求小宿一宿。对方既是王子，边将自然有求必应，他殷勤地款待了王子和他的随行人员。王子还带来几坛汗廷美酒，结果，边将和他手下的大小将领全都喝得人事不省。第二天他们醒来时，才发现养在牧马场的五百匹战马，除了几匹老弱的驽马之外，其余全被昨天的不速之客劫出城外。不仅如此，这些人出城之后，便连同五百匹战马在金帐汗国境内消失了踪迹。

此前，两个汗国的边境从未发生过类似事件，更别提带头劫持战马的人还是一位金帐汗国的王子。莫非这是两国之间将要开战的信号？边将不敢耽搁，第一时间就将战马被劫之事原原本本禀报了汗廷。

海都经过分析，觉得事出蹊跷，急忙派近臣向忙哥帖木儿通报有关情况。他的想法是，既然这伙人冒充了金帐汗国的使团，又在金帐汗国的境内消失，作为盟好之国，金帐汗忙哥帖木儿有义务帮助他查找这伙盗贼的下落。

谁料这桩怪事尚未了结，居然又冒出了一个带着使团的"王子"，边将的愤怒可想而知。所幸一切顺利，边将一面将使团的人全部控制起来，一面派速递骑兵将此事上报汗廷。在等候大汗裁决的这段时间，边将除加派人手对这几百人严加看守之外，别的方面倒也没有特别难为他们。

其实，边将的心里也存有一些疑问：上一拨的王子与使团，是自己带来的坛酒，被麻翻的人是边将和他手下将士们，这一次的王子与使团，既未带酒过来，对接下来发生的一切又毫无防备。上一拨的使团全由些青壮年男子组成，这一次的使团里居然还有一位老者和三位年轻姑娘。

若非心中怀有种种疑问，边将恐怕也不会网开一面，留下这些人的性命。

斡察与昔班被关在一处，承平却不知被边将关在哪里。斡察用身上的一块玉珮买通守卫，向他打听承平的下落。趁着第二天换班，守卫告诉斡察，承平和她的两名侍女被关在离这里不远的另一处帐子中。

斡察显得焦虑不安，昔班安慰他道："年轻人，少安毋躁。边将只将我们关押起来，不作处理，一定是将此事禀报了汗廷。我们且等等海都汗的消息。"

斡察说道："我不是担心自己，我只是担心承平。"

"承平？"昔班语气缓慢地问。

如今生死未卜，斡察也不想再隐瞒他对承平的感情："若从辈分上论，承平是我父汗的表妹。可在我心里，她是我的朋友。"

昔班目光锐利地望着斡察，没有马上说话。

斡察在他的注视下，脸色开始发红。

"你告诉我，你只把承平当成朋友吗？"

斡察沉吟片刻，决定实话实说："当然不只是朋友。我喜欢她，我想让她成为我的妻子。"

昔班没有丝毫惊讶的表示。年轻人的心思，有时候并不容易隐藏。只是，这件事他做不了主，承平应该也没有留在金帐汗国的打算。承平是女儿奴奴和女婿那木日的长女，这个孩子不仅是他们全家的宝贝，也是忽必烈汗的掌上明珠。

斡察何尝不知道这一点，他并未想过要将承平留在金帐汗国。

他面对昔班跪了下去："汗。"

昔班急忙伸手相搀："你这孩子，有什么话不能起来说。"

斡察却不肯起来："请您帮我，让承平等我一年。"

"等你一年？"

"一年后，我和她会在中国的大都相见。"

"这个……你是说，你想在护送北平王回朝的时候充当汗使吗？"

"不是。"

"不是？"

"不是充当汗使，是作为普通人前往中国。"

"说真的，我不太明白你的意思。"

"我要放弃王子的身份。"

昔班吃了一惊。这孩子，在说什么胡话呢？

"我必须放弃王子的身份，才能自由地来往于两国之间，不是吗？"

"话虽如此，你打算怎么做呢？"

"我会把我的想法禀明父汗，然后交出封地、部民和军队。我什么都不要，只要父汗给我一个自由之身。可是，曾叔祖，当我不再是金帐汗国的王子时，您，奴奴公主和那木日驸马，你们愿意接受我吗？"

"孩子，你怎么不问，承平她会接受你吗？"

"我了解承平，她不会因为我身份的改变就不肯接受我，她若不肯接受我，那也是为了别的原因。"

"真要发生这种事，你该怎么办？你所做的一切，还有意义吗？"

"即便如此，我也没有太多遗憾，更不会抱怨什么。毕竟，我努力过，尝试过。跟她分开的这些日子，我才明白她对我意味着什么，我不想被胆怯束缚，眼看着她从我的生活中永远消失。对我而言，与其未来在悔恨和孤独中度过每一天，倒不如在一个离她很近的地方，静静地看着她的人生。"

这番痴情，无法不让昔班感动。他不由得想起女婿那木日，当年，他毅然摒弃门第观念，接受那个孩子作为他的驸马，理由是，他看到了那木日为了奴奴可以随时付出生命的那颗心。

事实上，那木日忠孝双全，爱奴奴至深，他用自己的行动证明了他是值得昔班钟爱和骄傲的女婿。

原来命运也可以传递。承平遇到的，是像她的母亲一样的命运，而这，绝不是什么坏事。

"只怕你父汗不会答应你吧。"

"三哥会帮助我的。"

"你说脱脱吗？"

"是。三哥说，他很希望未来，能看到承平与我在一起。"

"那么……好吧，有件事我可以保证，如你所说，有一天我能在大都见到你，即使你不再是金帐汗国的王子，也一样是我昔班家的贵宾。"

"谢谢您，曾叔祖。"

"行了，快起来吧。"昔班俯身将斡察扶起，"现在最重要的，是我们不要再作为囚徒被关押在这里。"他环视四周，笑道。

斡察望着昔班。这段日子被关在一处，他越来越佩服这位蓝帐汗的胆量与气魄。

柒

在汗廷接到边将的报告时，海都不免吃了一惊。窝阔台汗国与金帐汗国交好，他对斡察的名字并不陌生，至于蓝帐汗昔班，那更是鼎鼎大名。边将认为这些人像第一拨劫马的歹徒一样，都是冒充的，海都却不敢这么认为。为示慎重，他派都哇代他前去辨认昔班等人的身份。

都哇的父亲八剌合在元朝担任官员多年，都哇从小在中国长大，对蓝帐汗十分熟悉。蓝帐汗在窝阔台汗国的边城遭到关押，这可绝不是什么小事，都哇不敢耽搁，带了一队侍卫，兼程赶往边城。

边将亲自引着都哇来到后营，他突然隐隐觉得，他是不是办了件错事。从被关押在后营到都哇见到昔班为止，已经过去了七天时间，这位七十岁的老者，虽说显得灰头土脸，一双眼睛却依旧精光四射。

都哇亲自将昔班接出"监牢"，又让边将将其他人都放了。来到外面的草地上，他不是以察合台十任汗的身份，而是以后辈之礼见过昔班。

都哇与斡察是平辈，昔班对都哇而言，也是曾堂叔祖的辈分。昔班古稀之年，什么样的角色没见过，什么样的风浪没经过，怎么可能将这点委屈放在心上。他扶起都哇，问道："这是怎么回事？"

都哇一指边将："你来解释给昔班汗听。"

边将显然还在犯懵呢，"这位，真的是昔班汗吗？"

"废话！你居然将昔班汗关了起来，你可知罪？"

"我……"

"你给我听好了，昔班汗肯饶你的话，你还能活命，昔班汗要你死，你就立刻在他面前以死谢罪吧。"

边将当时就跪下了，连连磕头："昔班汗，请您大人大量，饶了我吧。这都是误会，是末将有眼……"

昔班摆摆手，打断了他的话，"别磕了，起来吧，我不杀你便是。现在你解释一下，为什么要把我们关起来？"

边将把先前发生的事情原原本本地给昔班讲了一遍。昔班听罢，笑了："哪个狂徒如此大胆，敢劫海都汗的军马？"

这话里有明显的讥嘲意味，都哇假装没听出来。

被释放的使团人员以及金帐汗国将士正陆续向这边聚来，在这群人中，斡察没有看到承平，他顿时有些慌了。

"都哇汗，公主呢？"他急切地问，也顾不上跟都哇客套。

"公主？"都哇并不知道具体情况，他反应极快，立刻问边将："公主被关在哪里？快去好好地把她给我请来。"

边将答应着，正要走，昔班笑道："你们不用去找她。被关了这么久，这丫头不打扮好了是不会出来见人的。她一会儿肯定过来！"

"您确定吗？"见不到承平，斡察终究还是觉得不踏实。

昔班尚未回答，一个士兵插进话来："是真的。那女……不，公主说，她要梳洗一下，换过装再来面见外祖父。本来大家都很着急，不想让她耽误时间，可公主说，她被关了这么久，原没打算追究我们的不敬之罪，但我们敢不让她梳洗换装，她出去后第一件事就是禀报大汗（承平这里指的都哇，她已得知，都哇汗来到边城），将我们这些人统统杀头……"

听到这里，昔班哈哈大笑起来，笑声里透出得意。这才是他外孙女的风格。

"难道是奴奴公主吗？"都哇问。都哇在大都时，有幸见到过昔班汗和奴奴公主几次。奴奴公主姿容艳丽，气质出众，给他留下了极其深刻的印象。

"若是奴奴，哪用这么费事——是承平。"

"承平？"都哇一时没反应过来。

"你忘了？她是奴奴的女儿啊。"

"哦，原来是表姑啊。怎么，她也在这里吗？"

"对。"

"说起来，我离开大都的时候，表姑才出生没多久。一转眼，十多年过去了。"都哇不无感慨地说道。

两个人正叙着旧，忽然看见承平步履轻盈地向这边走来。即使在几百双眼睛的注视下，她也视而不见，径直来到外祖父面前。

她上上下下很认真地将外祖父打量了一番，见外祖父气色尚好，笑容满面，不觉松口气，叹道："还好，没变瘦。"

见她这么调皮，又这么开朗，都哇原本严肃的脸上，也露出丝丝笑容。这于他而言，已是难得的愉快。

承平转眼看到了斡察。斡察正呆呆地注视着她，眼神里闪动的光芒，说不出是难过，还是惊喜，"斡察，你还好吧？"她温柔地问。

这温柔的声音让斡察心跳加快了一倍，他一边"嗯"了一声，一边慌乱地避开了视线。

"莫非这位就是……"都哇向昔班询问。

"承平，过来拜见都哇汗。"

承平早看到一张陌生的面孔，估计他就是察合台汗都哇。她刚要见礼，都哇伸手拦住了她："表姑虽说年龄小，可也算都哇的长辈。都是一家人，大家就不要讲这些虚礼了。我们这么站着说话也不是事儿，不如一起回正厅坐坐。我已吩咐下去，一会儿设宴为昔班汗和斡察兄弟，唔，还有承平公主，压惊，酒宴上，我再正式向几位赔罪。"

"赔罪不必了。这样吧，我们权且在边城小住一宿，明天，还劳都哇汗与我们一道启程，去见海都汗。我奉忽必烈汗圣旨，有事要同他商议。"

"这个好说，我正有此意。"

都哇与边将刚将昔班、斡察、承平三人让至正厅门前，忽有守城将领来报：忙哥帖木儿汗派一支军队已至城下，要求边将立刻释放昔班汗和斡察王子、承平公主，否则，由此引起的一切争端，皆由边将承担后果。

都哇与边将面面相觑。都哇问昔班："这是怎么回事？"

昔班也不清楚金帐汗是如何得到的消息，他说："且请统将前来，彼此见面，解除误会即可。"

忙哥帖木儿派来的将领正是钢特木尔。大家见面，钢特木尔见昔班汗等人毫发无伤，急忙派人将这个消息通报给金帐汗。

承平好奇地问钢特木尔："大汗是怎么得到我们被扣的消息？"

钢特木尔一笑，言简意赅地解释了其中的原因。

捌

原来，在斡察的侍卫中，有一位穆斯林滴酒不沾。在进城之前，他已征得斡察同意，进城后去看望一下他的姐姐全家。他在姐姐家住了一宿，第二天一早，他忽闻昔班汗、斡察王子、公主以及他的同伴都被边将当作盗马贼关押起来，这个消息令他十分震惊。黄昏时分，他在外甥的帮助下，混出了边城，之后，他便马不停蹄回到萨莱城报信。正当忙哥帖木儿摸不到头绪，派人去传儿子脱脱时，海都请求忙哥帖木儿协查盗马贼的国书也送抵忙哥帖木儿汗的案头。

忙哥帖木儿意识到这两者间必有联系，遂一面派脱脱查找盗马贼的下落，一面派钢特木尔前往边城，要求边将放人……

都哇听到脱脱这个名字，不禁在心里皱了皱眉头。当年，他父亲八剌合欲从海都手中夺回被其侵占的察合台汗国领土，双方交战，他父亲打败了海都。起初的情势对父亲相当有利，父亲连战克捷，眼看有望将海都撵出中亚地区，不料风云突变：忙哥帖木儿应海都之请，派其叔祖率大军增援海都。在这支金帐军中，有一位少年将军勇猛无敌且极有谋略，最终，他父亲八剌合就是因为中了这位少年将军的伏击，才致一败涂地。这位少年将军的名字，正是叫脱脱。

讲完一应情由，钢特木尔从怀中取出一封信呈给昔班。

"这是什么？"

"这是大汗给您的家信。"

"哦？家信？"昔班觉得这时忙哥帖木儿有家信来颇不寻常，急忙展信阅读。看罢，他有好一阵子没有说话，他的样子，像是有些意外，又像是有些烦恼。

"外祖父，大汗跟您说什么了？"承平问。

昔班没理会承平，却对钢特木尔说："不瞒将军，这事我做不了主。"

钢特木尔回道："是。末将临行前大汗有过交代，此事理应先征得您的同意。他已命人备办厚礼，下个月，他将派出使者，亲往大都觐见忽必烈汗。"

"这既是大汗的意愿，我当然无话可说。一切但凭忽必烈汗裁夺。"

"明白，末将会以原话回复大汗。"

金帐汗国虽与窝阔台汗国结盟，可金帐汗国毕竟是蒙古帝国的一部分，甚至窝阔台汗国，也是蒙古帝国的一部分，海都不承认的，只是忽必烈的汗权而已。在海都的心目中，忽必烈只是元帝国的君主，而非蒙古帝国的大汗。

这些年来，金帐汗国与伊儿汗国、元帝国一直都有使团和贸易往来，事实上，金帐汗国从始至终不像窝阔台汗国那样与元帝国对立，金帐汗国只与伊儿汗国存有领土之争。但现在，忙哥帖木儿汗要派使臣觐见忽必烈汗，这件事毕竟非同寻常，都哇不能不追问一下缘由："也许我不该多嘴，不过，我私心很想知道忙哥帖木儿汗是为什么事遣使觐见忽必烈汗？"

昔班将信递给了都哇。汗国之间的和平来之不易，本来是件家事，昔班不想因此造成两个汗国君主间的误会。

都哇接信，迅速地浏览了一遍。他的神情变得轻松起来，看着斡察笑道："这是好事啊。"边说，边将信还给昔班。

斡察不知道他笑什么，只觉得他的笑容意味深长。

昔班将信收起，塞入怀中。承平撇了撇嘴，外祖父居然无视她的好奇心。

钢特木尔告诉都哇，脱脱王子正全力追查盗马贼的下落，一有消息，会立刻通知海都汗和都哇汗。都哇谢过了金帐汗。

钢特木尔这才顾上同斡察说话："王子。"

"是不是我父汗有什么交代？"斡察问。他心里明白，对于他违抗汗命，私自接受边将宴请一事，父亲一定十分生气。父亲要怎么惩罚他，他其实都无所谓，他最大的心愿，是在不远的将来恢复自由身，像他与昔班约定的那样。

"是。"

"你说吧。"

"大汗命我接上您后速返萨莱城，他有件重要的事情要交给王子去办。"

斡察觉得不大可能。他父亲能有什么事还如此郑重地交给他去办？在父亲眼里，他可不是个值得托付的儿子。"我父汗没有生气吗？"他随口问了一句。

"这个末将不知道。"钢特木尔坦率地回答。

想到马上要与承平分离，斡察的心中终究有些不舍。可众目睽睽之下，他又不能将这份不舍表现出来。

他抚胸向昔班施礼："曾叔祖，我告辞了。剩下的行程就交给都哇汗了，我祝您一路平安。"

昔班微微一笑："好吧。这只是暂时的分离，不管用哪种方式，我想，我们很快还会见面的。"

斡察不知道信的内容，只当这是他与昔班在监牢时的约定。

他看了承平一眼。承平也正望着他。她的目光里有着与他一样的留恋，这目光让他觉得温暖。我很快去找你的，你要等着我啊，承平。他在心里说道。

钢特木尔给斡察牵来了坐骑，斡察向众人挥了挥手，然后，他跳上马背，策马离去，再未回头。

玖

钢特木尔找到脱脱时，脱脱正在给他的爱马刷洗身体。

斡察已在清晨出发，脱脱也于金帐汗国与伊儿汗国的边境劫住了那伙想越境交易马匹的盗贼。由于盗贼反抗激烈，大部分死于交战之中，脱脱成功地夺回了窝阔台汗国的军马，他派人将生擒的盗贼与战马一并送还边城。

海都闻讯，对金帐汗忙哥帖木儿的鼎力相助表示感谢。同时，昔班与海都的谈判也取得了进展。海都面对忽必烈"只谈放人，不谈赎金"的强硬态度，知道再扣着安童也捞不到太多"油水"，索性做个顺水人情，答应在金帐汗释还北平王和宁王时，他也会释还右丞相安童。

拔都萨莱城中，忙哥帖木儿已备下厚礼，命斡察亲率求亲使团，前往元大都面见忽必烈汗以及承平公主的父母。

斡察从金帐汗国出发时，昔班一行人也离开了窝阔台汗国。

这几桩事几乎都发生在一个月之内。如今，一切归于平静，忙哥帖木儿命脱脱镇守西部边境，脱脱两日内就要出发。

钢特木尔走到脱脱面前，拍了拍马头，不无感慨地说道："这一个月真是发生太多的事情了。所幸斡察王子很快就能如愿以偿，他肯定还不知道，这一切都是你暗中相助的结果。"

忙哥帖木儿不惜以大汗之尊，为儿子斡察向忽必烈汗、昔班汗以及奴奴公主和那木日驸马求亲，前因后果确如钢特木尔所说，是他接受了脱脱的劝谏。

对于钢特木尔的感慨，脱脱没有做出回应。

钢特木尔看了看脱脱，脱脱的脸上，见不到一丝一毫大功告成的喜悦。

"为什么呢？"钢特木尔这话，问得没头没尾。

脱脱却不会误解他的意思。

"明明那么喜欢，为什么要放弃？"钢特木尔想到脱脱的退让，仍旧觉得惋惜。在他的心目中，只有脱脱才是忙哥帖木儿汗最优秀的儿子。

"你说什么呢？"脱脱想将这个话题搪塞过去。

"王子，我们两个人，认识可不是一年两年了。"

这句意味深长的话，令脱脱不能反驳。

"能告诉我吗？说出来，你或许会觉得好受些。"

脱脱犹豫了一下，嘴角露出一丝苦笑："就是因为喜欢啊。"片刻，他回道，语气是少有的沉闷。

的确，正如钢特木尔所说，能与朋友聊聊心中所想，也强似他独自咀嚼失落与痛苦。

"我不明白你的意思。"

"斡察从来没像喜欢承平一样喜欢过任何女人。"

"这我知道。"

"承平将是斡察此生唯一的女人。"

"唯一的？"

"唯一的。我却不行，我与斡察不同。"

"你是指……"

"承平不可能成为我唯一的女人，我没有给她幸福的资格。"

"难道，这是你从一开始就选择放弃的理由？"

"对。"

"我该怎么说呢，你的想法……"

"很荒唐是吧？可我只能这么想。我希望承平幸福。事实上，一心想将承平留在金帐汗国的人，是我。"

钢特木尔一脸不解。

"斡察跟我谈过，他打算放弃一切，部民、军队、领地，他什么都不要，只想要一个自由之身。一旦获得自由，他就前往大都去找承平。"

"哦？斡察王子真有这种打算？"

"对。"

"那么……"

"斡察的性格你又不是不了解，他可不是其他人心目中的懦夫。他能做到我做不到的事。"

"所以你……"

"斡察是这样的人，既然这个决定是他深思熟虑的结果，不论遇到多少困难,他都不会退缩和放弃。一旦斡察真的去了大都,真的在大都与承平成亲,我这一生,还有几次机会能再见到他们?"

"可这样一来,也太难为你了。"

"不会的。我告诫过自己,无论心里有多么悲伤,多么失落,我都要把它留在现在。当斡察和承平回到萨莱的那一天,我会让所有的悲伤和失落成为过去。未来的日子,出现在斡察和承平面前的,唯有一个对他们心怀真诚,心怀祝福的脱脱。"

感动之余,钢特木尔反而不知道该说些什么好了,只是下意识地轻抚着马鬃。

"钢特木尔。"

"嗯?"

"一会儿陪我去喝酒怎么样?"

"好啊。你想喝醉,我就陪你不醉不归。"钢特木尔爽快地答应了。

是啊,喝酒算什么?喝醉算什么?为了大汗的儿子,为脱脱这样的朋友,即使让他赴汤蹈火,他也在所不惜。

第七章　传奇续写传奇

壹

隆重盛大的婚礼在斡察和承平回到萨莱城后举行。

一向以天下共主自居的忽必烈，对金帐汗的求婚不能置之不理。他与昔班以及承平的父母经过反复商议，终于决定赐嫁承平。

数日后，他于金殿之上颁下圣旨，将承平封为"安国公主"，这样一来，承平就是以元朝公主的身份下嫁金帐王子斡察。同时，忽必烈命有司备办仪仗及厚礼，选定使团，随奴奴公主和宁边侯（那木日归朝后，一直在朝中供职，被忽必烈封为宁边侯）亲往金帐汗国送亲。

这是奴奴公主和那木日最后一次踏上金帐汗国的土地。中间，他们与新婚夫妇回了一趟蓝帐汗国探望亲人。他们与女儿、女婿一起待了三个月，春末夏初，他们接到圣谕，因伊儿汗国二任汗阿八哈身体染恙之故，忽必烈命二人作为他的特使转赴伊儿汗国，以示慰问之诚。

那木日、奴奴不敢违旨，只得忍痛告别爱女。承平对父母说，她一定会回去看望他们，看望忽必烈汗和外祖父。

那木日夫妇离开汗国不久，承平被诊出怀有身孕，这让承平悲伤的心情稍稍得到了缓解。她立刻修书一封，将这个消息告之忽必烈汗、外祖父和父母，她说，她会让自己的孩子，成为元帝国与金帐汗国之间的和平使者。

按照忙哥帖木儿与昔班的约定，他本应在是年秋天释还北平王那木罕，可就在这一年的秋初，他突然生了一场大病，此后便缠绵病榻。如此一来，他只得暂时放弃了以三弟脱脱蒙哥为使，在秋天护送北平王归朝的打算。他要脱脱蒙哥代他致函忽必烈，说明情由，忽必烈考虑到两国关系，倒也没有过分相逼。

元至元十九年（1282），忙哥帖木儿在萨莱皇宫病故。临终前，他看到斡察与承平的儿子来到人世，他为这个孩子起名月即别（月即别的另一个译法是乌兹别克）。

其时其地，忙哥帖木儿尚且不知道，三十年后，这个名字将成为金帐汗国最伟大的名字。但有一点，无论忙哥帖木儿是否能够预测未来，正如他私下对脱脱所说："你弟弟斡察从小到大就没有让我对他满意过，唯有这个浑小子能娶承平为妻，才总算是做了件露脸的事情。"

忙哥帖木儿去世前留下遗嘱，将汗位传给了三弟脱脱蒙哥。这个传位有点奇怪，忙哥帖木儿本人是第三任大汗乌剌黑赤的次子，他上有长兄塔儿不，下有诸子诸侄，不知道他是从哪个角度考虑，竟将汗位传给自己的弟弟？这个奇怪的传位，日后成为汗国政局动荡的根源。

六任汗脱脱蒙哥（1282年至1287年在位）在位的五年间，除了将北平王那木罕兄弟礼送归朝，进一步改善了与元朝的关系外，别的方面并没有太多作为。尤其是，他外受堂兄那海牵制，内与长兄塔儿不的关系十分紧张，与诸侄之间也无法和睦相处。

随着兄弟叔侄间的矛盾日益激化，五年后的一天，塔儿不之子兀剌不花与自己的弟弟宽彻以及另外两位堂弟——忙哥帖木儿之子斡勒灰、脱黑邻察联手，发动了一场宫廷政变。他们带领军队占领了汗宫，宣布废黜脱脱蒙哥的汗位，接着，兀剌不花在兄弟们的拥戴下登上汗位。

自此，兀剌不花成为金帐汗国的第七任大汗（1287年至1290年在位），但实际权力由发动政变的四位宗王共同执掌。

兀剌不花即位的过程倒是不曾发生流血事件，但不知为什么，坐在高高的汗座上，兀剌不花无论如何放心不下自己的堂弟脱脱。脱脱没有参与他的政变，也没有反对他的即位，可是，脱脱明明已经置身事外，兀剌不花仍将脱脱视作最大的威胁。为了除去这个心腹之患，他决定将脱脱除之而后快。

他以商议南征为借口，派弟弟宽彻去请脱脱赴宴。宽彻来到脱脱的营地，发现脱脱已不知所踪。兀剌不花估计是有人泄露自己的意图，急忙派出几路人马，四处查找脱脱的踪迹。他的命令是：见到脱脱，杀无赦！

脱脱究竟躲到哪里？会被谁藏匿起来？宽彻想到了一个人，转念一想，又觉得不大可能。

可能不可能都需要得到确证。数日后，宽彻带着一群如狼似虎的汗宫侍卫，出现在索兰草原斡察的封地。

这是一个下午，风和日丽。斡察与承平坐在大帐外面的草地上，一个吹笛，一个抚琴，正在合作一支新曲。与《心愿》相比，新曲的节奏更加明快。

自承平嫁到索兰草原，这样的场面斡察的兄弟们和堂兄弟们早已司空见惯。表面上，大家——除脱脱外——对性格懦弱的斡察仍旧会嗤之以鼻，事实却是，每当人们看到这郎才女貌的二人琴瑟和谐的婚姻生活，心中未必不存丝毫羡慕之情。此刻，正是这个熟悉的情景，令宽彻的疑虑差不多打消了一半。

斡察听到脚步声，抬头看到宽彻，大为惊讶。

"斡察兄弟。"宽彻上前，打了个招呼。

"宽彻兄弟，你怎么会来？"斡察说着，和承平从草地上站起，迎了上去。

"斡察兄弟，你最近有没有见到脱脱？"宽彻若无其事地问着，一边问，一边注意观察着斡察的脸色。

"我三哥吗？前些时候，他倒是托人捎来口信，说等他处理完手上的事情，就过来与我们小聚几日。"

"是吗？那他来了没有？"

"约的是下个月。怎么了？发生什么事了吗？"

"脱脱密谋，欲反对大汗，你不知道吗？"

斡察与承平面面相觑，"这不可能！"斡察脱口而出。

"怎么不可能？"

"我三哥不是这样的人！这中间一定有什么误会。"

斡察一心为脱脱辩护，表明他对脱脱面临的危机一无所知。倘若斡察小心遮掩，宽彻反而能从中看出一些破绽。

"斡察兄弟，你是聪明人，且听我一句忠告。我知道你与脱脱兄弟情深，但现在情况有所不同……这么说吧，至少在洗脱嫌疑前，脱脱是大汗的敌人。我劝你最好不要蹚这趟浑水。万一脱脱来找你，你只需稳住他，再尽快通知汗廷。兄弟之情固然重要，可公主和你儿子对你而言不是更重要吗？"宽彻这番话表面听上去很诚恳，里面威胁的意思决不会让人误解。

斡察脸色苍白阴沉，一句话没说。

承平平素惯于不动声色，唯有此刻，从她微皱的眉头能够看得出来，她的内心充满了疑惑，也充满了忧虑。这夫妻二人的反应，让宽彻确信，他们此前还没来得及从脱脱那里得到消息。

这样一来，又产生了一个问题：脱脱究竟躲到了哪里？

这若换作平常，宽彻少不了留下来与斡察喝上几杯，一般情况下兄弟们想听琴，承平也不吝为他们演奏。可此时宽彻与斡察显然都没心情，宽彻是急于找到脱脱，斡察夫妇是心神不定。

宽彻又威胁了斡察几句，便带着他的人离开了。出营后，宽彻还是感到放心不下。他没有马上离开，而是将他的人散开来，继续监视斡察的动静。果然，第二天晚上，他们劫住了斡察的一位家仆，从家仆的身上搜出一封信。

这是斡察写给三哥三嫂的家信，信中，斡察将宽彻带人前来搜查的情况一五一十地向哥嫂讲述了一遍。看样子，斡察对脱脱目前的处境深感担忧，他一再询问脱脱究竟做了什么事会让大汗产生误会？信的最后，斡察再三叮嘱三嫂，万一三哥没看到他的信，请三嫂务必设法通知三哥，要三哥来索兰草原找他，或者约个地方他会去见三哥也行。只有兄弟二人见了面，问明情况，他才可以面见大汗，为三哥澄清冤情。他说这事至关重要，他也会随时等待三哥的消息。

斡察一如既往地坚信脱脱不曾做过任何对不起当今大汗的事情，对于这点宽彻心里同样有数。斡察的这封信彻底打消了宽彻的疑虑，他放走斡察的家仆，并送信给大汗，请大汗加派人手，严密监视脱脱的驻营地。次日凌晨，宽彻撤离了索兰草原，向东而去，他要去会会脱脱的岳父。

有个人远远地站在树后，不动声色地看着宽彻离开。当他确定宽彻短时间内不会再回到索兰草原时，他牵过两匹黑马，跃上其中一匹。他选择的方向与宽彻相反，黑骏马撒开四蹄，几乎转眼间，一人一马便消失在重重的山丘背后。

贰

当夜幕再次降临，承平出现在自家的冬营地。前些时候，王府饲养的牲畜刚刚转移到夏营地，冬营地暂且空了下来。

承平站在山丘上，机警地观察着四周的动静，目力所及，确定无人，她才向山丘后走去，这里搭建着一座平素用来堆放杂物的帐子。

她轻轻推开门，走了进去。

帐子中亮着昏暗的灯光。在一堆杂物之间，脱脱手里握着短刀，正警惕地盯着帐门。看到进来的人是承平，他仿佛松了口气，将短刀插回到马靴一侧。

"你饿了吧？"承平说着，放下食盒，麻利地从里面取出一盘羊肉和一个圆形面包，又从食盒底部拿出一个水袋。

脱脱看着承平，没有马上说话。

"斡察一早就出发了。我想，你也不用太过担心，接到你的求援信，那海不会袖手旁观的。这也是他的机会，不是吗？"

尽管处境如此危险，承平的声音却是一如既往的冷静，一如既往的镇定。脱脱不能不庆幸，那一年的不期而遇，承平最终留在了弟弟身边，留在了索兰草原。庆幸的同时，油然而生的则是一种不能摆脱的忧虑：毕竟，斡察与承平对他的保护，很可能为他们夫妻及家人招致莫大的祸患。

承平用蒙古刀娴熟地切割着羊肉和面包，"快点吃吧。一天没吃东西了，你一定又饿又渴了吧？"承平关切地问道。

脱脱向她报以微笑，笑容里却深藏着歉疚与不安。

脱脱确实又饿又渴。他一口气先喝掉了半袋水，这才开始吃东西。常年驻守边关形成的习惯，脱脱吃饭的速度极快，只见他风卷残云般将一盘羊肉以及面包全都打扫了个干净，剩下的半袋水也被他喝得一滴不剩。

承平将盘子、水袋全都收回食盒。她环视着狭窄凌乱的帐子，不免有些心疼脱脱的处境："这里的条件实在不好，只能委屈你再住几天了。"

脱脱的眼睛默默地盯着地面。过了一会儿，他唤了一声："承平啊……"

这一声呼唤显得心事重重，完全不同于他往日的果断干脆。

"你怎么了？身体不舒服吗？"

脱脱摇了摇头。

"那么……"

"承平。"

"嗯？"

"你怕吗？"

"怕？"承平讶然。

"在我走投无路的时候，我唯一能够想到的人就是斡察和你。可我这样做是不是太自私了？我把你们牵连进来，会不会害了你们？"

承平平静地说道："其实，我很高兴。"

"高兴？"

"你能想到我们，证明我们值得你信任。斡察也一样，他平常不喜欢卷入是非，可为了他尊重和喜爱的兄长，他绝不会置身事外。"

"我怕万一——"

"没有万一！"

承平斩钉截铁的语气让脱脱吃了一惊。

承平正视着脱脱的眼睛："脱脱，你不要说这种泄气的话。小的时候，外祖父给我讲过一个故事，在这个故事里，高祖父还叫铁木真，刚刚十七岁。有一天，铁木真家里丢失了八匹白马，他在寻回马匹的过程中遇到了他一生的挚友博尔术。当时，得知铁木真是也速该巴特的儿子，博尔术十分兴奋，他说他从小到大最敬佩的英雄就是也速该巴特。铁木真听了他的话，不免有些惭愧，他觉得自己尚且不名一文。这时，博尔术用这样的话劝慰他：你何须自轻？虎落平阳，仍有归山之日；英雄落难，终有扬眉之时。脱脱，我现在想把这句话送给你。任何时候，你都不能先想到放弃！我和斡察了解的脱脱，他可是草原上的雄鹰。"

"在你心中，我是这样的吗？"

"对。"

脱脱的胸中刹那间翻滚起了一股热浪。突如其来的人祸，起初的确让他乱了方寸，在不能相信任何其他人的情况下，他几乎是想也没想便踏上了逃亡之路，匆匆来到索兰草原。在不能相信任何其他人的情况下，这仿佛是一种信念：即使全世界的人都会遗弃他，斡察和承平也会选择站在他的身边。

事实上，他从来没有看错他的弟弟和弟媳。

斡察给人的表象是胆怯的，可他内心对爱情对友情对亲情所怀有的忠诚却来得比任何人都要执着，都要坚定，只为一句值得，他有足够的勇气面对任何危难，即使需要付出生命，他也不会胆怯退缩。若非了解斡察的品行为人，个性刚强的脱脱也不会在所有的兄弟中独独欣赏斡察，独独将斡察视为知己。

承平是脱脱此生真正也是唯一钟情过的女子，只为钟情，他从一开始便选择了放弃。他很清楚，已为人夫为人父的自己不可能带给承平专一的爱与保护。斡察的情况却与他不同，从父亲的生日宴会上第一次见到承平，这个女子就牢牢地占据了斡察的内心。此后的相处，为了成全斡察与承平，他做了不少努力。在承平即将返回大都前，也是他再三恳求父汗出面为斡察求婚。他固然希望弟弟幸福，希望承平幸福，可他最大的私心是，他想在未来的日子里还能见到承平。

所以，不管用什么方式，他必须将她留在汗国。

这份私心，是他独守的秘密。他也经历过挣扎、失落与悲伤，当他放下一切，他的心中只剩下对弟弟和弟媳的祝福。

斡察与承平婚后，二人一起回到索兰草原。索兰草原是斡察的封地，远离了宫廷的斡察更加海阔天空。脱脱在西部边境驻守，明着是针对伊儿汗国，实际上是防范那海，他们能见面的机会少之又少，但兄弟之情并未因此变得疏远。

这中间有承平的功劳。承平不愧是昔班汗的外孙女，眼界开阔，极有识人之明，她对脱脱，不止将他视为亲人，更将他视为知己，她对脱脱的欣赏，使兄弟间的关系变得牢不可破。

事实证明，无论是脱脱想将承平留在汗国的心愿，还是他努力成全斡察与承平的执着，都是天意给他的启示：只要斡察和承平留在他的身边，任何情况下他都不会孤立无援。而今，在他落难时，在他可能为他人带来灾祸时，斡察和承平非但没有躲避，相反，他们毅然决然地愿与他同进共退，同生共死。

叁

想到这里，脱脱对承平说道："谢谢。谢谢你，谢谢斡察。"

承平温柔地一笑："我们是家人，是朋友，你不需要说这种见外的话。"

脱脱的视线越过承平，落在毡帐的一处角落。他的脸上若有所思。

"脱脱，要不你早点休息吧。白天，记住尽量不要出去走动，晚上我会过来。"承平收拾好东西，准备离去。

脱脱抬起身，抓住了她的手腕："等等。"

承平站住了。

微微的惊诧中，她看了一眼脱脱抓着自己的手。

她第一次发现，这只手，手指很长，也不粗壮，竟与斡察那双惯于弹琴的手很像。

脱脱急忙将手松开了："抱歉。"

"干吗要说抱歉？"

"承平，你能不能再多陪我一会儿？"

承平点点头，重又在脱脱面前坐下来。"你的心里一定觉得很孤独吧？要是斡察在家就好了，你们兄弟俩还可以喝上一杯。不过，相信我，一切都会过去的，你很快就可以见到家人，和他们团聚了。"她注视着脱脱，怜惜地说道。

脱脱摇了摇头。即使前途未卜，他也并不觉得孤独。与斡察和承平在一起，他永远都不会觉得孤独。

他心里想的，完全是另外一件事，"你能原谅我的决定吗？"沉默良久，他试探着问。他的语气里，透露出内心的焦灼。

承平看着脱脱。

"你能吗？"

"你指的是那封信吗？"承平想了想，问道。

脱脱在写给那海的信中，将自己遭受无妄之灾的经过向那海和盘托出。他请那海出兵助他夺回汗位，他保证，一旦他成为大汗，他将忠于那海，未来汗国的大小事务，他都会与那海商议决定。这句话的潜台词无非是：只要那海能帮他坐上大汗宝座，那海就是汗国真正的主人。

远在忙哥帖木儿时代，那海的势力扩张就超出了忙哥帖木儿所能控制的范围。在许多人的印象中，那海是西部大汗，忙哥帖木儿是东部大汗，虽说当时那海尚且不能直接插手干预东部事务，但他割据一方早成事实。

至脱脱蒙哥即位，那海的为所欲为已达到登峰造极的程度。只因受身份所限（那海不是拔都汗的直系后裔。在金帐汗国，人们只默认拔都系的后王具有称汗资格），他不能公然登临汗位。

兀剌不花即位后，着意改变两位叔父在位时的被动局面。这位年轻气盛的大汗，既不敢过分得罪那海，又对那海防范甚严，许多事付诸实施都不会与那海商议。以那海目空一切的性格，绝不可能长期容忍兀剌不花的"擅政"，脱脱希望利用的，恰恰是那海的这种心理。对那海来说，他需要的无非只是一个傀儡，一个他在汗国的代理，倘若有人愿意充当这样的傀儡和代理，他倒不吝助此人一臂之力。

"说真的，我原本不存此念。但现在，只要我活下来，这就是我要做的事情。这是我必须要做的事。"

承平点了点头："我理解。"

"真的吗？你真的能理解？"

"只有这样，你才可以存活下来并且改变这种被大汗追杀的局面，不是吗？"

"没错。"

"要不我说，我能理解。"

"承平……"

"脱脱，你是斡察的兄长啊。对我们来说，你活着，活下来，比任何事情都来得重要。何况，你也是被逼无奈。"

"的确如此。"

"不过……"

"你还是很担心对吧？"

"对。"

"担心做傀儡的滋味？"

承平注视着脱脱，眼神中满含赞赏。脱脱还是一如既往的敏锐。

"脱脱，那海，他可是窃国之臣。"

"我知道。我怎么可能不知道！"

"将江山交给这样的人，你甘心吗？"

"不甘心。"

"是啊，我知道你不甘心。换了谁又能甘心如此呢？不过，目前也没别的办法。所谓两害相权取其轻，你的想法一定是先借那海之手，帮你除去兀剌不花汗。可我担心，这样一来，你会为自己招致更凶险的敌人。不，那海不光是你的敌人，他还是一个会让你蒙受羞辱的人。"

脱脱与承平默默相视，他的内心感慨万端。这个女人，不愧是奴奴公主的女儿，昔班汗的外孙女，她像明月一样纯洁，又像水晶一样透彻。他很庆幸，那一年，他帮斡察留住了她。现在的她，是弟弟心爱的妻子，也是他的红颜知己。

"可惜，我别无选择，只能走一步看一步。"

"我明白。"

"万一出现你说的那种状况……不，一定会出现你说的那种状况……"

"你要忍耐，在时机不成熟前，请你一定要忍耐。"

"我当然会忍耐。可你，不会对我感到失望吧？"

"不会。脱脱，你要活着，活着才有希望。"

脱脱的眼中转动着泪水，他扭过头，强行将泪水咽回肚里。是啊，任何男人，都不会轻易在女人面前流泪，哪怕是最软弱的时候，也会伪装成坚强。

"那样的我，做着傀儡的我，对那海唯命是从的我，还会是你和斡察心目中的雄鹰吗？"片刻，脱脱语调轻轻地自嘲，将目光重新移在承平的脸上。

"雄鹰也可能在暴风雨中折断翅膀，对你而言，这不过是场劫难。一旦治愈了创伤，你会飞得更高。"

"我无法预料将来。但有一点我很清楚，只要你和斡察肯站在我的身边，我就能鼓起勇气来，面对未知的一切。"

"我们会在你的身边。"

"无论我做什么，都在我的身边？"

"对。"

"无论我做什么，都能选择原谅？"

"你似乎在为这件事情感到担心？"

"说真的，我只为这件事情感到担心。"

"我不太明白你的理由。"

"斡察虽说惧怕杀戮的场面，甚至会晕血，可在骨子里，他还是拔都汗的子孙。问题在于你，承平。从我们相识起，我就知道你是个怎样的人，知道你是怎样地厌恶虚伪，厌恶狡诈，厌恶背叛与杀戮。那个为了走向汗位不惜出卖自己，不惜委曲求全，不惜骨肉相残的脱脱，那个并不是你想象中多么英勇无畏，多么光明磊落的脱脱，你真的可以原谅他吗？"

承平思索了一下："这一次，可以。"

"这一次？"

"这一次，不是你的错。换成我是你，恐怕也得做出同样的选择。"

"那么，答应我，忘掉那些血腥的场面，站在我的身边。"

"我答应你，永远站在你的身边。"

"这是你说的，你不能自食其言。"

"不会。说到这里，你也要答应我一件事。"

"什么？"

"当有一天，你成为汗国真正的主人后，请你做一名和平之主。"

"你相信我会成为汗国真正的主人？"

"对，我坚信不疑。"

"有你这句话，承平，就算面对死亡，我也无所畏惧。我答应你，一旦我握有江山，我一定做一名和平之主。"

他们相视而笑。承平的体谅和期望，令脱脱忧闷的心情轻松了不少。

"我们且等等斡察的消息吧，看那海那边有什么答复。"

"现在除了等待，似乎也没别的办法可想。承平，我把你留下太久了，你还得回去照顾孩子们呢。我就是有点不放心，你一个人走夜路可以吗？此时夜深无人，不如我送你一段路程。"

"你不说我还没觉得什么，你这么说我倒有些害怕了。路上不会遇到狼吧？你把我送到有蒙古包的地方就行。"

脱脱取笑她道："女人到底是女人！"他一边说着，一边麻利地将弓箭、弯刀以及火折带在身上，然后，对承平说道："走吧。"

肆

斡察比预想中晚了一天回到索兰草原。他带回了那海的消息，那海决定帮助脱脱夺得汗位。不过，为了不引起兀剌不花的疑心，他只带数千人前往拔都萨莱。他让斡察通知脱脱，一旦他在萨莱城外驻扎下来，脱脱就要带着他所能聚集的军队前来萨莱与他汇合，届时，他们里应外合，对兀剌不花来个攻其不备。

斡察晚回一天的原因，是他途中转道，设法见到了钢特木尔。钢特木尔手下有五百名精锐骑兵，他答应帮助脱脱。还有一个人能助脱脱一臂之力，这个人就是脱脱的岳父撒勒只带。

钢特木尔要斡察先回索兰草原向脱脱通报情况，撒勒只带那边由他联络。斡察在索兰草原掌握着千户人马，几家合兵一处，脱脱至少能聚起两千人以上的军队。

那海带领军队向拔都萨莱开进的消息令兀剌不花大为惶恐，他一面加强城防，准备据城抵抗，一面派人暗中探听那海的虚实。这时，他听说那海咳血严重，看着像是不久于人世的样子。

兀剌不花将信将疑，那海派人传信给他，那海说：他此来拔都萨莱，只是想调解侄子们的争端，令大家和睦相处。他说他想见兀剌不花一面，与兀剌不花共同商议举行忽里勒台的时间。

兀剌不花也想证实一下传言，于是决定前去"看望长辈"。在他到来之前，那海做了精心的准备。

在约定的时间，在那海的大帐，出现在兀剌不花视线中的是一个容色枯槁行将就木的病夫——这妆化得！要说那海手下真有能人——亲眼看到那海病入膏肓的模样，兀剌不花不觉放松了警惕。

那海以长辈的身份劝说兀剌不花与脱脱和解。兀剌不花正苦于找不到脱脱的行踪，当即满口答应下来。既然那海来日无多，只要他再除去脱脱，不，也许不止脱脱，还有那三个与他共掌权力的人，他也会设法将他们一一除去。到那时，他就可以心无旁骛地将汗国掌握在他一个人的手中了。

做金帐汗国唯一的主人，这可是他的两位叔汗忙哥帖木儿和脱脱蒙哥都没能实现的心愿。

那海传令设宴。大家正在开怀畅饮，接到那海传信的脱脱已带人悄悄包围了那海的大帐。当帐外的喊杀声终于引起兀剌不花的警觉时，一切都已在那海和脱脱的掌握之中了。帐中武士蜂拥而上，将共同执政的四个人：兀剌不花、宽彻、斡勒灰、脱黑邻察及其党羽一并控制起来，脱脱带人冲进大帐，将这一干人全部就地处死。

斡察给脱脱提供了军队，脱脱却没让斡察参与他的行动。对脱脱而言，这是他克服不了的心理障碍：他无法当着斡察的面杀人。

四摄政既死，脱脱在那海的支持下登临汗位，成为金帐汗国的第八任大汗（1290 年至 1312 年在位）。

为了报答那海的相助之恩，脱脱兑现了他的诺言：汗国诸事皆与那海商议而定，且将克里米亚半岛上最富庶的商业城市赐给那海作为采邑。

那海终于从台后走到台前，实现了他由来已久的心愿。

登基大典结束后，脱脱郑重地向斡察提出，他愿与斡察共享汗权。斡察被哥哥的决定弄得哭笑不得，他告诉哥哥，他只想与承平回到索兰草原，过上平静安逸的生活。鉴于斡察对权力毫无欲望，脱脱便斥资在索兰草原为弟弟、弟媳修建了一处城堡，城堡建成后，他亲自赐名为"索兰城堡"。

在脱脱统治的前八年，他一直都在忍气吞声地充当着那海的傀儡。在他的隐忍中，那海的权力凌驾于汗权之上，以致国内国外，皆奉那海为汗国之主。与此同时，脱脱却暗暗地积蓄起效忠于自己的力量。

若得闲暇，脱脱最喜欢去与弟弟斡察小聚几日。斡察从小不喜欢引人注目，自与心爱的女子相伴，便仿佛得到世间一切，越发显露出与世无争的个性。他优游自在的生活方式，在充满尔虞我诈，令人如履薄冰的宫廷，简直就是一处奇观异景。而这样的奇观异景，正是脱脱身处其中乐此不疲的原因。事实上，只有与斡察和承平在一起，脱脱才能真正地放松疲惫的身心。

脱脱尤其钟爱侄子月即别。月即别是斡察与承平的长子，这孩子自幼聪慧过人，对脱脱也最为亲近。只是这时任谁也没有想到，一个与世无争的父亲，并没有生下与世无争的儿子。

该来的总归要来。八年后，由于一场家事纠纷，脱脱走上了与那海兵戎相见的道路。

在脱脱夺回汗位的过程中，其岳父撒勒只带出力甚多。脱脱对岳父心怀感激，也格外关照。在脱脱登基的第七年，撒勒只带与那海联姻，为儿子迎娶了那海的女儿，之后的事情坏就坏在了这场婚姻上。

原来，那海的女儿信奉伊斯兰教，撒勒只带的儿子信奉基督教，信仰的不同使小夫妻间产生了严重的分歧。他们为此经常吵架，一次撒勒只带的儿子还动了手，这让那海的女儿忍无可忍，跑回家向父亲哭诉。儿女事小，脸面事大，那海岂容他的权威受到挑战？他要求脱脱交出其岳父和小舅子，听凭他的处置。

脱脱被那海的飞扬跋扈激怒，断然拒绝了他的要求。

那海没想到脱脱居然敢对他说"不"。他当即派儿子掳走脱脱的治下百姓，要求脱脱以撒勒只带来换。

脱脱回答他的，是统率三十万大军开往那海的领地，准备与其一决雌雄。

那海万万没想到，在他眼中已窝囊半生的大汗竟在不动声色间积蓄起如此强大的力量。他不想与脱脱正面拼个两败俱伤，便派出使者，提出与脱脱和解，协商解决他与撒勒只带的家务争端。

那海派来使者时，年方十六岁的月即别正在脱脱身边充当宿卫，他力劝伯汗不要轻信那海的谎言，更不要轻允赴约。脱脱却觉得，那海有恩于他，何况，那海也算领教了他的真正实力，倘若通过这件事，那海有所戒惧，换来他与那海之间的和平共处，那也算汗国的一桩幸事。

脱脱做着与那海和谈的准备，兵防有所松懈，那海不失时机地对脱脱的营地发起进攻。脱脱失备大溃，若不是月即别以及勇将钢特木尔、亚木各领一支军队，拼死保护脱脱杀出重围，也许顿河河畔就将变成脱脱的葬身之地。

脱脱退回到拔都萨莱。拔都萨莱的城防力量有限，如若那海乘胜追击，脱脱除了背水一战外别无他法可想。所幸危急时刻，那海接到一个噩耗，他最钟爱的孙子在克里米亚半岛征税时，竟被热亚那商人杀害。那海悲愤交加，当即回师，对热亚那商人予以无情的打击。

伍

一切都是天意。那海回师克里米亚半岛给了脱脱重整旗鼓的机会，也让少年将军月即别开始崭露头角。

首先，为了彻底清除那海的势力，不给这位权臣再度威胁汗廷的机会，月即别说服母亲，由母亲亲自出面，争取到蓝帐汗哲齐的出兵允诺。

想当年，哲齐的父亲昔洛与承平的母亲奴奴是一母同胞的亲兄妹，昔洛在世时极其钟爱他的妹妹，这份亲情也在哲齐与承平间被很好地延续下来。承平既有所请，哲齐不能置之不理。这是原因之一。另一个原因则是，哲齐对那海这些年架空大汗，恣意弄权的行为十分反感，脱脱能够忍让时，他犯不着惹祸上身，脱脱既存反击之意，他便不能袖手旁观。毕竟，对哲齐而言，他乃大汗之臣，臣为君用，理所当然。

其次，成功说服哲齐后，月即别又派他的副手，对他本人忠心耿耿的猛将亚木与花剌子模总督忽都鲁帖木儿取得联络。月即别的要求是，由总督带领他的穆斯林军队，从西侧夹攻那海。忽都鲁帖木儿时年二十七岁，是一个极有韬略且英勇善战的地方领主。他在一次朝会上与月即别相识，二人的年龄上虽相差十岁，却因脾性相投结为挚友。对于月即别的邀约，忽都鲁帖木儿欣然接受。

脱脱做好了大战前的一切准备。

元成宗大德四年（1300），脱脱率领大军在第聂伯河畔与那海相遇。蓝帐汗哲齐与花剌子模总督忽都鲁帖木儿如约出兵，对那海形成夹击之势，那海故伎重演，要求脱脱放他一条生路，他将回到封地养老。暗中，他却派儿子渡过第聂伯河，准备对脱脱进行偷袭。

脱脱一再领教过那海的诡计，这一次，他决不会轻易上当。他命月即别在河边设伏，首先歼灭了那海的这支偏师。接着，脱脱指挥三路大军，对那海的营地发起猛攻。面对汹汹而至的脱脱，那海军中那些惯于见风使舵的王公贵族见势不妙，纷纷倒戈。那海明知败局已定，不得不放弃抵抗，仓皇逃命。

谁知在出逃途中，又发生了一桩悲惨的事情。那海被脱脱军中的一位斡罗斯士兵擒获，他试图说服士兵将他解送至脱脱面前。对那海而言，他宁愿将生死交在脱脱手上。问题是,这位斡罗斯士兵既不知道他擒获的人是那海,也听不懂此人说些什么,他只是相中了那海的胯下宝马和一身金光灿灿的盔甲,于是,他二话不说,挥刀将那海斩于马下。奉命追击的月即别循踪赶到时,只看到了那海倒在地上的尸体。可怜一世枭雄,就这样死于非命。

大战过后,那海诸子以及追随者非死即降。从这天起,脱脱如愿成为汗国真正的也是唯一的主人。

成为汗国之主的脱脱,开始着手修补战争带给汗国的重创。他疏通商路,整肃军队,重振城市经济,竭尽全力为国家积累财富。另外,除了与热亚那的冲突无法完全停止外,脱脱几乎是一手重建了汗国和平的外交环境。

元成宗大德五年(1301),适逢窝阔台汗海都病逝,脱脱知道窝阔台汗国大势已去,转向元朝寻求通好。次年,脱脱汗出兵协助元军攻打察合台汗都哇、窝阔台汗察八儿,都哇和察八儿战败,脱脱自此正式承认了元朝的宗主权。

大德八年,脱脱派使臣在阿哲尔拜展的木干草原接受了伊儿汗国、察合台汗国、窝阔台汗国与元帝国的和约:奉元帝国为四大汗国宗主国,停止四大汗国之间以及四大汗国与元帝国的争端,彼此和平相处。

忽必烈一生都想成为蒙古帝国的共主,此时,他的灵魂在天上看到了这一幕:天下一统的荣光属于他的孙子铁穆耳。

这是仍旧作为实体存在的四大汗国最后一次回归蒙古帝国,这也是蒙古帝国最后一次作为统一的帝国雄踞于半个世界的土地之上。仅仅五年之后,窝阔台汗国便形神俱灭,而三十年后,伊儿汗国也在事实上不复存在,只剩下一个躯壳,等待着帖木儿帝国的兴起给予它最后的致命一击。

元武宗至大元年(1308),元帝海山遣使册封脱脱为宁肃王。

脱脱在位共二十二年。他一生的事业大致可以分为两个阶段:前十年为第一个阶段,他为摆脱那海的控制于不动声色中积蓄着力量。后十二年为第二个阶段,此时的他,心无旁骛,殚精竭虑,为汗国铺就了一条通往强盛之路。脱脱从未忘记,二十二年前的一天,他答应过承平,一旦他成为汗国真正的主人,他要做一位和平之主,在最后的十二年,他兑现了自己的诺言。

这个过程中,在脱脱汗的宫廷中,月即别已成为一名权势炙手可热的宗王。

在亲眼看到一个理想国家的雏形后,脱脱积劳成疾,于元仁宗皇庆元年(1312)离开人世。在他去世的前两年,斡察亦在索兰城堡病故。斡察临终前,对承平说，他这一生，除了觉得与心爱的女人相识太晚，相守太短，再没有任何遗憾。他叮嘱儿子月即别，要好好孝顺母亲，忠诚于脱脱汗。

月即别跪在父亲面前，流泪发誓，他一定做到。这一刻的誓言绝无半分虚假。月即别原本就是个孝顺父母的儿子，脱脱汗又是他心目中的明主，只要脱脱汗一天活着，他便一天不会背叛他崇敬爱戴的大汗。

脱脱汗去世后，其子亦勒巴失继承了父亲的汗位（这位大汗十分短命，即位不到半年便命赴黄泉。按理说，他是金帐汗国的第九任大汗，可由于他在位时间太短，且很快被月即别取而代之，因此，众所公认的金帐汗国九任汗是月即别）。亦勒巴失不具备其父的雄才伟略，另外，他是位佛教徒，他对佛教的崇信与推广也伤害了伊斯兰教徒的感情，他们联合起来，准备废黜亦勒巴失。

这群人中间，态度最坚决，表现最积极是花剌子模总督忽都鲁帖木儿和大将军亚木，他们一心要将月即别推上汗位。

钢特木尔敏锐地察觉到这股寒流，他一面加派人马保护亦勒巴失，一面遣使将这个消息通报给了远在索兰草原的承平。钢特木尔了解月即别对他母亲的敬爱，他希望借助承平的力量，阻止月即别的疯狂行径。

承平接到钢特木尔的消息后匆匆赶回拔都萨莱，因孙女索兰塔患有腿病不能赶急路的缘故，她的行程比预期中要晚两天。她进城后发现，城中似乎发生过一场可怕的浩劫，但最危险最激烈的时刻已经过去。

月即别接到亚木的口信。亚木说，他与亦勒巴失的汗宫卫队正在激战，双方实力相当，他请月即别即刻前去增援。月即别集齐卫队，刚刚跨上马背，忽听侍卫来报，说他母亲承平来到营外，要求见他。

月即别有些吃惊，也有些迟疑，他思索片刻，做了个"请"的手势。

承平匆匆向儿子走来。月即别并不下马，他问母亲："您怎么会来这里？这里，可不是您该来的地方。"

承平并不介意儿子的态度，她只介意一件事："儿子，这一切，真的都是你做的吗？"

"是我。"月即别回答得十分坦然，眼睛却避开了母亲的视线。

"你……"

"母亲，请您回去吧。"

"月即别，难道你忘了自己的誓言吗？忘了你亲口对你父亲许下的誓言？"

"没有。我只忠于脱脱汗，脱脱汗已经去世了。"

"月即别。"

"母亲，我知道您难于理解。可是，开弓没有回头箭，我必须成为汗国的主人。我只能答应您，您会看到您的儿子成为金帐汗国最伟大的君主。"

"这很重要吗？"

"是，很重要，对我来说很重要。母亲，我要赶到汗宫去，请您离开。"

承平上前，攥住了月即别的马缰："我不会走的。除非，你让你的马，从我的身上踏过去。"

月即别的手心里全是攥出来的汗。

卫队长有些着急，亚木那边，正等着他们增援呢："大汗，您看……"

"大汗？"承平惊愕地望着儿子。

月即别果断地下令："你们速去增援亚木将军，我随后就到！"

"是。"

卫队长得令，带着卫队急驰而去。月即别的身边，只剩下几名随从。

月即别看着承平："母亲，我心意已决。您明明知道，如果失败，死的那个人就是您的儿子。"

承平松开了手，她知道她已无力阻止儿子走向汗位的脚步。

"母亲。"

承平向儿子跪了下去。对她来说，此时此刻，她唯一能做到的，就是告诫或者说请求儿子不要伤害亦勒巴失的性命。

月即别几乎就要跳下马背，但他用最强的意志稳住了身体。他的眼中闪动着微弱的光芒（其实是泪光），他的声音听起来近乎哀求："请您不要这样！请您不要逼我！"

承平抬头望着儿子，用一种毫无起伏的语调说道："亦勒巴失是你的堂兄，更是你伯汗脱脱的儿子，你们的身上流着同样高贵的血液。你一定没有忘记，你的父亲和亦勒巴失的父亲，他们活在世上的每一天都很珍惜他们之间的手足之爱。所以，母亲恳求你，无论如何不能做出残杀兄弟的事情，不能让活着的人（指亦勒巴失的家眷）和死去的人（指脱脱和斡察）为你的行为感到悲伤，感到痛苦。"

月即别的回答是："您放心，我只废黜亦勒巴失的汗位，不会危及他的生命。"

陆

月即别带着几名侍卫赶往汗宫时，发生在宫外的战斗基本结束。他环视四周，没有看到亚木的身影，急忙询问："亚木将军呢？"

一个在汗宫外警戒的将领回答："亚木将军已经攻入后殿。"

月即别不觉吃了一惊，直奔后殿而来。一路上，倒伏的尸体随处可见，显然，从宫外攻入大殿的一路，发生过激烈的厮杀。他心中暗暗祈祷，但愿他没有来晚，但愿他来得正是时候。

出人意料的是，后殿不闻杀戮之声，倒是呈现出一片死寂。月即别心中疑惑，快步走向殿门。刚到门前，他站住了，接着，向后倒退了一步。

曾经富丽堂皇的后殿仿佛变成了停尸场，从门前到御榻之间，尸体横陈，足有二十具之多。一股股血腥味散发着令人作呕的味道。在一具尸体旁边，有三四个人站立不动，令人不由怀疑，他们是不是站着死去了。

殿内殿外的人都如同石化一般。不知过了多久，有个人动了动，从其中一具尸体上拔出宝剑。这个人扭头欲走，却发现了站在门外的月即别。

这个人……原来是亚木。

"大汗。"亚木唤道。月即别还没有登基，不过在亚木的心中，月即别才是金帐汗国真正需要的大汗。

月即别的眼神有些恍惚，没有立刻回答。

"大汗。"亚木又唤了一声，向月即别走来。他的脸上、手上、衣袍上、靴子上到处都沾染着斑驳的血迹，也不知道那些都是敌人的血，还是他自己的血。在一种无可辨明的心绪中，月即别只觉得四肢发麻，心窝冰凉。

"终于结束了。"亚木轻描淡写地说，微微地笑了一下。他的笑容，是一种大功告成的笑容。

停了停，他又说："只是可惜了钢特木尔。"

"亦勒巴失呢？"月即别机械地问。

亚木向里面指了指，他指的应该是横七竖八倒卧在地上的尸体中的一个。

"难道，你把他杀了？"

"我若不是躲得快，现在躺在那里的人就是我了。还有钢特木尔，他简直就是一只吃人的老虎，不，是头疯狂的雄狮。我带来的人，除了那两个，其余的，都折了。所谓你死我活，想必不过如此吧。"

亚木话未说完，月即别已经挪开脚步，向里面走去，亚木这才发现，月即别的状态似乎有些不正常。

他急忙跟了过去。

"大汗？"

月即别在士兵站着的地方找到了亦勒巴失的尸体。亦勒巴失的胸前和后背各中一剑，他的身体蜷缩着，脸容也变得扭曲，显然他在死前经历过巨大的痛苦。倒在他旁边的人，正是勇将钢特木尔。钢特木尔的身上不知中了多少刀伤箭伤，这使他完全变成了血人，也让人无法看出，究竟是哪处致命伤夺去了他的生命。

月即别俯视着亦勒巴失的遗容，呆若木鸡。

"大汗，您怎么啦？"

"为什么，要把他杀了？"月即别有气无力地问，他的嗓音已变得异常粗哑。

"汗国不需要两位大汗。留着他，总有一天是个祸患。"亚木直视着月即别的眼睛，语气淡淡地回答。

月即别无言以对。

的确如此，留着亦勒巴失，总有一天会成为他的心腹之患。而那时，恐怕将是另一场杀戮的开始。

"大汗，您的脸色不好，是不是太累了？我看，您还是先离开这里吧，剩下的事交给我处理就行。您的面前还有障碍需要清除，请您一定不要心慈手软，更不能犹豫动摇。请您离开这里，去坐在汗座上吧，那是属于您的汗位，坐在汗位上面的您，将得到荣光，得到拥护。"

月即别心中一痛。是啊，他将得到汗位，得到荣光，得到拥护，可这一生，他也许再也得不到原谅。这恐怕才是人心，当你得到了什么，你真正会在意的，却是那些得不到的东西。

"厚葬亦勒巴失。"他最后看了一眼亦勒巴失失去生气的脸容，说道。

"是。"

柒

承平亲自参加了亦勒巴失的葬礼。所有的痛惜与愤怒，都化为她脸上的苍白与平静。隆重的葬礼结束后，她收拾行装，带着斡察留给她的亲军卫队，离开汗宫，回到丈夫的封地索兰草原。与她同行的，还有孙女索兰塔。

为了照顾孙女方便，承平依然住在当年脱脱从兀剌不花手中夺得汗国权力后，下旨为斡察和她修建的索兰城堡。还好月即别没让他父亲的封地受到汗位争夺战的波及，这里祥和如故，安逸如故，每一条街道，每一处房屋，每一张笑脸，每一声吆喝，依然能承载承平难忘的回忆。

承平热爱索兰草原。在那并不遥远的过去，斡察和脱脱都还活在世间，她是快乐的妻子，幸福的母亲，她还是两个男人的红颜知己。

没想到最终，却是出生在这里的儿子亲手打破了一切。

承平没有参加一个月后在拔都萨莱举行的儿子月即别的登基仪式。据说当时的场面极其隆重，月即别所受到的拥戴，直追当年的拔都汗。不过，听到这个消息的承平无动于衷。对她而言，儿子哪一天成为一名合格的君主，哪一天才有向伯父脱脱汗，向父亲斡察，向堂兄亦勒巴失赎罪的资格。

母亲的这个想法月即别无从知晓。这位登上至尊宝座的金帐汗国第九任大汗（1312年至1342年在位），一旦汗权在握，他所做的第一件事，就是借助宗教的名义对所有政敌或异己分子展开无情的清洗。

接下来，为巩固统治，月即别开始在汗国全面推广和实施伊斯兰化，所以如此，其中有三个不能不考虑的因素：一是争取民心的需要，这个目标他已经实现了。二是在他夺取汗位的过程中，笃信伊斯兰教的花剌子模总督忽都鲁帖木儿给予了他最坚决的支持。三是与埃及玛麦鲁克统治者保持密切的外交关系，以共同对抗伊儿汗国。

镇压是血腥的。不可思议的是，当人们战战兢兢地拭去溅在汗国境面上的血痕时，竟意外地看到了期盼已久的和平影像。

一旦确定所有的敌人都被踩在脚下，月即别开始在别儿哥萨莱大兴土木。

别儿哥在金帐汗国是第一个接受伊斯兰教的大汗，这使别儿哥萨莱在月即别决定迁都前就拥有很好的宗教基础。月即别在别儿哥萨莱修建了大量的清真寺、清真学校和符合伊斯兰仪轨的宫殿，之后，他正式迁都别儿哥萨莱。

月即别的大力推行使伊斯兰教在伏尔加河下游得到广泛传播。出于将自己塑造成伊斯兰世界的君主的目的，月即别自称"月即别算端"，在他发行的货币上，也铸有诸如"摩诃末·月即别汗""信仰的救助者"等字样。月即别希望将金帐汗国建成一个纯粹的伊斯兰教国家，如今，他的努力有了结果。

不过，加强中央集权，统一信仰，只是月即别实现富国强民理想的第一步。

从堂兄手上夺取了汗位，月即别要效法的人却是堂兄的父亲，他的伯父脱脱汗。

脱脱汗时，内政外交皆已步入正轨，而月即别要做的，是更上一层楼。

此前，由于汗国具有独特优越的地理位置，加之历代金帐汗都很重视商业在国家经济中的地位，注重加强与邻国的贸易往来，因此，金帐汗国的许多城市，如克里木的苏达克、刻赤、卡法，阿速夫海的阿咱黑（阿速夫），花剌子模的玉龙杰赤以及保加尔、必里牙儿等，发展都极为迅速。有的城市经过复建，甚至超过了原来的规模，如玉龙杰赤重建后，成为东方的最大城市之一。

与此同时，一些新建城市也焕发出勃勃生机，这些新建城市的代表，有伏尔加河上的拔都萨莱与别儿哥萨莱，有北高加索的马札儿城等。其中，别儿哥萨莱作为月即别统治时代的首都，其发展速度更是惊人。

月即别亲自对别儿哥萨莱的建设作了规划：城中建有街坊，每个街坊都从事一定的手工业生产，比如制造铁器、农具、青铜器，制作皮革、毛纺品等等，另外还有已形成规模且技术成熟的熔矿厂等。金帐汗国疆域广阔，从事手工业生产的人员组成相当复杂，有俘虏，有当地住民，还有自愿从中亚、高加索、克里木以及埃及等地迁来的具有一技之长者。忙哥帖木儿在位时，当时的首都拔都萨莱已形成供手工业者居住和生产的世袭街区。月即别将这个经验在全国各大城市加以推广。

经济的繁荣带来人口的迅速增长，仅别儿哥萨莱的城市居民，人数便达到十万众以上。而在使臣、旅行家和商人的眼中，别儿哥萨莱俨然已成为世界上最美丽的城市之一：建城之处地势平坦，城市规模宏大，到处都建有漂亮的市场和宽阔的街道。城中居住着不同的民族,有蒙古人,他们是统治民族;有信奉伊斯兰教的阿速人、钦察人、契尔克斯人;还有信奉东正教的斡罗斯人与东罗马人,每个民族都分占一定地区,统一管理,且各有市场。

当然,对国家的治理以及各项政策和制度的完善不可能一蹴而就,但至少,只用了短短几年的时间,月即别就已将伯汗脱脱一心想要建立的理想国家,从一个雏形变成了可感可触的实体。

自登上汗位,在极度的忙碌中,月即别差不多有三年半不曾见过自己的母亲与女儿了。

三年多的时间里,但有闲暇,月即别都在惦记着她们。他给母亲写过几封信,可惜没得到母亲的回复,这让他不免有些伤心——只是有些伤心,绝没有丝毫怨恨。他母亲原本就是这样的女人,仁慈、刚毅、倔强,无论面对任何情况,哪怕面对死亡,也不放弃自己坚守的原则。事实上,假如没有这样的母亲,也不会有今天的月即别。

而女儿索兰塔,则是月即别藏在心底最深的隐痛。

索兰塔自幼丧母,是她的祖母将这个孩子带在身边,亲自抚养长大。后来,在月即别谋夺汗位的过程中,索兰塔生了一场重病,病好后,索兰塔失去了行走的能力。那个时候,若非祖母不眠不休地守护,若非祖母教会了孙女制作和弹奏蒙古筝,只怕这个孩子早已不在人世。

月即别知道母亲将这一切都视为惩罚,假如这是惩罚,月即别并不希望由他的女儿来替他承受。

他也给女儿写过一封信,不久前,他收到女儿的回信。女儿说,她和祖母创作一首新歌曲,哪天父亲有空,回到索兰城堡,她会演奏给他听。

这封信,让他决定抽时间回一趟父亲的封地。

建设别儿哥萨莱的同时,他命人在索兰城堡的对面修建了一处行宫。他回到索兰草原时,行宫将作为他的驻跸之所。

他将政事做了一些安排,之后,他带着一队侍卫,匆匆赶回索兰草原。

他没有告诉母亲和女儿他会回来。他还没想好该如何面对母亲,也想不出母亲会如何对待他。至于女儿,他想给她一个惊喜。

初秋的午后,微风和煦,阳光明媚。琴声响起前,月即别的眼中出现母亲和女儿的身影。

祖孙二人坐在茸茸的草地上，周围环绕着各种颜色的小花。她们娴熟地拨动着十三筝的琴弦，像百灵鸟一样的索兰塔，展开了她婉转动人的歌喉：

她的眼波比山泉清澈，
她的长发如光滑的黑缎，
她弯弯的双眉仿佛滴着露珠的莲花瓣。

它的眼光像游动的鱼儿，
它的鬃毛犹如赤色的火焰，
它坚硬的四蹄踏出四季踏遍草原。

奴奴骑上丹驰，
丹驰带着奴奴追风逐电。

她登上陡峭的峰峦，
从容地举起祖先的弓箭，
晨曦中她的美丽像霞光在流转。

它的全身集中了八宝的形状，
赛马时它喜欢竖起耳朵跑在最前面，
晚霞映照着它俊逸的身姿风光无限。

奴奴骑上丹驰，
丹驰带着奴奴跨越万水千山。

她的笑声似夜莺动听的欢唱，
他来到她的身边与她心手相牵，
走过一生清风也在传颂他们不变的誓言。

它的嘶鸣似海螺深沉的回响，

那一天再也听不到熟悉亲切的呼唤，

它的心仿佛纯净的酒壶被眼泪斟满。

奴奴骑上丹驰，

丹驰带着奴奴消失在天地之间。

这大概就是女儿在信中给他说过的那首新歌：《奴奴与丹驰》。此时此刻，月即别听着女儿甜美深情的歌声，不禁想起他的孩提时代，想起母亲常常把他放在膝头，给他讲述丹驰还有其他许许多多好听故事的情景。这是近来常常出现在他脑海中的回忆，与女儿的歌声交织缠绕，令他胸口发烫，心神激荡。

他催动马匹，向母亲和女儿驶来。

一曲终了，祖母与孙女相视而笑。这时，她们听到马蹄声由远及近，索兰塔抬头望去，辨认出了父亲的身影。

"父汗？"她惊奇地唤道，惊奇中透着惊喜。

转眼间，月即别停在祖孙二人面前，甩蹬下马。

承平望着儿子，从她平静的神情里，看不出她在想些什么。

月即别径直来到母亲面前，大礼跪拜："母亲。"

承平的嘴角微微地牵动了一下。

捌

"母亲。"月即别抬头凝视着母亲。在月即别的眼中，母亲与三年半前相比，几乎没有任何变化。即使年过五旬，母亲仍是满头青丝，风采依旧。据说当年，母亲的母亲就是如此，而母亲在汗国最令人羡慕的，正是她从自己母亲那里继承来的从容贞静的气质和这样一头乌亮的秀发。

承平嘱咐侍女将蒙古筝收好送回城堡。她看看儿子，说道："大汗，请起来吧。你无须如此。"

月即别却不肯起来。他望着母亲，伤感地问道："三年多了，母亲。难道，一千多个日日夜夜，仍不足以让您原谅我吗？"

承平不易觉察地叹了口气："这世间，总有让人无法原谅的事，总有让人无法原谅的人，这是没有办法的事情。就像三年半前，你对自己的堂兄不也没有选择原谅吗？也许，我该敞开心胸，接受你的所作所为，可这样一来，我又不知道将来该如何面对你的伯父和你的堂兄。"

"母亲，您不会不清楚，堂兄他不是理想的人主之选。一旦我留下堂兄，只会给未来埋下无穷祸患。"

"是啊，你一定是这么安慰自己的。要是我也能这么安慰自己，又何必对往事耿耿于怀呢？对我而言，亦勒巴失是脱脱汗的儿子，这是永远无法改变的事实。就算他不是理想的大汗，他也罪不至死。再退一步说，他就算罪该万死，我也不希望射中他胸膛的那支箭是从我儿子的弓上发出的。"

"母亲。"

"假如你觉得我冒犯了你的威严，对我，你也可以选择不原谅。"

"母亲您为什么要说这样的话？不会的，我不会的。任何时候，在任何情况下，您都是我的母亲。"

承平在孙女身边蹲下身来："索兰塔。"

"是，祖母。"

"你不是天天都在想念你父汗吗？这些日子，你就留在行宫吧。我们经常弹奏的那些曲子，你可以弹给你父汗听。"

承平说完，吩咐侍立在索兰塔身边的两名侍女："这几天，你们要留在公主身边好好照顾她。她有什么需要，随时告诉我。"

"是。"侍女回答。

"祖母。"

"嗯？"

"不可以让父汗住在城堡里他自己的那个房间吗？"

承平微微摇了摇头，在孙女的额头上温柔地亲吻了一下。然后，她站起身，再未看儿子一眼，举步向索兰城堡走去。

月即别呆呆地目送着母亲，直到城堡的大门关闭，他仍旧跪着一动未动。

索兰塔难过地注视着父亲充满惆怅和失望的脸容。不知过了多久，月即别感受到女儿的目光，他转眼看向女儿，脸上已然换上笑容。他站了起来。

"父汗。"

"索兰塔。"

月即别走到女儿身边，他蹲下身，轻轻地为女儿活动着双腿。"还疼吗？"

"这样坐着，没事。"

在索兰塔患腿病的四年里，月即别和母亲承平从中国、伊儿汗国、察合台汗国（1309 年，窝阔台汗国的西部领土并入察合台汗国，东部领土被元朝占领，蒙古四大汗国中的一个汗国从此不复存在）以及本国陆续请了十数位久负盛名的大夫前来索兰草原为索兰塔治病，经过他们的治疗，索兰塔的腿恢复了一些知觉。从几个月前开始，索兰塔甚至能够自己站起。就在承平看到希望，觉得只要假以时日孙女就能像没生病前一样正常行走时，为索兰塔治疗的大夫却遇到了一个令他们束手无策的难题：索兰塔只要双脚着地，就会感到脚底和腿部疼痛，站立越久，疼痛就越持久和剧烈。

索兰塔只有十五岁，终究还是个孩子，在经过一次又一次的尝试后，在忍受了无数次的疼痛折磨之后，她渐渐有点惧怕站立。大夫为她做过全面检查后悄悄告诉承平：治疗仍会继续，但恐怕只有一个办法才能让索兰塔重新行走，那就是，当这个女孩想要行走的愿望战胜了她对疼痛的恐惧。而在此之前，他们只能通过按摩和药物，帮助索兰塔保持双腿的力量。

按照约定，大夫要随时将治疗情况报告给月即别汗，通过他们的汇报，月即别对女儿的治疗及进展一直都在掌握之中。

说起来，索兰塔真是个不幸的女孩，她生母早逝，在这个世界上，她最爱最亲的人，除了祖母就只有父亲。

月即别问女儿："要不要回去？"

索兰塔轻轻地"嗯"了一声。

"行宫有你和祖母的房间，你看过吗？"

"祖母让人带我去看过，房间好亮好大，有那么多漂亮的挂毯，还有那么多漂亮的丝绦，有风的时候，丝绦随风摆动，就像仙女在房中跳舞，我很喜欢。"

"我特意让他们建造得舒适些。祖母进去过吗？"

"没有。"

"那么，你一定也没有住过了？"

"嗯。祖母不住，再大再好的房子也没什么意思。我想等父汗回来再住。祖母说，父汗每天操劳政务，难得有片刻的闲暇，所以，等哪天父亲回来，她要我在行宫里好好陪陪父汗。"

月即别感动于女儿的孝顺，也感动于母亲细致与关怀，然而他真正想得到的，真正想听到的一句话，还是母亲的原谅。

侍卫过来，娴熟地将索兰塔抱上马车。这个晚上的时间，月即别决定全给女儿，陪女儿吃饭，陪她聊天，听她弹琴唱歌。

从明天开始，他还安排了一些其他的事情。

索兰塔坐在马车上，神情愉快地望着父亲。她的心里其实满怀忧虑，只是，她已三年多没见到父亲，她的愉快也不是做给父亲看的。

"父汗。"

"嗯？"

"您这次回来，能待几天？"

"女儿，抱歉，我只能待三天。"

"三天吗？"

"你想跟父汗一起走吗？父汗可以把你带回萨莱城，就是不知道祖母……"

"我想，我和祖母暂时还是住在索兰城堡。等过段日子，我一定去看看您的别儿哥萨莱。我听大夫说，那里现在是世界最繁华最美丽的都城之一。"

"索兰塔。"

"是，父汗。"

"不是父汗的别儿哥萨莱。父汗拥有的一切，你都可以拥有。"

"我不需要那么多。我没有别的奢望，只想着还能站起来，像以前一样。只要我能重新走路，对我而言，就是得到了世间的一切。"

"女儿，对不起。"

"为什么要说对不起？这又不是您的错。"

"是父汗的错。"

"父汗！"

"是父汗的错。这原本是加给父汗的惩罚，却要由你来承受。我想，也许正是因为这个缘故，祖母才无论如何不肯原谅父汗。"

索兰塔的心头微微一动。

难道，这才是祖母真正的心结所在？

"女儿，父汗该如何才能补偿你呢？父汗到底要怎么做才能弥补对你的亏欠？"

"您都说些什么啊！不瞒您说，我很骄傲。"

"骄傲？"

"您是最好的大汗，也是最好的父亲。祖母也为您感到骄傲。"

"你说，你祖母吗？"

"是。"

"她怎么说？"

"她说，您虽然对不起脱脱汗和他的儿子，但您无愧于先祖成吉思汗，也对得起拔都汗，对得起汗国百姓。"

月即别心头一热，想说什么，嗓子中里却哽了一下。

"父汗。"

"女儿。"

"尽管时间短些，但您能回来，我真的很开心。从明天开始，您忙您的事情，不用记挂我，晚上，我在行宫陪您，弹琴给您听。"

月即别心想，到底是母亲亲自带大和教育出来的孩子，他女儿真是少见的懂事。他从马上伸出手，轻轻抚了一下女儿的头发。

女儿抬头看着他，向他展开了笑颜。

看着女儿纯净明朗的笑容，月即别原本沉重的心情在不知不觉中变得轻松了一些。

玖

如索兰塔所说，从第二天开始，月即别忙于接见和招待父亲的老臣以及当地的名流士绅，与他们商讨一些事情。只有到了晚上，索兰塔才能安安静静地陪父亲说上一会儿话，或者弹琴给他听。父女间的感情依旧融洽和谐，这种近乎消闲的平静生活，对月即别而言已是可遇而不可求。

经过一天的准备，月即别在行宫举行了一个盛大的宴会。索兰塔遵从父亲的愿望参加了宴会，索兰塔的性格受祖母影响最深，坦荡又不拘小节，她在宴会上为父亲和宾客们弹奏和演唱了两支歌曲：《心愿》和《奴奴与丹驰》。

自脱脱登基为汗，《心愿》只能在宫廷宴会上演奏和演唱，而《奴奴与丹驰》是一支新曲。自奴奴离开人世，丹驰在草原上绝迹，奴奴与丹驰的故事却被传颂下来，经久不衰。在几代草原人的记忆中，丹驰绝不仅仅是一匹马，它更是美好、忠贞、善良的化身，人们无法忘怀它，是因为每个人的心里，都有一匹属于自己的丹驰。

不仅如此，跟随斡察多年的老臣和家人都还清楚地记得，那个时候，斡察吹笛，承平弹筝，他们夫唱妇随，生活得是那样美满、幸福。

回忆如酒，这一天的宴会，令所有的人沉醉。

宴会前，月即别派人去请母亲，承平委婉地拒绝了。考虑到很快就要回返汗都，月即别想去索兰城堡看望母亲，承平却没有让人打开城门。无法得到母亲的原谅，月即别不得不怀着遗憾离开了索兰草原。

索兰塔送别父亲，回到城堡祖母的房间。祖母通知司厨为她准备了几样她平素爱吃的点心，索兰塔一边喝茶吃点心，一边跟祖母聊起宴会上的种种，显得十分开心。承平默默地听着，脸上不时露出会心的笑容。

索兰塔的胃口不错，她几乎一口气吃掉了半盘点心，承平看孙女这样，反而有点担心了："我的宝贝，这些日子，你父汗没有好好给你吃饭吗？"她这么说，多少带有与孙女逗趣的意思。

索兰塔笑了，又喝了口茶，用丝绢擦擦嘴，这才唤道："祖母。"

承平觉察出孙女的语气不同于往常，"怎么了，宝贝？"

"我想问您一件事。"

"是什么？"

"祖母，您要到底怎么样，才肯原谅我父汗呢？"

承平没想到索兰塔会这样问她，微微愣怔了一下。

"是因为我的腿，让您无法原谅父汗吗？"

承平沉吟着。

"祖母。"

"宝贝，这的确是其中的一个原因。假如这是惩罚，祖母很希望这个惩罚能由祖母来承受。"

"果然啊。您说的跟我父汗说的一模一样，他也说，假如这是惩罚，他希望能由他自己来承受。"

"哦？"

"可惩罚落在祖母身上，父汗一样会感到痛苦。"

"宝贝。"

"祖母。"

"你一定是希望，祖母原谅你的父汗，是吗？"

"是。"

"不是祖母不肯原谅你父汗，是祖母迈不过去心里的那道坎儿。所以，宝贝，祖母只能对你说声抱歉。"

"那么，我可以重新站起来，可以正常行走，您能原谅我父汗吗？"

"你说……什么？"

"我不想再看到父汗悲伤难过的样子。您知道昨天，他一个人在索兰城堡外面站了有多久吗？我想，他一定希望您能打开那扇门，让他回到他曾经的家中。任何人都一样，任何人的心中，母亲就是他永远的家。我从小失去了母亲，幸亏我还有祖母，祖母在哪里，哪里就是我的家。"

承平默然。如此绝情，又何尝是她心中所愿。

"祖母。"索兰塔将手轻轻地放在祖母的手背之上。

"宝贝。"

"我要站起来，我要重新行走，我还要骑马，跟祖母一起，在草原上驰骋。"

"真的吗？"

"真的。"

"你不怕痛吗？你知道自己要经历怎样的痛苦。"

"我知道。我想，我今天只能站一会儿，明天，我就可以多站一会儿，一天一天，我一定能站得更长久。只要我能迈开脚步，我坚信，总有一天，我不需要任何人的帮助，就可以走路，奔跑。我不知道这个过程有多久，我相信不会太久。我只有一个请求，祖母您要答应我。"

"好，祖母答应你，只要你能站起来，能像以前一样走路和奔跑，祖母就敞开心胸，接纳过往的一切，从此，只向前看，向前走。"

"一言为定？"

承平伸出手，索兰塔也伸出手，祖孙二人击掌为誓。

"一言为定！"

第八章　且歌且行

壹

索兰塔说到做到。

从她与祖母做出约定的那天开始，她一方面积极接受大夫的治疗，另一方面在祖母的协助下，开始了站立和增加腿部力量的训练。

天知道她要忍受怎样的疼痛折磨！每一次站起，她都强迫自己站得更久一些，哪怕脸色蜡黄，浑身大汗淋漓，她也绝不叫苦。

承平无法想象在一个女孩身上，这样坚忍不拔的毅力从何而来？或许，这种百折不回的执着，正是成吉思汗血脉相承的印证？

孙女的努力令承平深受震动。她开始明白，一味地沉浸于自责之中，一味地在往事之中纠结，才是真正的懦弱。人活在世上，必须直面痛苦，直面痛苦之后，才能向着未来迈出勇敢的一步。

索兰塔的坚持与坚强换来了命运的微笑。渐渐地，她感到脚底和双腿疼痛的感觉变得微弱，站立的时间也越来越久。后来，她在祖母和大夫的帮助下开始练习行走。从双腿不听使唤，到能独立行走，她的进步突飞猛进。十个月后的一天，当祖母为她牵来她得病前常骑的枣红马时，当她几经努力终于成功地骑在马背上时，她看到两行晶莹的泪珠从祖母的眼中滚落。

这是幸福的眼泪，也是释然的眼泪。

远在别儿哥萨莱的月即别丝毫不知道女儿与母亲的约定，在往来的家信中，女儿没有向他透露一个字。一天，他接到母亲的一封短信，母亲的信上只有一行字：请无论如何抽空回你父亲的封地一趟。

短信没有落款，可他不会认错母亲的笔迹。母亲会给他写信多少让他有些意外，也令他感到担忧。他的心里七上八下，一刻不敢耽搁，将宫廷诸事做了安排，第二天一早便启程赶往索兰城堡。

索兰草原位于别儿哥萨莱的东北方向，离萨莱城五百余里，月即别心急，日夜兼程，只用了不到三天的时间，他的眼中就出现索兰城堡模糊的轮廓。

他猛挥几鞭，向索兰城堡驶去。眼看着离城堡越来越近，相似的情景出现在他的眼前：一如十个月前的那个黄昏，母亲和女儿坐在鲜花盛开的草原上，身披着橙色的霞光，从容地拨响了琴弦。

> 她的眼波比山泉清澈，
> 她的长发如光滑的黑缎，
> 她弯弯的双眉仿佛滴着露珠的莲花瓣。
>
> 它的眼光像游动的鱼儿，
> 它的鬃毛犹如赤色的火焰……

还是那支《奴奴与丹驰》。这是月即别百听不厌的一支歌曲，然而，只有母亲的琴声和女儿的歌声，才能真正地打动他的心。

他勒马停在离母亲和女儿几步远的地方，跳下马背，百感交集地望着她们。

当最后一个音符消散在微热的风中，祖母与孙女依然是会心地相视一笑。随后，她们一起看着月即别。

月即别举步向母亲走来，他只走了两步，又停了下来。

他看到什么？一时间，他简直不敢相信他的眼睛。

索兰塔从琴架后站了起来，张开双手，向他跑来。

这是索兰塔吗？这是他的女儿吗？他是产生了幻觉，还是在做梦？

这个双颊绯红的少女，这个眼眸明亮的少女，真的是他的索兰塔吗？

索兰塔欢笑着跑到了父亲的面前："父汗。"她语调欢快，笑靥如花。

月即别仍似置身梦中一般，无法挪动脚步，也无法挪开目光。

"父汗。"

"你……"

索兰塔站在父亲的面前，"父汗，您不认识我了吗？"

"索兰塔？"

"是我，是我啊，父汗。"

"可……你怎么会……"

"我怎么会站起来，是吗？"

月即别不知道该如何作答。

"父汗，您是不是很惊奇？"

月即别神情恍惚地点了点头。

"不敢相信这是你的女儿吗？"

月即别听到母亲温柔的询问。他抬起眼睛，发现不知何时，母亲已站在他的面前。

母亲的脸上挂着笑容。这是从他母亲脸上消失了五年的笑容。

"母亲？"

"你不是在做梦。索兰塔没事了，她不仅可以走路，还可以骑马，她已经是个健康的孩子了。我写信让你回来，就是想给你一个惊喜。"

"真的吗？"

"千真万确。"

"真的吗？"月即别又问女儿。

"如您亲眼所见。"索兰塔调皮地回答。

"儿子，高兴吧？"承平见月即别仍是一副如梦似醒的表情，便用手碰了碰他的手背，微笑着问道。

儿子？

究竟有多久，他没有听到过这个熟悉、亲切的称呼了？从小，就算赛马结束他顶着寒风回家，只要看到母亲慈爱的笑容，听到母亲温存的话语："儿子，你的耳朵和手都冻紫了。快出去，先不要进家，等我用雪给你擦热了再进来"，或者"儿子，母亲给你熬好了奶茶，是你喜欢的木香奶茶"，他都会觉得格外幸福，格外踏实。甚至在父亲去世后，因为有母亲，他仍然有家。

后来，为了登上至尊的汗位，他亲手毁掉了母亲的笑容，亲手毁掉了温暖的家。他没有退路，也绝不让自己后悔，可每当想起母亲，想起他再也回不去的家，他仍然会感到悲哀和愧疚，他心中的某个角落，仍会不断地向外渗出鲜血。尤其是，每当想起母亲跪在他面前的那一幕，他的心就仿佛被一只手狠狠地揪扯着，一下一下，痛得他几乎透不过气来。

悲哀与愧疚之余，心在流血之余，他还是无法放弃期待。

期待听到母亲的声音，期待母亲对他说出原谅的话，期待回到家里，母亲为他盛上一碗热气腾腾的木香奶茶……

儿子……这不是他的梦境吧？还是今天在他面前发生的一切都太过神奇？

"宝贝，看来你父汗还是不敢相信他的眼睛。"承平对孙女说。显然，儿子被惊呆的样子，是她有意制造的效果。

"是啊，祖母。您猜，今天父汗会不会喝醉？"

"那是一定的，他一高兴就会喝醉。"

祖孙二人的戏谑让月即别的头脑清醒了一些。

"索兰塔。"

"父汗。"

"你的腿没事了，都好了，你真的可以走路了，是吗？"

索兰塔踮起脚尖，在父汗面前转了一个圈，她的身形轻盈、灵活，"您看，我还可以跳舞呢。"

"这……这到底怎么回事？是谁把你治好的？"

"这个嘛，等我们回城堡我再告诉您。"

"回城堡？"

"祖母说，算时间您今天黄昏或者晚上就能赶到，她已经在城堡里您的房间备下了酒席。您一定很久没有喝到祖母亲手熬的木香奶茶了吧？祖母都准备好了，待会儿就熬给您喝。"

月即别望着母亲："母亲。"

"怎么了，儿子？"

"您，原谅我了？"

承平微笑："是啊，儿子，我原谅你了。"

月即别面对母亲跪了下来。他抓住了母亲的一只手，将脸埋进了母亲柔软的掌心里。

藏了许久的痛苦与委屈都在这一刻化作了软弱的泪水奔涌而出。除了大汗的身份之外，他始终是母亲的儿子，女儿的父亲，他始终都是个普通的男人，普通的有着七情六欲的男人。

承平伸出手，不无感慨地轻抚着儿子的头发。儿子的头发从小又粗又硬又黑，相士们都说，这样的男孩子长大后一定意志坚强，而且能够成就一番令人瞩目的事业。那时，她以为这是指儿子长大后将成为脱脱汗的股肱重臣，没想到，儿子却成了金帐汗国至高无上的大汗。

索兰塔看着父亲和祖母，一边笑着，一边流泪。

过了一会儿，承平拭去泪水，从地上用力扶起儿子，"你瞧你，又不是以前的小男孩了，女儿都这么大了，真丢人！"她嗔道。

月即别也觉得有些丢人，胡乱地抹了把脸上的泪水。他看看母亲，又看看女儿，神情已变得格外轻松和愉悦。

索兰塔走过来，拥抱了父亲一下。她对父亲说："我们回家吧。"

"好，回家！"

此时，天色越发昏暗下来，索兰塔拉着祖母的手，月即别走在女儿身边，一家人说说笑笑地向城堡走去。

城堡的墙头亮着灯光，灯光在黑暗中闪烁，仿佛一双双眨动的眼睛，这是在三十岁之前月即别最熟悉的景象。城堡的城门洞开，月即别在门前略微站了一下。

终于，他终于可以回到他曾经的家中。

曾经的，却也是永远的家。

贰

与上次不同，月即别与母亲和女儿在一起度过了愉快的三天，这是他作为儿子和作为父亲度过的三天，与大汗的身份无关。

从母亲口中，他了解到母亲与女儿的约定，了解到女儿经历了怎样的疼痛折磨，以及她为此流过多少汗多少泪，他既感动又欣慰。他问女儿："难为你小小年纪，是怎么坚持下来的？"

女儿若无其事地回答："不管当初经历过哪些事情，我都已经不记得了。重要的是，我做的一切都值得。我可以行走、奔跑、骑马，祖母不用再为我担忧，我又看到父汗脸上的笑容。这才是我想要的生活。"

月即别看了母亲一眼，母亲正微笑着注视着她的宝贝孙女。是啊，能够得到母亲的原谅，能够看到女儿又成为一个健康快乐的女孩，这也是他想要的生活。

在月即别返回别儿哥萨莱前，他恳求母亲跟他回萨莱住上一段时间，顺便看看现在的萨莱城。承平犹豫了一下，说道："我在索兰草原住惯了，喜欢这里的安静，还有简单的生活。冬天的时候我再过去住几天。"

能得到母亲的允诺，月即别已经很知足了。承平倒是劝孙女跟父亲回去一趟，哪怕住上几天也好。索兰塔却模仿着祖母的语气说道："我在索兰草原住惯了，喜欢这里没有束缚，可以让我自由驰骋。父汗您先回去吧，我知道您政务繁忙，等冬天的时候我再跟祖母去萨莱看望您。"

月即别被女儿调皮的样子逗笑了。现在的他，心里不再有难过，也不再有彷徨，他只觉得浑身都充满了力量。他必须像母亲期望的那样，做一个比前代大汗更杰出的君主，建立一个繁荣昌盛的国家。

"母亲，要不等白月临近，我派人来接您和索兰塔吧。那时各国使臣和斡罗斯大公们都会云集汗廷，我要为他们举行一个盛大的宴会。"

白月是蒙古人的新年。金帐汗国是成吉思汗的孙子拔都建立的国家，其立国之本是成吉思汗的《大札撒》。蒙哥汗之后，金帐汗国虽在事实上独立，但从拔都开始的历代金帐汗，包括月即别在内，都始终坚守着一个信条：我是蒙古人，我是成吉思汗的子孙，金帐汗国是蒙古帝国的一部分。

月即别本人比较早便接受和皈依了伊斯兰教，夺取政权后，他也身体力行，努力打造一个伊斯兰教国家。他的宫廷有神职人员，他还在各大城市特别是首都建造了许多清真寺以及宗教学校。然而，总体来说，月即别是个开明的君主，并不具有极端的宗教倾向。考虑到金帐汗国地域广阔、民族成分复杂的实际情况，为了国家的长治久安，他在确立了伊斯兰教国教地位的同时，也不限制东正教和其他宗教的存在与发展。他的宗教政策，严格而论仍是成吉思汗宗教政策的继续：兼容并包。

另外需要坚守的东西还有民族心理。即使过去了几十年的时光，在四大汗国的成吉思汗的后人们，依然没有丢弃祖宗的传统与习惯。

"好。"承平没有拒绝。亲眼看看儿子重建的别儿哥萨莱城和城中那些具有伊斯兰建筑风格的建筑，也是承平的心愿。再说，她坚持不去，孙女也一定不会离开她回到父亲身边，孙女就是这样的女孩，孝顺，却很有主见。

祖孙二人将月即别送出城堡。挥别的一刻，月即别在心中默默地说道：谢谢您，母亲！谢谢你，女儿！

这些年来，月即别与花剌子模总督忽都鲁帖木儿之间，保持着亦君臣亦朋友的关系。可以说，当初若没有忽都鲁帖木儿的全力支持和热心拥戴，月即别也不可能轻易战胜亦勒巴失，夺取金帐汗国的汗位。

作为对忽都鲁帖木儿相助之恩的回报，月即别封忽都鲁帖木儿为王，给了他极大的自治权。但忽都鲁帖木儿是个谨慎的人，他敬佩月即别，无意滥用他的权力。每年朝会，他都会亲赴汗廷，向月即别献上大量礼物。

今年，为了与月即别多盘桓几日，忽都鲁帖木儿提前几天来到别儿哥萨莱，住进了驿馆之中。同一天下午，承平带着孙女索兰塔也回到都城。

自继承汗位，月即别的心情还从未像今天这样充满了激动和喜悦。此前，为了让母亲回到萨莱住着舒适，他亲力亲为，对房间的布置从家具摆放到装饰，每一个细节，他都力求能表达他的心意。别的且不提，就连挂毯的颜色和图案，琴架的材质与雕饰，他都是按母亲的喜好，精心做了挑选。女儿的卧房，紧挨着她祖母的卧房。月即别的心愿是，当他来看望母亲的时候，也可以陪心爱的女儿说上一会儿话。

在母亲和女儿回到萨莱的第二个晚上，他在宫里为她们，为远道而来的忽都鲁帖木儿举行了一个只有个别亲贵重臣及家人参加的小型宴会。

这是忽都鲁帖木儿第一次见到当朝太后。他早听说这个女人与众不同，而且，大汗对她十分敬爱。如今亲眼所见，愈发觉得这个女人聪慧庄重、雍容华贵，比起人们的赞誉犹有过之而无不及。

宴会中没有外臣，月即别便让女儿为大家弹奏了一曲《奴奴与丹驰》。奴奴与丹驰的故事在汗国深入人心，索兰塔的弹奏技巧无可挑剔，嗓音纯净甜润，宛若天籁，置身于这美妙的歌声与琴声中，所有的人都不禁为之陶醉。

忽都鲁帖木儿已连续五年参加朝会，每次都能在宫中得到月即别的热情接待。他与月即别是知交，那时他能感觉出来，月即别的心里压着很重的心事。像今天这样热情洋溢、活力四射的月即别，他当真见所未见。

得到了母亲的谅解，月即别才终于能够敞开心胸。即使他无法预料前方的道路还有多少坎坷，他也不会畏缩不前。忽都鲁帖木儿钦佩这样的雄明英睿之主，与此同时，想到自己的处境，又不觉有几分怅然。

今年四十六岁的忽都鲁帖木儿比月即别年长十岁。多年来，他掌管着富庶的花剌子模，掌管着一支强大的军队。无论在月即别登基前还是登基后，他都是花剌子模名副其实的主人。只不过，在表面风光的背后，他的内心却深藏着无人可述的烦恼。这个烦恼的根源来自于他的家庭。

忽都鲁帖木儿前后一共娶过八房夫人，她们只为他生下两个儿子。长子系正室夫人所生，这是他的嫡长子，他一向对他寄予厚望。次子系三夫人所生，三夫人容貌清秀，精通音律，自嫁入总督府，深得忽都鲁帖木儿的欢心。而次子从小活泼好动、聪明伶俐，也深得他的钟爱。他有一个自认为妥帖的计划——当然，别人并不知道，他觉得时间绰绰有余，没有必要这么早告诉妻儿——他的总督之位将来由长子继承，待次子长到十八岁时，他会把他送入汗廷，让他在汗廷担任职务。

忽都鲁帖木儿的设想原本毫无问题，接下来发生的一切，似乎只能归因为至富至贵人家的劫数。

正夫人一直嫉妒三夫人得宠，三夫人不仅弹得一手好琴，还生就一副婉转动听的歌喉。嫉妒常常使女人失去理智，再加上日常生活中各种难以避免的矛盾累积激化，这一切都促使正夫人做出决定：她要毁掉这个声音，让这个女人从她眼前消失。

一次三夫人生病，她趁侍女为三夫人熬人参粥之际，指使儿子的乳母，像她一样憎恨三夫人的女人，将毒药下在了三夫人的碗里。侍女在毫不知情的情况下将人参粥端进了三夫人的卧房。正夫人一直派人盯着三夫人的动静，可她不知道这中间发生了怎样的变故，最后，喝下人参粥的人不是三夫人，而是二公子卡隆。

卡隆喝了半碗人参粥，很快出现中毒症状。经过御医的紧急抢救，卡隆保住了性命，但他从此失去了说话的能力。

这个打击对忽都鲁帖木儿来说是巨大的，他下令追查下毒的凶手，其结果也只是将无辜的宫女杖毙而已。

三夫人终日以泪洗面。正夫人突然发现，这是远比她看到三夫人死亡更让她痛快的结局，至此，她打消了害死三夫人的念头。与让这个女人从她眼前消失相比，她更喜欢看到这个女人生不如死。

忽都鲁帖木儿请来无数名医为儿子诊治，怎奈收获甚微，儿子再也发不出声音。渐渐地，忽都鲁帖木儿无奈接受了这个悲惨的事实。

更悲惨的事情还在后面。长子二十岁那年，一天起床时因为头疼昏倒。大夫为长子诊治后，说他患有头疾，是因为痰脓之物进入脑中引起。长子是忽都鲁帖木儿唯一的希望了，他恳请大夫一定要治好儿子，大夫以研究药方和抓药为名，诺诺而退，当晚竟逃得不知所踪。临行，大夫留下一封信，说大公子患得是一种恶疾，他无能为力，请总督另请高明。果然，大公子的情况与大夫预言的相同，经过一段时间的治疗，大公子终因病情加重，英年早逝。

长子一死，正夫人万念俱灰，她把这一切都视为天惩。在长子下葬的当天，她向忽都鲁帖木儿招认了一切，她告诉丈夫，当年三夫人粥里的毒是她下的，说完，她当着忽都鲁帖木儿的面，拔出短刀自尽了。

正夫人一死，乳母也跟着自杀。然而，死亡又能挽回什么呢？

忽都鲁帖木儿失去了儿子，失去了妻子，另一个儿子变成了残疾，若非拥有顽强的意志，恐怕他早被这一连串的打击击垮了。他想到自己还年富力强，天下还有那么多女人可娶，总有一个女人能给他生下儿子，总有一个儿子能继承他这偌大的家业，这么想着，他勉强振作起来。

安葬正夫人后，他在几年中又陆续娶了五房夫人。不料天不遂愿，她们哪一个都没能给他生下儿子。就在这样的状态下，卡隆长到了二十岁。

卡隆的失音系中毒所致，并非先天生成。忽都鲁帖木儿既然对自己不抱失望，只能寄希望于儿子。无论如何，只要儿子能给他生下一个或几个健康的孙子，他的花剌子模总督之位依然后继有人。

可说到成婚，事情远没有忽都鲁帖木儿想象的那么容易。卡隆失音之后，性格变得越来越孤僻，对婚姻更是极端抗拒。而那些门当户对的贵族家庭，都知道二公子卡隆是个哑巴，同样没有人愿意将女儿嫁入总督府。

岁月蹉跎，转眼又是三年。

正当忽都鲁帖木儿为儿子的婚事愁肠百结时，他在汗宫见到了索兰塔，这让他萌生了一个念头。

这个念头，固然与他在索兰塔公主身上发现了一种可贵的品质有关，即便如此，仍不能说，他的决定里就不存有一星半点对月即别春风得意的妒忌。与月即别赐给他财富和权力相比，他更希望这个高高在上的男人能够将自己拥有的幸福和快乐分出一部分来给他。

这个念头来得猝不及防，却强烈得无可抗拒。

叁

盛大的朝会结束后，忽都鲁帖木儿回到花剌子模，春末，他派了一个使团，携带一盒每颗都价值千金的夜明珠，向月即别提出了联姻的请求。

忽都鲁帖木儿有恩于月即别。无论在月即别争夺汗位的过程中，还是在他致力于国家建设时，他能够后顾无忧，忽都鲁帖木儿出力最多。对于这样一位被他视作知己的功臣，他不能拒绝他的请求。他稍稍思索了一下，便爽快地同意赐嫁公主。这时，使者说道："总督请大汗赐嫁索兰塔公主。"

月即别以为自己听错了，"你说谁？"

"索兰塔公主。"

月即别呆住了。他确实打算赐嫁公主，可他从来没有打算赐嫁索兰塔。这个女儿对他来说太重要了，她不仅是她祖母的心头肉，还是个能给他带来安慰的孩子。他曾想过，即使未来索兰塔出嫁，他也不会让她离开萨莱城，至于女婿，他可以给这个年轻人在宫中安排一个合适的职位。

天底下没有不偏心的父母，纵然贵为大汗也不能免俗。月即别像钟爱长子札尼别一样钟爱着女儿索兰塔，正因为钟爱，他才会那么费心地为她规划人生。他从未想过让索兰塔远嫁，何况，索兰塔要嫁的，还是一个身有残疾的丈夫。不过，考虑到这是忽都鲁帖木儿的愿望，月即别一时间不好直接回绝。

月即别让使者下去休息了，他独自来到母亲的寝宫。母亲中午喜欢小睡一会儿，索兰塔坐在外间，正在看一本琴谱。

在上朝的时间见到父亲，索兰塔多少有点惊讶。

"祖母呢？"

"祖母睡着了。"索兰塔压低声音回答。

"你怎么不睡一会儿？"

"我没有午睡的习惯。"

月即别在女儿面前的椅子上坐了下来，"在看什么？"

"前些时候，祖母托出使中国的使臣带回一本琴谱，昨天送回来了。我这会儿闲着，正好翻了翻。"

月即别沉默下来，苦恼与忧闷无意间被他带到了脸上。

"父汗。"

"嗯？"

"您有心事？"

月即别看着女儿，他的女儿总是这样聪慧、敏锐，像她的祖母一样。

"是您遇到什么事了吗？"

月即别犹豫着，不知是否该将实情告诉女儿。

索兰塔理解地笑了："国家大事，您一定不能告诉我。我不问了。"

月即别暗想，也许他可以跟女儿商议出一个既能体面拒绝忽都鲁帖木儿又不必伤害彼此感情的办法。

"不是国家大事，是关于……"月即别停顿了一下。

索兰塔放下琴谱，认真地看着父亲的脸。

"总督今天派来了使臣，他提出与我联姻。"

"是吗？那就是两种情况了，是嫁还是娶呢？"

月即别注视着女儿，脸上流露出深深的懊悔："索兰塔，父汗很后悔，那一天，不该让你在家宴上出现。"

索兰塔明白了，"这么说，是我？"

月即别点了点头。

"父汗，我没想过要嫁到那么远的地方，可我不明白，您为什么对这件事感到忧心忡忡呢？"

"总督是希望你能嫁给他的次子卡隆。说起来，卡隆也是总督唯一的儿子了。我没见过这个年轻人，我只听人谈论过，他有残疾。"

"哪方面？"

"他不会说话。"

"天生的吗？"

"不是，是中毒的缘故。好像多年前总督的家中发生过一场变故，具体如何，众说纷纭，我也不太清楚，更不好向总督求证。且不论变故的来龙去脉，总督的次子因为这件事变成了哑巴却是不争的事实。而且，我听人说，由于这孩子不能说话，性格也变得十分古怪。"

"怎么个古怪法？"

月即别摇了摇头。

索兰塔沉默了一下。

"女儿。"

"是。"

"你不用担心，父汗不会让你嫁给卡隆的，父汗来这里，只是想看看你。再过几天，你和祖母先回索兰城堡吧。"

"这么说，父汗拒绝总督的求婚了？"

"不能拒绝。总督有恩于父汗，父汗不能不念旧情。"

"父汗打算怎么做？"

"我准备将你二姐许配给卡隆，本来从一开始我就是这么打算的。"

"为什么是二姐呢？"

"你大姐已经有人家了，按顺序也该轮到她出嫁。"索兰塔的二姐与索兰塔不是一个母亲的孩子，姐妹俩的生日其实只差一个月而已。

"可总督不是向您请求，让我嫁给他的儿子吗？"

"这个不行。都是我的亲生女儿，你和你二姐在身份上没有贵贱之分，我想总督也不能对此过分坚持。"

"父汗，您很不愿意我嫁给总督的儿子是吗？"

"是的。"

"为什么？"

"你是祖母最心爱的孙女，也是我最钟爱的女儿。"

"二姐，她也是您的女儿啊。"

"你们不一样，对我来说不一样。女儿，我很抱歉。"

"你这么烦恼，一定因为这不是您期望的亲事吧？"

月即别苦笑，没回答。

"就是说，这极有可能是一桩不幸的婚姻。"

"我想是的。就算卡隆的性格没问题，他不能说话，终究是个很大的缺陷。"

"既然是桩不幸的婚姻，我怎么可以让二姐去代替我呢？"

"你说什么？"

"如果二姐嫁进总督府，能因为这桩婚姻得到幸福，我自然不想嫁到那么远的地方。我最大的幸福，就是待在祖母身边，待在父汗身边，或者，待在索兰草原。现在的问题是，这明明不是一桩让人期待的婚姻，二姐她又没有做错什么事，我有什么权利让她去代我承受不幸呢？"

月即别怔怔地望着女儿。

"父汗，既然不能拒绝，就让我嫁给那个卡隆好了。假如不幸是我的命，也总比把它转移给二姐更让我心安。"

"女儿！"

"父汗，我没关系。"

"怎么能说没关系呢？你从小失去母亲，那场病，也是父汗给你带来的不幸，你只是个孩子，为什么所有的不幸都要由你来承受呢？"

"或许我的出生，就是为了承受不幸。我若承受不幸，能给家人换来平安幸福，那也没什么不好。再说，正因为我承受过不幸，才有承受不幸的心理准备。"

"不行。祖母呢？你要祖母怎么办？"

"我会说服祖母的。祖母是这世上最通情达理的女人，这个您不用担心。"

"可我……"

"父汗，您能安排我跟总督的使者见上一面吗？"

"你要见他？为什么？"

"我不想轻易认命。至少，在我必须认命前，我不能轻易放弃。说不定，我还有机会为自己做次努力。"

"不行啊，女儿，他是外臣。"

"父汗，我们这样做好了。您让他来拜见祖母，到时候，我们把帘子放下来，我和祖母隔着帘子跟他说话就没问题了。"

"这……行吧。你要什么时候见他？"

"明天中午。这件事，我得先跟祖母商议好才行。"

想到母亲，想到母亲的伤心与失望，想到女儿的牺牲，月即别只觉得心里像压了一块儿巨石一般。

不知道母亲、女儿与忽都鲁帖木儿的使者究竟怎么谈的，谈了些什么，身边人都能看得出来，对于这桩婚姻，月即别接受得十分勉强。婚期定在秋初。这中间，索兰塔与祖母回了一趟索兰城堡，索兰塔说，她想与祖母一道，再制作一把蒙古筝。在索兰草原附近的山林中，不难找到合适的木材。

月即别悄悄问母亲，就这样让索兰塔出嫁，她真的舍得吗？承平沉默片刻，苦笑道："女人的命，不一向都是如此吗？"

那一年，她一样忍痛离开了至爱的亲人，独自留在金帐汗国。从那以后，到外祖父和父母过世前，她与他们，也只再见过一面而已。

母亲的话，令月即别更加难过，他叹息道："来生，我希望索兰塔不要再做我的女儿，我希望她远离所有的不幸，过上平凡快乐的生活。"

承平认真地看着儿子，"你知道索兰塔是怎么跟我说的吗？"

"她跟您说了什么？"

"她说，不管生在什么样的家庭，只要战争存在，人们就无法得到真正的幸福。她很骄傲，为汗国缔造了和平环境的人是她的父亲。她也很庆幸，她能在和平的环境中成长和出嫁。为了这来之不易的和平，她愿意献出自己。"

月即别只觉得眼珠一阵刺痛，强忍着才没让眼泪滚落。

承平轻抚了一下儿子的胳膊："索兰塔是个坚强的孩子。这可能是她面前的又一道坎儿，让我们期待，也祝福她能跨过这道坎儿，获得幸福吧。"

"可以跨过去吗？"

"以索兰塔的智慧，我相信有这样的机会。就算天不遂愿，只要索兰塔能够诞下子嗣，至少谁也不能剥夺她的尊荣。"

"母亲。"

"怎么了，儿子？"

"索兰塔出嫁后，您能不能留在别儿哥萨莱？"

"好。"

月即别没想到母亲会答应，反而有些不敢相信自己的耳朵。

"这也是索兰塔的请求。"

"索兰塔？"

"索兰塔说，让我给她父亲一个家。她的原话是，我在哪里，哪里就是她父亲的家。只要想到她最爱的亲人彼此依靠,心无芥蒂,她就能够鼓起勇气,去改变自己的命运。儿子,你生下了一个处处为你着想的女儿,是你的福气。"

月即别用频频点头掩藏着无奈与自责。正因为索兰塔是这样的女儿,他才更加怨恨自己:他坐上了梦寐以求的汗位,却始终是个无能的父亲。他不能给女儿带来幸福,甚至无力保障她的未来。

肆

在定好的日期,索兰塔依依拜别祖母,拜别父汗,踏上了未知的旅程。

为了摆脱沉重的负疚感,月即别将更多的精力用于处理国家政务。

在下一个盛大朝会来临前,承平收到过索兰塔写给她的几封信,差不多一个月一封。索兰塔的笔触一如既往地充满乐观,她在信中说,等到天气转暖,她会请祖母到玉龙杰赤跟她一起生活。索兰塔是个不会轻易向人诉苦的孩子,单看她的来信,承平和月即别很难确定她目前的生活状态。

为了女儿,月即别不惜放下身架,恳求忽都鲁帖木儿好好照顾索兰塔。忽都鲁帖木儿的回信颇有些语焉不详,只说大朝会时君臣再叙离情。

按照以往的惯例,忽都鲁帖木儿在大朝会的前三天赶来汗廷,出人意料的是,他并不是一个人前来,随行的还有他的儿子和儿媳。

月即别看着他的女儿和女婿。在小夫妻出现在他面前的那一刻,他甚至怀疑自己是不是在做梦。

卡隆与索兰塔双双跪倒,拜见父汗。

"大汗,您怎么了？"见月即别一副完全呆住的模样,忽都鲁帖木儿忍不住含笑发问。在月即别面前,忽都鲁帖木儿一向谨守臣子本分,不过,他们终究是朋友,何况现在,他们还是儿女亲家。

月即别走到女儿面前。

"父汗。"索兰塔仰脸向父亲笑着,语调轻快。

月即别如梦初醒,伸手扶起女儿,又扶起女婿,但此时,他的注意力仍放在女儿身上，"索兰塔，真的是你吗？"

"是我，父汗。我回来了。您的身体还好吗？对了，祖母呢？"

"祖母前些日子感染了风寒，噢，你不用太担心，这些日子已无大碍，她正在寝宫静养，晚上，她还打算见见总督呢。"

"我和卡隆一会儿就去看望她。父汗，我再给您正式介绍一下，这位是我的夫君，卡隆。"

卡隆重又跪倒施礼："儿臣拜见父汗。"他的声音清晰明朗，有一种年轻人特有的朝气和活力。

月即别目瞪口呆。

卡隆……他不是个哑巴吗？这是怎么回事？

"你……你会说话？"惊讶中，月即别有点口不择言。是啊，短短的时间里，发生了太多不可思议的事情，他觉得自己快要失去语言能力了。

卡隆看了索兰塔一眼，微笑着回答："是的，父汗，我会说话。"

"那么……那是什么时候治好的？"

"回父汗，我一直都会说话。"

"一直？可……"

"在遇到我夫人前，我不想说话。从这个角度来说，是索兰塔将我治好的。"

"不想说话，为什么？"

卡隆思索了一下："也许，是因为害怕吧。"

这句话颇有一些值得玩味的地方。月即别也不能让卡隆一味地跪着，伸手将他扶了起来。这一刻，他的女婿就站在他的面前，他蓦然发现忽都鲁帖木儿的儿子，竟是这样一个长身玉立、丰姿俊异的青年。

索兰塔急着去看望祖母，她对父亲说："您和我父王先聊着，我和卡隆先去祖母那里了。祖母看到我，看到卡隆，不定有多高兴呢。"

月即别止住了女儿："你先等等。"

"怎么了，父汗？"

"卡隆的事，你是不是应该先告诉祖母啊。我担心她……"

"这个您不用担心，祖母知道的。"

"你说你祖母知道？"

"是啊，我在信里告诉祖母了。我拜托她，让她先不要告诉您，我和祖母约好，要给您一个惊喜。还记得上次我腿好了，您有多么惊奇，多么高兴吗？我只是不知道祖母生病的事。"

月即别纵有满腹疑惑，也不好当着忽都鲁帖木儿的面没完没了地追问下去，他摆摆手："你们先去吧。晚上，和祖母一起参加宴会。"

"知道了，父亲。"

目送着女儿女婿离去，月即别想起，他还没顾上给忽都鲁帖木儿赐座呢，"你坐吧。"他示意忽都鲁帖木儿坐在御座下面的座位上，他也准备回到黄金宝座上。

忽都鲁帖木儿在他的身后跪倒了："大汗。"

月即别吃了一惊，急忙回身将他扶了起来，"你这是做什么？你我君臣之间，不用讲这样的虚礼。"

"不是，大汗。这一跪，我是感谢您。"

"感谢我？"

"是啊。感谢您，将福气赐给了我家。您明知道卡隆身有残疾，却还是把自己最心爱的女儿嫁给了他。我不知道那个时候您是以什么样的心情让女儿出嫁，但公主的出现，给我们父子夫妻带来了幸福，也给花剌子模带来了希望。您的恩德，我忽都鲁帖木儿无以为报！我只想请大汗相信，我这一生，直到生命终结，都是大汗之臣，我永远不会做出背叛大汗的事情。"

月即别微微一笑，"你的忠心，我怎么可能不相信呢！不瞒你说，这件事引起了我的好奇心，你能告诉我，这究竟是怎么回事吗？"

"您想问我卡隆的事吗？"

"没错。来，你过来坐下，说给我听听。"

伍

此时，宫中没有旁人，君臣二人对坐，难得可以唠唠家常。

"大汗，您对臣家里发生的变故，是否有一点点了解呢？"

月即别摇摇头："实在说，内情并不清楚。"

忽都鲁帖木儿叹了口气："虽说家丑不可外扬，但对陛下，臣也不能相瞒。"

他遂将十多年前在大夫人与三夫人之间发生的那桩惨事原原本本地给月即别讲述了一遍。

月即别这才明白过来："卡隆中毒，原来是这个原因。"

"不过……"

"不过什么？"

"卡隆并没有中毒。臣的意思是，卡隆的确出现过中毒的症状，但事实上，他的中毒并非很深。"

"你在说什么？我怎么听不懂你的意思。"

"大汗莫急，且容臣一一道来。大汗不知道，卡隆小时候是个十分顽皮的孩子，活泼好动，喜欢到处跑来跑去。卡隆有个贴身护卫，在入宫前家里以变戏法为生，入宫后，他为了逗卡隆开心，经常会变些戏法给他看。卡隆好奇心重，跟他学了不少技巧。也难得卡隆聪慧，一学就会。您也知道，在宫里，是不能容许卡隆学习这些低微手段的，所以对这件事卡隆从未告诉过别人。那次他母亲生病，他去厨房看粥熬好了没有，结果正好看到那个女人将一种奇怪的东西加进粥里。卡隆当时吓坏了，他不能确定粥里加的是什么，便跟着侍女来到他母亲的卧房，吵着要喝粥，接着，他当着他母亲和其他人的面尝试了一个他玩得最好的戏法：他尝了一口粥，极少一点，在别人看来，他却是将那粥喝掉了差不多半碗。他的想法是，他若没问题，剩下的半碗粥再给他母亲喝也不迟，但他很快出现了症状，这让他的怀疑得到了确证。在大夫的紧急救治下，卡隆保住了性命，与此同时，粥里查出了剧毒，受到怀疑的侍女也遭到杖毙，而真凶尚且安然无恙。这件事在卡隆的心里留下了永远的阴影，为了保护母亲不再受到伤害，更为了躲开府中的纷纷扰扰，他索性假戏真做，再不开口。"

月即别听得阵阵心寒。他想起在宫变中死去的堂兄，那时，母亲也一定是怀着与卡隆相同的心情，才不想再同他说一句话的吧？

"后来呢？"

"卡隆会说话的事，我和他母亲都不知道。他愿意重新开口，这都是公主的功劳。"

"哦？索兰塔吗？她怎么做的？"

"这个嘛……再具体的我也不是很清楚了。毕竟是他们小夫妻的事，我也不好多问。总之，卡隆现在有足够的勇气去面对一切。是公主来到他身边，才让他相信，这世上还有真情，还有美好。"

如忽都鲁帖木儿所言，作为父亲，月即别同样只能压下好奇。唯有一件事他不会弄错，与他预想的不同，他女儿现在生活得很幸福，对于在夫家备受尊崇的女儿，他只需为她祝福，不需为她担心。

以卡隆的性格，索兰塔的婚姻不可能不经历一点磨折。但不论几个月前发生过什么，经历过什么，此时索兰塔向祖母娓娓道来，倒像在讲述一个有趣的故事。

索兰塔曾用四年时光，忍受了无数疼痛折磨才能够重新站起，重新走路，这段经历，让她拥有了强大的精神力量。从一开始，她对这桩连父亲都不看好的婚姻就不抱有任何期待，她为自己定下了四年的期限，假如她用四年的努力也无法让卡隆接受自己，她将请求父亲，让父亲出面，向总督解除婚约。

怀着这样的想法，在盛大的婚礼结束后，一对小夫妻开始了耐力的比拼。

事实上，婚后第一天索兰塔就遭到了新郎的冷落。

新郎独自待在新房对面的书房中，索兰塔等了一会儿，感到又困又乏。她连连打着哈欠，留了一张字条，字条上写着：夫君，我很困，先睡了。写完，十七岁的新娘上了床，工夫不大，便毫无心肺地进入了梦乡。她甚至不知道卡隆中间悄悄进来过一趟，看到了她写的字条，也看到了她熟睡的模样。

第二天，新娘按惯例要给公婆敬茶，探望长辈，分发礼物。

忽都鲁帖木儿的二夫人在他迎娶三夫人前就已去世。正夫人自尽后，忽都鲁帖木儿将三夫人扶正。可因为卡隆中毒的缘故，夫妻二人心存芥蒂，关系也受到影响，彼此的感情越来越淡漠，越来越疏远，到忽都鲁帖木儿又娶了五房夫人，他对三夫人基本只剩下礼节上的关照了。

茶却必须要敬卡隆的生身父母。三夫人没想到，自己还有活着看到儿子卡隆成亲的一天，而且卡隆的妻子还是汗国名副其实的公主。婚礼上三夫人第一次见到索兰塔，就觉得这个女孩落落大方，进退有度，不愧是月即别汗的掌上明珠。如今在明媚的阳光中再看索兰塔，愈发觉得她的儿媳眉目聪慧，端庄秀丽，讨人喜欢。

索兰塔给公婆敬过茶，向婆母献上礼物，又陪二位长辈说了会儿话，便去看望总督的另外五位夫人。索兰塔出嫁时，父亲给她准备了丰厚的嫁妆，这中间，包括索兰塔下赐给总督府各色人等的礼物。索兰塔出手阔绰，礼貌周到，忽都鲁帖木儿的几位夫人无不心花怒放，对索兰塔的好感也油然而生。

这一圈走下来，索兰塔累得全身骨头都似散了架。她回到房间，只剩下一点力气在纸上写了几个字：夫君，我好累，先睡了。接着一头倒在床上，睡得比头一天还快，连衣服都没顾上脱。

卡隆人在书房，耳朵却一直都在听着索兰塔的动静。索兰塔回来和进卧房他都知道，但很快，卧房里便没了动静，他心想索兰塔是不是又睡着了，偷偷回来一看，与他预想的一般无二。

从这一刻起，这个一心想要冷落新娘的新郎，反而有了被新娘冷落的感觉。

陆

卡隆的府邸建于总督府北侧，称北府；忽都鲁帖木儿与妻妾们的府邸建在中部，统称中府；南侧是办公区域，也设有忽都鲁帖木儿接待宾客的大厅和客房，称作南府。隔天起床，索兰塔在陪嫁侍女的帮助下将礼物一一分发给在北府做事的所有仆役及丫环，每个人都得到了一份价值相当的礼物，她的慷慨令大家对她感激不尽。做完这件事，她让丫鬟抱着蒙古筝跟她去了婆母那里。她昨天奉茶时发现婆母气色不是很好，打算今天过去给她弹奏几首曲子，哄她开心一下。

想当年，三夫人弹奏箜篌（这里指竖箜篌，很早以前由波斯传入中亚、印度，东汉时传入中国）的技艺在花剌子模堪称首屈一指。儿子失音后，她心中悲痛，早将箜篌束之高阁。她没想到儿媳的蒙古筝弹得如此娴熟，儿媳的歌喉比之当年的她还要甜润纯净，婆媳二人聊起音乐，聊起乐器，颇有遇到知音的喜悦。三夫人一时兴起，让人从阁楼取回了箜篌。

索兰塔在金帐汗国时没有见过这种乐器，她没想到三夫人也会弹奏《奴奴与丹驰》。同样的曲子用箜篌弹来，别有一番不同的韵味。二者的区别是，蒙古筝的音色厚实缠绵，如泉下白石；箜篌的音色则清越空灵，如飞瀑凌空。

留下陪婆母吃过晚饭，索兰塔跟婆母约好，明天开始，她每天下午过来跟婆母学习弹奏箜篌。三夫人当然欢迎儿媳，只是，她有点放心不下儿子。斟酌了一番词句，她问道："你每天过来，卡隆那里没问题吧？"

索兰塔愣了片刻。婆母不提，她差点把这个人忘了，"您说卡隆有什么问题？"她懵懵懂懂地问。

"你们是新婚，不在一起可以吗？"

"为什么不可以？"

"卡隆，他对你还好吗？"

"不知道啊。我这几天没见过他呢。"索兰塔诚实地回答。

"什么？你说你没见他？"

"是啊，他晚上不回来。婚礼那天没注意，也不知道他长什么样。"

三夫人见索兰塔一副满不在乎的神情，心想这公主看着聪明，脑瓜是不是有点不灵光？话又说回来，此事多亏公主不计较，否则总督那里还真不好向大汗交代。

"对不起，公主。"

"您道什么歉。还有，我是您的儿媳，你直接称呼我的名字就好。"

"都怨我，害了卡隆，他才会变成这样。"

"卡隆的事，我不太清楚。我和父汗只知道他不能说话，而且性格很孤僻。"

"你父汗知道，为什么还肯把你嫁给卡隆呢？"

"因为这是总督的愿望。"

"你不觉得委屈吗？"

"那能怎么办呢？我若不出嫁，父汗就要把我二姐嫁给卡隆了。我二姐从小娇生惯养的，不像我能经得住事。"

三夫人注视着索兰塔，对她的直言不讳无可奈何。的确，她面前的这个女孩可能没有那么精明，但她的坦率与真诚是如此难能可贵。

"我听总督说，你是你父汗最宠爱的女儿。难道，他不娇惯你吗？"

"不，我父汗不娇惯他的任何一个儿女，实在说，他也顾不上娇惯我们。有母亲的孩子，才会被娇惯呢。我呀，很小的时候母亲就去世了，是祖母把我带在身边，亲自抚养长大的。我父汗是个孝子，他这一生，最敬重最热爱的人就是我祖母。可能因为我自小在祖母身边长大的缘故，他对我的确比对别的子女更珍惜。且不说祖母在我身上倾注了多少心血，单从父爱的角度，我得到的也远比其他兄弟姐妹为多。我得到了这么多的爱，理应回报他们，不是吗？"

索兰塔说完，笑嘻嘻地离开了。三夫人目送着她的背影，心中暗想，等哪天儿子过来看望她，她会把自己与儿媳的这番对话告诉儿子。她必须让儿子知道，这是天赐的姻缘，他千万不要错过这个最适合他的女孩。

这是索兰塔嫁到总督府的第三个晚上，她对卡隆不见踪影已习以为常。从婆母的府上回来，她给祖母写了封信，大谈特谈箜篌这种乐器，她说，她要学会弹奏箜篌，等哪天她回萨莱探望祖母，她要把箜篌带回去，弹给祖母听。

写完信，她忘了给卡隆留字条，收拾一下就睡了。

卡隆人在对面的书房。这一宿，他比往常更加不容易入睡，好不容易睡着了，又做了许多光怪陆离的梦。

索兰塔做姑娘的时候就闲不住，现在做了人家有名无实的妻子，她的性格还是一样地好动不好静。因她下午才去婆母那里，上午，她征得总督的同意，去了马苑。这里养着许多西域宝马，她挑了一匹与她最有眼缘的，美美地打发了一上午。

中午稍事休息，下午她去婆母那里时与卡隆走了个对头。卡隆目不斜视，从她身边走过，她却在他身后叫了一声，"卡隆。"

她只是试着唤了一下，没想到卡隆真的站住了。

卡隆不知道她有什么事，回头看着她。她站在那里，将卡隆上下打量了一番，又在他的脸上很认真地端详了一会儿。之后，她什么也没说便走掉了。

卡隆被她的这个举动弄得莫名其妙。

晚上回来，索兰塔发现桌子上放着一张字条，字条上有卡隆写给她的一行字：你叫住我，是有什么话要对我说吗？第二天，索兰塔出门后卡隆看到了她的回答：没有。我只是想看看你长得什么样。

从这天开始，这对陌生的夫妻开始了他们颇具喜感的"交流"。

卡隆的第二张字条是这么写的：我的长相吓到你了吗？

索兰塔回答：你就这么没自信吗？其实，你长得挺有人样的。

第三张字条，上面的字迹笔墨很重，显然留字条的人当时有些生气。字条上是这样一句话：你每天出去，都不要尽妻子的义务吗？

索兰塔问：妻子的义务是什么？你要喝木香奶茶吗？我熬给你。

好不容易熬到第二天，索兰塔又去骑马了。卡隆来到卧房，看到索兰塔的回答不由得泄了气，他留字：你明天不要出去，就熬奶茶给我喝。

索兰塔的回答还在当天晚上：后天吧。你至少得先告诉我，我熬完奶茶，给你送到哪里？

卡隆第二天告诉她：送到书房吧，我在书房等你。

索兰塔晚上回答：好，没问题。

索兰塔说到做到，第二天一早真在约好的时间熬了奶茶给卡隆送到书房。卡隆看到她，心里突然有些慌乱，他怕被她看出来，在字条写道：可以了，你出去吧。

她在下面写道：锅里还有，你想喝的话，让他们再盛给你。我去骑马了。

卡隆不想让她去骑马，他写道：你每天骑马，不累吗？

她回答：你每天看书都不累，骑马就是玩儿，怎么会累？

卡隆问：你不能在家待着吗？

她回答：待着多没意思。要不你喝完奶茶，也跟我一起去骑马吧。

卡隆犹豫了一下。对于这个提议，他有点动心，可他一时还无法放开自己。我不去。他写道。

那明天我还熬奶茶给你喝。我先出去了。索兰塔写完，就离开了书房。

卡隆见她又走了，气得要命。回头再喝木香奶茶，发现还真是别有风味。

柒

由于木香奶茶，夫妻俩的关系算是向前迈进了一小步。中午直到吃过午饭，索兰塔也没回来，不知道去了哪里。卡隆的心情莫名地烦躁，他放下书，去东花园散了会儿步。在回廊下，他无意中听到一对夫妻这样几句对话。

男人说：少夫人的马骑得真好。

女人说：大汗的女儿嘛。

男人说：是啊，大汗的女儿，那可是名副其实公主。可你看少夫人，一点都没有那种盛气凌人的架子，对咱们这些下人也总是喜笑颜开的，还给咱们准备礼物。

女人说：可能因为，少夫人是带着阳光嫁进北府的。

男人说：你说带着阳光吗？

女人说：是啊。你不觉得自从少夫人进了这个家门，这宅子就开始变得亮亮堂堂的？不瞒你说，以前我在这宅子里做事，心里总觉得毛毛的，就好像有什么东西在背后盯着我似的。昨天，我遇上侍候夫人的丫鬟齐小了，我听她说，自从少夫人嫁过来，每天去看望夫人，跟夫人学习弹箜篌，夫人的精神和身体都变好了许多。齐小还说，她现在更喜欢在府中做事了，夫人和少夫人弹奏乐器的时候，她们可以站在门口听呢。可惜少爷还是老样子，要不咱们守着少夫人，肯定也有这样的耳福。

男人说：像少夫人这样的人，少爷也不喜欢么？

女人说：谁知道呢！咱们是看着少爷长大的，那年不是出了那件事，他也是个很可爱的孩子。希望这一次他不要太固执，赶走能让他的心变亮堂的阳光。

男人与女人说话间，男人已经把手推车修好了，他扶好车，女人跟在他的身旁，他们一起向花园深处走去。卡隆听到他们说的最后一句话是：多好的少夫人啊，像个孩子一样……

卡隆回到后堂。他在门口站了一下，发现那对夫妻说得没错，这个家，似乎真的有了生气，再不像以前那样阴暗沉闷了。

在回书房前，他先来到卧房。丫鬟已将卧房收拾得干干净净，对于夫妻不曾同房的事实，索兰塔从来不做掩饰，她好像不懂这些。卡隆不觉想起那对夫妻说的话：多好的少夫人啊，像个孩子一样。

卡隆来到书桌前，留下字条：你去哪里了？怎么中午也不回来？以后，午饭必须回来吃。

留下字条，他回到书房，躺在床上。从很早以前就感觉难熬的时光，如今在焦灼的等待中变得更加漫长。唯有心境发生了某种变化：以前，是不甘，是恐惧，是厌倦；现在，心里有了一个想见的人，有了想要了解她的欲望。

这一切的变化都发生得太快，快得让卡隆有点难以接受。

索兰塔每天都是吃过晚饭才回来。她径直回到卧房，她与婆母约好，要将一支好听的花剌子模民歌用蒙古语改编一下，再用箜篌和蒙古筝合奏出来。索兰塔的悟性好，不过几天的时间，她的箜篌已经弹得像模像样了。

她洗漱完，看到了卡隆的字条。她笑了笑，准备明天再做回答。这会儿，她想先将箜篌的图样画出来，以后也照样做一把。等哪天回国，她要用自己制作的箜篌弹给祖母和父汗听，说不定祖母也有兴趣跟她学呢。在离开祖母和父汗的这些日子，她一天比一天想念他们。

她拿起笔，这时，她听到了敲门声。

这么晚了会是谁呢？难道是卡隆？

她走过去，把门打开。卡隆就睡在对面的书房，卧室的门一直不曾上锁。

果然，卡隆手里举着烛台，正怒气冲冲地站在门外。

两个人就这样，一个在门里，一个在门外，互相看了好一阵儿。

"你还没睡？"

卡隆没回答。索兰塔突然想起来，他没法回答。

"要进来吗？"索兰塔有点尴尬。

卡隆伸出手，毫不客气地把索兰塔拨拉到了一边，他走到桌前，飞快地写下一行字。索兰塔走过来，借着烛光看去，只见他写的是：你非得等明天才能回答我的问题吗？他的字迹很凌乱。

索兰塔这才明白他为什么事生气，她在他的问题下面做出回答：中午父王过来看望婆母，她派人接我去陪她和父王吃饭。

卡隆心想，这都什么爹娘！吃饭让媳妇去陪，难不成我是捡来的？

他们接下来的"对话"长得超出了卡隆的预想：

以后不回来，要记得跟我说一声。

好。

不行，你以后中午必须回来。

好。

还有，以后有任何事都必须提前告诉我。

好。

就会说这句话吗？

那你要我怎么回答？

算了。明天熬奶茶的时候，记得把早饭一块儿准备好。

你想吃什么？

你不知道吗？

我问过，他们说你不吃早饭。

明天吃。

有没有想吃的东西？

没有。

那我给你准备馕和奶食吧，慢慢你就吃惯了。

也行。吃过早饭，你打算做什么？

骑马。

你为什么每天都要骑马？

我曾经有四年不能走路。那天，当我重新骑在马背的时候，我感到自己仿佛得到了全世界。现在也一样，奔驰的感觉让我很快乐。

你说，你四年不能走路？

对。

那是怎么回事？

故事太长，改天写给你。

你说，我听。

不，我会写给你。

我的耳朵听得见。

我知道。

你不用写。

我要写。以后，这就是我们交流的方式。

卡隆看着索兰塔，他明白，这是她的好意。

好吧，我等着。早点睡吧。

晚安。

索兰塔目送着卡隆离去。卡隆的内心，其实很想听到她一句挽留的话。

捌

第二天早晨，趁着卡隆喝奶茶的工夫，索兰塔真的把她的故事写给卡隆看，她写得比较简单，可也写满了一页纸。

卡隆对着这张纸看了许久，女孩的不幸与坚强令他心潮翻滚。过了一会儿，他另外拿过一张纸。

难怪你那么喜欢骑马。他写道。

是啊。

那好，上午，我们去骑马吧。

你也去？

不可以吗？

你会吗？

废话！让你开开眼界。

赛一场？

好！你等着输吧。

卡隆骑在马上，颇有武士的风范。跟索兰塔在一起，一上午的时间过得飞快，至于谁赢谁输，卡隆倒没有那么较真。午时，两个人汗涔涔地回到家里，索兰塔习惯性地推开了卧房的门，卡隆拉住了她。

她看着卡隆。卡隆指指书房，做了个一起吃午饭的手势。索兰塔点点头，示意自己要换身衣服。

仆人们看到一上午少爷与少夫人一起进进出出，中午小两口还在一块儿吃午饭，都觉得有些兴奋。少爷仍未与少夫人合卺，这让仆人们感到担心，毕竟，大家还是很希望带着阳光嫁进总督府的公主，能变成北府真正的女主人。

吃过午饭，索兰塔问卡隆要不要下午一起去婆母那里，卡隆摇头拒绝了。索兰塔命仆人过来收拾，她向卡隆告辞，说她要回去小睡一会儿，卡隆不愿意让她离开，却找不出留下她的理由，只能看着她走了。

索兰塔的箜篌越弹越娴熟了，三夫人将全部技艺都传给了儿媳。然而她心里最在意的事，还是儿子有没有与儿媳同房？索兰塔的个性原本简单透明，她也没有必要转弯抹角。她问索兰塔："卡隆还睡在书房吗？"

索兰塔回答："是啊。"

三夫人心中忧虑，抱怨道："这个卡隆，怎么还睡在书房？"

索兰塔纳闷地问："他不睡书房您让他睡哪儿呢？总不能让他睡在外面吧。"

三夫人被儿媳这句话逗得"扑哧"一声笑了。笑过之后，她心里更犯愁了：这该如何是好？这俩孩子，一个是心思太重，一个是单纯过了头，这样两个人，究竟什么时候才能变成真正的夫妻？

三夫人的担心显然多余了。

索兰塔忍受四年病痛，付出无数汗水与泪水，才能重新站立和行走的事实，以及索兰塔在这个过程中表现出的顽强意志，都让卡隆为之深深震动。他经过一个下午和一个晚上的思考，做出一个决定。

第二天吃过早饭，卡隆没有陪索兰塔骑马，他去了母亲的住所。在向母亲吐露了一个被他隐藏十年之久的秘密后，他与母亲开诚布公地长谈了一次。三夫人看着终于走出阴霾的儿子，流下了悲喜交集的泪水。

中午索兰塔骑马回来，卡隆仍在书房等她。两个人刚刚吃过午饭，三夫人派人来通知索兰塔，她下午有要事与总督商议，不能与索兰塔一起弹琴了。这是三夫人与儿子的约定，同时也是事实。儿子的事，三夫人必须亲口告诉丈夫。

索兰塔倒没觉得什么，不能与婆母一起弹琴，她还有别的事情想做。

卡隆拿过纸，问她：你下午打算做什么？

她考虑了一下：我可不可以出府？

出府？

听说玉龙杰赤建设得很美，我想四处走走，跟别儿哥萨莱做个比较。

见索兰塔一心只惦记着玩儿，卡隆真的恼了，他冷冷地说道："不行！"心里的话是，没有我陪着，绝对不行。

索兰塔手里的笔掉到了桌子上。她瞪着卡隆，一脸的震骇。

卡隆见她的一双眼睛瞪得溜圆，想笑，又忍住了，"怎么了？大白天见鬼了？"

索兰塔使劲拍了拍胸口，好半晌都没能缓过神来，"你……你……"

"你什么你？"

"你……你什么时候会说话的？"

"具体的时间不知道。少说也有二十多年了吧。"

"那……"

"别'那'了。我跟你说，你没见鬼，我会说话，只是不想说而已。"

"为什么不想说？"

"你管呢！"

接下来，索兰塔说了一句话，到底把卡隆逗乐了。

"我的天哪！十年哪！我一天不说话都不行，难为这十年，你是怎么憋住的！"

卡隆走近索兰塔，抓住了她的肩头。索兰塔见他离自己这么近，不由自主地向后退去。

卡隆进一步，她退一步，渐渐地，她的身体抵在墙壁上，退无可退。

"怎么，害怕了？"

"没……没，没有啊。"

"我会说话了，你怎么变成结巴了？"

"你……你去床上坐着吧。不用离这么近说话，我听得见。"

卡隆不无感慨地凝视着索兰塔涨红的脸颊。其实，从第一天看到她熟睡的脸容开始，他已经在心里想着她了。在新婚的第一天受到丈夫的冷落，却还能睡得如此踏实的女子，恐怕也只有他面前的这个傻丫头了。事实上，对卡隆来说，这十天的试探与忍耐，比之那十年的静默还要艰难。

"不离这么近，有件事我没法教给你。"他双手撑着墙，将她箍进了自己的"包围"中。他的眼睛对上了她的目光，不怀好意地笑道。

"什么事？"

"你不是问过我，什么是妻子的义务吗？我跟你说，那可不是熬木香奶茶。"

"你要做什么？"

"你说呢？"

索兰塔下意识地用手推了卡隆一下，卡隆立刻钳住了她的手腕。索兰塔没想到，看似文弱的卡隆，竟有这么大的手劲儿。

"放开我……"索兰塔还想挣扎。

"别乱动！现在，就让我来教给你，要怎么尽妻子的义务。"

面对身材高大、身形灵活的卡隆，索兰塔动不得，逃不掉，只能投降了。这是索兰塔嫁入总督府的第十天，她与卡隆结成了真正的夫妻……

玖

盛大的朝会结束后，索兰塔被诊出怀有身孕。这对一心盼望总督府后继有人的忽都鲁帖木儿来说，简直是天降喜讯。为了确保母子平安，忽都鲁帖木儿决定让儿子陪儿媳留在汗宫待产。月即别乘机提出，让卡隆在汗宫担任几年官职，历练一下，将来也好接替总督的职位。忽都鲁帖木儿真心觉得他们夫妻父子的尊荣幸福皆拜大汗所赐，是以毫不犹豫地答应下来。

其实，在陪公公和丈夫回国前，索兰塔已知道自己怀有身孕。陪索兰塔出嫁的乳母很有经验，且粗通脉象，索兰塔月信过期不至，乳母为她把脉后，断定她有孕在身。当时离大朝会也只剩下不到两个月的时间，索兰塔遂与卡隆商议，说她想在祖母身边生下孩子，让卡隆帮她瞒着公婆，等他们回国后再宣布这个消息。卡隆是真宠索兰塔，说了句"小坏蛋"，也就同意了她的请求。

而今，索兰塔小小的计谋得逞，她终于可以与她日夜思念的亲人共度一段美好的时光了。

送别忽都鲁帖木儿，月即别正式委任卡隆副财政大臣一职，主要任务是协助财政大臣管理城市经济。

金帐汗国与宗主国、诸汗国以及欧洲国家有着频繁的贸易往来。经过几代大汗的保护和经营，拔都萨莱、别儿哥萨莱、玉龙杰赤、保加尔、克里木等城市成为东西贸易的集散地。月即别登基时，来自中国、中亚以及欧洲的商品都运到这些城市，通过这里再运往东西方各国。

克里木及其港口是联络东西方的枢纽，从克里木出发，到玉龙杰赤，再转向河中方向，可到达不花剌和撒马尔罕；从玉龙杰赤出发，通过草原，经讹答剌与阿力麻里，可到达元大都及和林。此外，还有一条通往中国的商道：从丹纳出发，通过萨莱至玉龙杰赤，或通过萨莱至讹答剌，再经阿力麻里到达甘州，然后前往大都，整个行程只需要九个月的时间。

马匹贸易在汗国贸易中仍占有重要地位，钦察草原的马被运往各国，其中以汗国与印度马匹交易最为活跃，商队最多时可贩运六千匹马。

商业发展的需要，也造就了商人们在汗国政治生活中占有特殊地位。斡脱商是汗廷指定的商业代理人，不少在朝廷担任官职或担任使节。他们具有经商实力，常常投资和垄断手工业生产。而得到大汗特许的斡脱商，还可包办州或城市的税赋。

汗国幅员辽阔，社会发展水平不一。玉龙杰赤、拔都萨莱、别儿哥萨莱、阿速、喀法、速答黑是贸易中心。南俄和北高加索大草原是土库曼人、康里人、钦察人、蒙古人放牧的地方，伏尔加河和卡马河地区与梁赞州，是粮食生产区。税收种类分农村和城市两种，有实物税和货币税，大汗有权征收临时税。税率是十分之一。

作为蒙古帝国的组成部分，月即别以前的历代金帐汗在宗教上都奉行信仰自由。忙哥帖木儿统治时代，东正教受到重视，教会成为特权团体，他们的工作是为斡罗斯人提供精神与道德上的指导，这是东正教的繁荣时期。月即别在巩固了伊斯兰教的国教地位之后，对东正教也延续了忙哥帖木儿时期的保护政策。

月即别在致力于富国强民的同时，还格外注重维护法律的公正性和严肃性。作为大汗的女婿，卡隆用他的眼睛见证了汗国的富足与安定：往来使节与商队，止则有馆舍，饥则有供帐。月即别向往的国家形态，是许多前由察合台汗国第一任大汗察合台亲手创造的盛景：一个头顶黄金碗的女人，不需要任何人的保护，可以从汗国一端走到另外一端。许多年后，同样的盛景出现在金帐汗国。

对于克里米亚半岛上的热亚那人，月即别也改变了脱脱汗时期的敌对，默许他们在卡法实施自治，这使金帐汗国获得了稳定的贸易出口。另外，月即别给威尼斯商人提供了便利条件，允许他们在亚速海岸的塔纳进行商业自治。在月即别汗的支持下，威尼斯商人获得了巨大的利润。与此同时，东方商品通过热亚那商人与威尼斯商人的买卖，源源不断地流入西方市场。

在月即别的统治下，金帐汗国处处呈现出一片繁荣、兴盛的景象，而且正在成为元帝国、伊儿汗国、察合台汗国与西方进行贸易往来的最大中转站。月即别用他的努力，打通了东西方的贸易壁垒，在一座又一座富庶的城市，来自中国、印度、中亚、西亚和欧洲的商品都在这里交汇。

卡隆在金帐汗国供职十二年，这期间他亲身参与的另一件大事是立陶宛公国与金帐汗国对谁将成为斡罗斯的保护者展开了资格争夺。

六十多年前（1263 年），弗拉基米尔大公亚历山大·涅夫斯基将莫斯科作为自己最小的儿子丹尼尔·亚历山德罗维奇的领地，这位丹尼尔，就是莫斯科的第一位大公。丹尼尔在位时，正是金帐汗国的强盛时代，他对金帐汗极其恭顺，这使他得到历代金帐汗的扶持，势力发展极快。

丹尼尔去世后，其子雷凡即位，是为雷凡一世。雷凡遇到的是月即别时代，这更是一个值得他尊重的时代。在立陶宛公国对金帐汗国的权威发起挑战时，他毅然出兵支持月即别汗，也由此得到了"全斡罗斯大公"的封号。

元文宗至顺元年（1330），忽都鲁帖木儿在花剌子模病故，月即别命卡隆回国接替了父亲的总督职位。索兰塔恳请祖母随自己回玉龙杰赤生活了一段时间，次年，在承平的坚持下，卡隆和索兰塔派人将承平送回汗国首都。孙女与祖母依依惜别，相约年底大朝会时再见。这个愿望终究没能实现，承平在回到别儿哥萨莱不久便撒手人寰。月即别按照母亲的遗嘱，将她与父亲合葬在索兰草原。

月即别有足够的理由相信，除了住在元大都的宗主皇帝，再没有一位大汗拥有比他更大的权力，比他更多的财富。他唯一的心病只剩下阿哲尔拜展还为伊儿汗国占据，说起来，这也是历代金帐汗的心病。

不巧的是，差不多与脱脱汗同一时期，合赞成为伊儿汗国的第七位大汗，作为伊儿汗国最贤明的君主，合赞汗以及他的后继者完者都汗在世时，伊儿汗国的国力达到鼎盛，其强盛程度绝不亚于金帐汗国。月即别知道自己这时贸然出兵，最多只能与伊儿汗国打个平手，这种得不偿失的事，月即别不会尝试。

完者都汗去世后，只有十三岁的不赛因登上汗位。少年大汗的即位让月即别看到了机会。元顺帝元统二年（1334），月即别亲率军队发动南征，没想到，不赛因虽然年轻，却是一位善于用兵的大汗，他击退了月即别的进攻。

这场战争过后，不赛因在回师途中病故，伊儿汗国随之陷入内乱之中。月即别决定再次出兵伊儿汗国。他为此进行了充分的准备。

元顺帝至正二年（1342），月即别率兵南下，准备在攻下阿哲尔拜展之后，一举征服整个伊儿汗国。只是，他没有这样的机会了，他在途中病故，临终前，他将汗位传给长子札尼别，并诏命大将军亚木辅佐长子。

第九章　落幕时刻

壹

父亲去世后，札尼别继承了汗位。父亲留下的是一个富强又安定的国家，札尼别乐得坐享其成，对既定的国家政策没打算做太多改变。

自幼耳濡目染，札尼别成为一名虔诚的伊斯兰教徒，他利用国家强大的财力兴建了许多清真寺，在他的宫廷里，有神学家经常出入。宗教方面如此，在军事上，他最大的愿望就是夺回阿哲尔拜展南部，以完成父亲的夙愿。

可惜，札尼别汗未及南征，克里米亚便发生了动乱。这是由商业的利益之争引发了动乱，动乱的一头是威尼斯人，另一头是热亚那人。

札尼别汗出兵很快攻陷了威尼斯人据守的城堡塔纳，但在攻打热亚那人据守的城堡卡法时却遇到了前所未有的困难。几乎三年的时间，札尼别汗每次对卡法的攻打都是无功而返。后来，札尼别的军中爆发了大规模的瘟疫，在瘟疫中死去的人数远远多于在战争中死去的人，这些人里包括大将军亚木。札尼别汗不得不下令退兵。

亚木的悲惨离世令札尼别汗如此憎恨热亚那人，将士们奇怪地成批死去也让他对热亚那人的仇恨达到顶点。在退兵前，他做出一个决定，将因病死去的将士尸体绑在抛石机上，投入热亚那人坚守的城堡之内。

札尼别汗没有攻下卡法城，热亚那人却为他们英勇的抵抗付出了前所未有的"代价"：他们纷纷感染怪病，每天都有不少人同时死去，卡法城中悲惨的情形与札尼别汗军中的情形一般无二。随后，有些患病的人乘船回到他们在欧洲的家乡，虽然当局明令禁止船上的人上岸，却没能阻止船上的老鼠涌向陆地。老鼠所过之处，瘟疫在各地迅速蔓延，短短几年间（1346 年至 1351 年），整个欧洲就有近三分之一的人口死于这种可怕的"黑死病"。

然而，活下来的欧洲人在接受了上帝的遴选之后，注定要抛弃旧有的东西，迎接光明灿烂的新生活：他们开启了文艺复兴之路。自此，欧洲愚昧落后与黑暗的时代即将成为过去，而一个强大的欧洲也做好了登场的准备。

这恐怕就是命运所表现出的戏剧性：或者，盛极必衰，或者，否极泰来。

札尼别回到草原后，草原干燥的气候阻止了瘟疫的进一步蔓延。经过一段时间的休养生息，他决定向伊儿汗国用兵，夺回术赤家族的"当然"封地：阿哲尔拜展。

札尼别赶上了一个好的时期。伊儿汗国在最后一个强盛之主不赛因汗去世后，内讧已使汗国走上衰亡之路，一个个异姓王被扶上傀儡大汗的位置，而实权却掌握在军事贵族手中。这些军事贵族，似乎并未得到汗国百姓的拥护。

在阿哲尔拜展驻守的贵族面临的情况同样如此。

其实，远在札尼别之前，从别儿哥开始，为了重新夺回对阿哲尔拜展的控制权，金帐汗国的军队与伊儿汗国的军队不止一次交战过，不巧的是，当时的金帐汗面对的恰恰是最强盛时期的伊儿汗国诸汗，这使他们的南征之旅皆以失败告终。

如今，走上穷途末路的伊儿汗国给了札尼别扬眉吐气的机会。

元顺帝至正十五年（1355），札尼别并没有付出太大代价就攻下阿哲尔拜展，不仅如此，他还乘胜占领了伊儿汗国的首都帖必力思，在这里，他将伊儿汗国积累近九十年的财富洗劫一空。

札尼别将汗国地图缺失已久的一角补上了，他的赫赫战功足以让他感到骄傲。

元顺帝至正十七年（1357），札尼别的身体染恙，他将儿子别儿迪别任命为阿哲尔拜展总督，自己准备返回金帐汗国。途中，他的病体更加沉重，竟然出现油尽灯枯的迹象。在札尼别身边追随侍奉的人是万户长脱鲁伯，他素与别儿迪别交好。因担心札尼别骤然离世会在王子中引起汗位之争，他派人送信给别儿迪别，要王子火速赶回军中，一旦其父离世，便以受父亲诏命的理由火速登上汗位。

别儿迪别本来就在觊觎汗位，接到脱鲁伯的密信，他丢下阿哲尔拜展的事务，火速赶到军中，拟与脱鲁伯商议夺位之事。得知儿子擅离职守，札尼别惊怒交加，他明白这是有人欲与王子串通谋夺汗位，但他不知道这个人是脱鲁伯。此时，脱鲁伯正在札尼别身边服侍，札尼别命他通知其他万户速到他的帐中议事。

脱鲁伯心虚，一旦札尼别知道是他给别儿迪别通风报信，那么他的下场只有一个：死无葬身之地。他离开札尼别的大帐，没有通知任何万户，而是通知了脱鲁伯。札尼别在病榻上看到脱鲁伯与别儿迪别突然出现在他的面前时，不禁长叹一声。他对儿子说："你这个畜生！你将断送汗国的基业，成为祸乱的起源。"

别儿迪别却回答："那也强似死在你的手上。"

别儿迪别向脱鲁伯使了个眼色，二人上前，将札尼别勒死于地毯之上，可怜一代雄主，就这样死于非命。

别儿迪别就在父亲的尸体前继承了汗位。之后，他率领大军返回别儿哥萨莱，又以迅雷不及掩耳之势逮捕并处死了他的十二个兄弟。亲人的鲜血足以动摇坚稳的御座，别儿迪别在血腥中得到的汗位，注定要在血腥中丢失。

贰

如札尼别所说，别儿迪别果然成为祸患的起源，他弑父篡位的行为引起了臣民强烈的不满。在人们的心目中，为金帐汗国带来一个极盛时代的人正是月即别和札尼别父子，现在，别儿迪别亲手结束了这个时代，人们无法原谅他的行为。

残忍与愚蠢集合在一个人的身上，注定要毁掉曾经强盛的汗国，或许这是天意，没有盛极而衰，就没有改朝换代。

别儿迪别坐在大汗的宝座上大开杀戒，杀掉了十二个亲兄弟，杀掉了祖父与父亲在世能干又忠诚的大臣，不用敌人费心，别儿迪别亲手砍断了自己所有的手臂与腿脚，而这个人巍坐在黄金宝座上，不觉得疼痛，反而幻想着可以千秋万代。

阴谋家可以得逞一时，最终的结局却是在诅咒中灭亡。除了杀戮，别儿迪别并没有挽回局势的魄力与智慧，当他带着军队回到首都别儿哥萨莱时，他发现他得到的不是拥护，而是敌人。

在一片反对的声浪中，别儿迪别只做了两年大汗便被侥幸逃脱死亡的兄弟杀掉，这位继位者只做了两年大汗又被另一位兄弟杀掉，而这另一位兄弟并不比他的哥哥们幸运，他只做了一年大汗便在自己手上永远结束了拔都一系的汗统。

金帐汗国陷入内乱时，作为汗国一部分的花剌子模却在卡隆的治理下保持着它的强盛与富庶。只可惜，所谓覆巢之下，安有完卵？当在金帐汗国绵延二十余年的内乱之火开始波及花剌子模，当拐子帖木儿以西察合台汗国的领土为基础立国，开始他的征伐大业时，花剌子模也不能独善其身。

唯一让人感到欣慰的是，卡隆与索兰塔都没有看到这一天，也不必经历这一切。这一对夫妻，生前过着恩爱美满的生活，在生命的最后，又彼此相伴离去，夫妻的去世时间只差一天。他们的儿子将他们的遗体合葬一处，这是他们永不改变的愿望：生同衾，死同穴。

昔班的个性，于名利地位十分淡泊，却一生不辞劳苦，为蒙古帝国的团结和统一奔走斡旋。他活了八十八岁，在尊荣中离开人世。他是这样的人，才能将他的福荫留给了他的女儿、外孙女和曾外孙女，这三个女子的名字叫做奴奴、承平与索兰塔。这三个女子，并不是因为做了什么惊天动地的事业而被人牢记，她们之所以被人牢记，是因为她们都与一个名字息息相关，这个名字叫作月即别。在金帐汗国的历史上，"月即别"是最伟大也最不会被湮没的名字。

除此之外，她们被人牢记的另一个原因是，身为女子的她们曾经如此幸福：在她们活着时，她们得到的爱情从未与人分享。

金帐汗国在建立的百余年间（1242年至1362年），除了中间别儿哥统治的十年，汗统一直归属于拔都家族。拔都余威犹存，福荫绵长，他的灵魂保佑他的后人确曾出现过数位杰出的大汗，而其中的第九任大汗更是一手缔造了汗国盛世，让"月即别"成为金帐汗国历史中最光辉灿烂的名字。即使某一天，金帐汗国已走上穷途末路，这个名字仍旧无法被人忘怀，乃至用来命名一个由蒙古民族与其他民族融合而成的新兴民族：乌兹别克人。众所周知，"月即别"与"乌兹别克"只是一个名字的两种音译而已。

无论起始如何，最后的事实却是，别儿迪别兄弟的手足相残，令拔都家族的荣耀到此为止了。

拔都的汗统结束，该轮到斡尔多的后人登场了。

许多年前，身为术赤长子的斡尔多与二弟拔都手足情深，当父亲选择继承人时，他主动让贤，甘为二弟辅佐。他的高风亮节使他在拔都分封诸兄弟侄时得到了面积最大的封地，他的白帐汗国也是金帐汗国最大的藩属国。

白帐汗国在斡尔多统治时代，因斡尔多对拔都的忠诚，白帐汗还是金帐汗的臣子。至第四代白帐汗萨昔不花时，蒙古上层多已突厥化，这时的白帐汗只在名义上仍将金帐汗奉为宗主，汗国的独立已成定局。

斡尔多建汗帐于额尔齐斯河畔，汗国内部的民风习俗保留着较多的突厥特色。古代突厥人是北亚游牧民族，南北朝时由叶尼塞河南迁至高昌的北山（今新疆博格达山），又迁至阿尔泰山，后迁往中亚与西亚。十三世纪前后，"突厥"成为人们对继承了突厥文化、操突厥语民族的统称，其地分布很广（西到欧洲，南到地中海，东到新疆，北到北亚，主要集中于中亚与西亚。我国的突厥语族主要有哈萨克、维吾尔、塔塔尔等族)，语言近似，人种多为白黄混血或白种人。

统治偌大的领土，分封制不失为一种方式。但有一点，这种分封制在经过一两代或数代的稳定之后，往往成为分裂和动荡的根源。其实，从一开始，白帐汗国和金帐汗国就存在着巨大的不同：金帐汗国跨欧亚两洲，境内有各种不同的民族和种族，既有阿尔泰语系民族，又有印欧语系民族，语言不一，经济生活和风俗习惯各不相同。与之相比，白帐汗国的民族和种族基本一致，是典型的突厥语族，其统治者虽系蒙古贵族，可因人数太少，很快被当地人同化。民族间的不断融合使哈萨克这个古老的突厥语民族得以重生，严格而论，白帐汗国是一个以哈萨克人为主体的汗国。

后期，当金帐汗国在斡罗斯的统治无以为继，面临土崩瓦解之际，白帐汗斡尔多的后人与蓝帐汗昔班的后人开始谋求向中亚发展。明代宗景泰七年

（1456），斡尔多的后裔克烈汗、贾尼别克汗率先脱离金帐汗国，在钦察草原建立了哈萨克汗国，定都于突厥斯坦。汗国强盛时，其领地南部包括锡尔河流域及其城市，东南包括七河流域，东北达巴尔喀什湖以东以南，西部至雅克河流域，国土面积约三百五十万平方公里。第三代大汗哈斯木（1511 —1523）在位时，国势大盛。

对于哈萨克汗国，后面还会有所提及。

叁

现在回头再说拔都家族汗统的旁落。

金帐汗国的内乱让白帐汗希木台看到了机会，他派弟弟出兵别儿哥萨莱，打败了拔都家族的末代大汗，自己登上汗位。

登上金帐汗国的汗位，便意味着新一轮骨肉相残的开始。新汗登基不久，便死于儿子帖木儿火者之手，帖木儿火者做了几个月大汗，又为兄弟所杀。于是，从札尼别汗以后的二十三年间（1357 年至 1380 年），金帐汗国走马灯似地更换了二十个大汗。在这种近乎疯狂的自相残杀中，黄金家族的后人日益凋零。

与此同时，随着势力增强，金帐汗国的军事贵族割据一方，形成与汗庭相抗衡的力量。他们当中，势力最强的是祸患之源——别儿迪别汗——的女婿马麦。

公平地说，马麦绝非平庸之辈，他不乏胆识头脑，即使不能成为大汗，他也可以通过拥立傀儡大汗来掌控权柄。与此同时，他也不缺少对手，他的对面站着白帐汗国的大汗。更可悲的是，马麦与白帐汗的对面，还站着日益强盛的莫斯科公国以及一代又一代励精图治、谋求复国的大公们。

从弗拉基米尔大公亚历山大·涅夫斯基被封为"全斡罗斯大公"起，到他的儿子丹尼尔成为莫斯科大公，莫斯科大公们几乎垄断了"全斡罗斯大公"之位。此后，在金帐汗国长达二十多年的内乱中，莫斯科大公之位传至德米特里时，莫斯科公国已变得相当强大。北元天元二年（1380），德米特里在库里科沃战役中运用当年蒙古远征军统帅哲别与速不台所使用的战术，一举击败了马麦组织的二十万联军，自此，斡罗斯人从蒙古人手中夺回斡罗斯不再是梦想，而是指日可待的前景。

马麦不甘心自己的失败，这位在金帐汗国的乱世中崛起的枭雄，很希望自己像另一位在察合台汗国的乱世中崛起的枭雄帖木儿一样，也能超越历代金帐汗国的英明之主，建立一番不世之功。

不管怎么说，马麦与帖木儿有一个共同的身份：他们出身于蒙古贵族家庭，都是成吉思汗家族的驸马。

遗憾的是，驸马马麦明显地缺了一点驸马帖木儿的幸运。在库里科沃战役失败之后，马麦重又组织起一支军队，准备向德米特里大公一雪前耻，不料，恰在这关键时刻，他的背后竟突然出现了一个足够强大的敌人。

而这个横空出世的强敌也是成吉思汗的嫡系后人，他的名字叫作脱克。

也许金帐汗国的挽歌就要奏响，但在挽歌奏响前，脱克却用汗国的琴弦奏响了最后的强音；也许金帐汗国的演出就要谢幕，但在演出谢幕前，脱克的登台却为越来越感到失望的观众奉献了最后的高潮。

事实上，在这样一段特定的时间里，金帐汗国的天空上，最后的一抹亮色注定属于脱克。

元帝国正式灭亡的那一年（1368 年），兀鲁思汗登上了白帐汗国的汗位。这位白帐汗国的第九任大汗，想起了金帐汗国的第九任大汗月即别，觉得这是天意让他成为新的汗国共主。怀着重振金帐汗国雄威的热望，他在忽里勒台上公然宣布染指汗权，出兵别儿哥萨莱。

无论事实上独立与否，在名义上，白帐汗国始终是金帐汗国的藩属。对于宗主国，操纵权柄是一回事，篡位僭越反客为主则是另外一回事。

忠于宗主国的人大有人在，否则金帐汗国在彻底灭亡前也不会顽强地存在了二百六十余年之久。这一次，第一个出面反对兀鲁思决定的人是他的弟弟术赤·火者·斡黑兰。斡黑兰担任满吉失剌黑长官，他说，作为白帐汗国的大汗所应该坚守的本分，是成为金帐汗国的藩篱，全力维护汗国统一，而绝非背离臣子之道，让以下犯上的恶行辱没先祖的英名。

斡黑兰为人正直，处事公允，在白帐汗国拥有极高的威望，兀鲁思原本一直忌惮这个弟弟，此时，斡黑兰的顶撞给了他痛下杀手的借口，他就在汗帐之上，当着众臣的面将弟弟处死。

　　斡黑兰既死，兀鲁思当然不会放过成为孤儿的侄子脱克，可怜这个年轻人不但失去依靠，而且还要四处躲藏以避开伯汗手下人的追杀。为了保全性命，脱克逃往中亚，投奔了野心勃勃的帖木儿王。

　　金帐汗国陷入内乱之时，察合台汗国也在无休止的汗位之争中大伤元气，进而于元顺帝至正六年（1346）分裂为西察合台汗国和东察合台汗国。汗国发生分裂的同时，西察合台的大汗们也相继沦为巴鲁剌思军事贵族的傀儡。

　　元朝灭亡的两年后，祖上是成吉思汗的堂弟，自己是察合台家族的驸马，终其一生都希望成为第二个成吉思汗的巴鲁剌思贵族帖木儿（1370 年至 1405 年在位），在撒马尔罕登上王位，建立了一个一度强盛无比的新帝国——帖木儿帝国。

　　帖木儿帝国建立之日，通常被视为西察合台汗国灭亡之时。但西察合台汗国是否真的就此灭亡，实在还有值得商榷的地方。西察合台汗国的领土换了主人，这一点毋庸置疑，与此同时，帖木儿帝国的内核却是西察合台汗国的。倘若觉得形体重要，那么，西察合台汗国的确已不复存在，倘若觉得灵魂重要，帖木儿帝国不过是换了形体的西察合台汗国。唯一不同的是，这个新生的肌体充满了无穷活力。

　　为了重建蒙古帝国，帖木儿以西察合台汗国为基地，开始向周边扩张。其中，与帖木儿帝国领土毗邻的白帐汗国自然也是帖木儿的目标。恰在此时，脱克出现在撒马尔罕，跪在了他的王座之下。

　　帖木儿原本正希望有这样一个人物，可以成为他遥控金帐汗国的傀儡。因此，对于落魄来投的脱克，帖木儿极尽笼络之能事，将他视如子侄，赐给他封地，借给他军队，让他去消灭自己的杀父仇人兀鲁思汗。

　　脱克年轻、刚毅不假，但他好像没有太多的战争经验。他攻入了白帐汗国，这时兀鲁思汗正在与金帐汗国的军队作战，在白帐汗国坐镇的是其长子。脱克只经一仗便打败和杀死了他的堂兄，没想到，主帅的惨死激怒了白帐汗国的将士们，他遭遇到汗国军队最顽强的抵抗，先胜而后败。撤退的时候，又中了对方的埋伏，几乎是只身一人逃回撒马尔罕。

　　如此可贵的一支力量就这样被白白地被挥霍掉了，帖木儿对脱克却没说一句抱怨的话。他继续将脱克留在王廷，过了一段时间后，又征集了一支军队交给脱克，让脱克二次出征白帐汗国。脱克可能真的时运不济，刚进入白帐汗国就遇到了强劲的对手：兀鲁思汗的次子脱脱乞。

脱脱乞继承了先祖成吉思汗的刚毅与勇猛，对于来犯的帖木儿军，他既不设伏，也不使用计谋，而是与堂弟脱克展开了正面交锋。两军只经一仗，脱脱乞没给脱克任何机会，干脆利落地打败了他。若非脱克个高腿长，擅长逃跑，只怕锡尔河对岸就是他的葬身之地。

肆

脱克损兵折将、一败再败的消息传到撒马尔罕，许多人都对这个年轻人失去了信心，他们劝谏帖木儿王，不要再给这个"丧家之犬"（这是他们对脱克的称呼）提供军队和帮助。帖木儿闻言，一笑置之。

脱克一路逃回撒马尔罕。他的腿受了伤，确有几分丧家犬的模样。帖木儿如同前世欠了脱克一般，既无视他的狼狈不堪，也不问他失败的经过，而是满怀好意地请人为他疗伤。脱克到底年轻，很快便恢复了健康。他的内心对帖木儿充满感激，不过，当他发现自己行走如常时，还是忍不住窃喜了一番。他一度很担心，怕自己也会变成帖木儿那样的跛子。

兀鲁思十分痛恨脱克，他派出使者，向帖木儿王索要脱克。帖木儿岂是一个肯听他人摆布的人？他的目标，是重建蒙古帝国。他很清楚，在为统一而战的过程中，早晚要与白帐汗国乃至整个金帐汗国的军队兵戎相见。当他得知兀鲁思汗已陈兵边境时，立刻亲提大军迎上了这位只闻其名的敌人。

一场酷烈的厮杀，眼看又要在蒙古人之间展开。

或者天意不想这么快给帖木儿帝国和金帐汗国决战的机会，帖木儿刚到两军阵前，兀鲁思就在军中病故了。

兀鲁思去世后，他的军队立刻撤回了白帐汗国。脱脱乞继承了父亲的汗位，可惜这位年轻的白帐汗智勇双全唯独缺了长寿的命，在位不过一年，便追随其父而去。脱脱乞死后，皇位由族弟帖木儿灭里夺取，鉴于帖木儿灭里的继位不具备合法性，汗国内部出现了分裂与动荡的苗头。

帖木儿准确地获取了这一情报，他觉得机会来了，便又交给脱克一支军队，让他去与帖木儿灭里展开决战。帖木儿自以为这次一定可以帮助脱克复位，哪知脱克好似中了诅咒一般，面对实力、影响及指挥才能都远远不如兀鲁思汗父子的帖木儿灭里，他仍旧铩羽而归。

换作一般人，想必都会觉得无颜面对恩主，甚至，连找个地缝钻下去的心也该有了。岂料脱克根本不是一般人，他的脸皮那是出奇的厚。在第三次糟蹋了帖木儿王的军队后，他一路逃回撒马尔罕，出现在帖木儿的面前。

帖木儿坐在高高的王座上，俯视着跪地请罪的脱克，脸上不由得旋出了苦笑。苦笑了一阵儿，他便原谅了脱克，继续对他待若上宾。

帖木儿将征战的目标转向波斯，这时命运开始垂青脱克。

倘若帖木儿灭里是一位如兀鲁思或脱脱乞父子那样有作为的君主，人们或许不会过多在意他是靠阴谋手段夺取了本应属于阿必散家族的汗位。阿必散（1315 年至 1320 年在位）是萨昔不花之子，萨昔不花是白帐汗国政权体制真正的创立者，帖木儿灭里之前的四位白帐汗，皆出自阿必散家族。遗憾的是，帖木儿灭里不具备这样的素质，在好不容易战胜了脱克后，他开始耽于玩乐，饮酒无度，不理朝政，以致威望丧尽。随着不满情绪的加剧，许多人倾向从帖木儿帝国迎回脱克。

脱克的父亲斡黑兰是兀鲁思的弟弟，他们都是沉台之子，阿必散之孙。从血统上说，作为阿必散一族后人的脱克远比帖木儿灭里更具有继承汗位的资格。有人来到撒马尔罕将这个消息通报给了脱克，帖木儿立刻交给脱克一支军队，这一次，脱克几乎没有遇到任何抵抗，他顺利回到首都昔格纳黑城，逮捕并处死了帖木儿灭里，之后，他成为白帐汗国的第十二位大汗（1377 年至 1397 年在位）。

受到命运垂青的脱克武运也随之降临。他与汗国内最有实力最有威望的军事贵族结盟，顺利征集到大批军队。即位第二年，他攻下别儿哥萨莱，自立为金帐汗。想当年，脱克的父亲斡黑兰正是由于反对兄长兀鲁思欲出兵干涉金帐汗国军政事务才给自己惹来杀身之祸，岂料他的儿子远比他当年反对过的兄长更干脆——脱克根本不屑于只染指汗权，而是直接做了金帐汗国的大汗。

自此，金帐汗国的汗位从拔都一系转入斡尔多一系。

马麦无意承认脱克的汗位。作为占据汗国西部，拥有雄厚实力的军事贵族，马麦一直觊觎着金帐汗国的汗位。脱克捷足先登，马麦的窝囊与懊恼可想而知。出于各种原因，马麦与脱克倒也相安无事了一段时间。

在库里科沃战役中，马麦败于莫斯科大公德米特里之手，这个仇马麦始终没忘。经过一段时间的准备，马麦调集兵力，准备再次兵发莫斯科。在这关键时刻，脱克抄了马麦的后路。马麦仓促迎战，全军覆没后可悲地丢掉了性命。

战胜了历任金帐汗都视为心腹之患的马麦，脱克将分裂已达二十年之久的金帐汗国重新统一起来，他的战功使他成为汗国名副其实的主人。

脱克一样没有忘记莫斯科大公德米特里战败马麦的仇恨，他给了德米特里两个选择：要么认罪，向他俯首称臣；要么备战，接受"雷霆之怒"。

那年，德米特里是付出惨重的代价才击败了马麦：他的军队减员严重，国内经济衰退，将士百姓普遍对蒙古军队怀有深刻的恐惧。他原以为随着金帐汗国四分五裂，他有足够的时间修复战争带给莫斯科公国的创伤，不料一个年轻人横空出世，在如此短的时间打败了马麦，重新统一了金帐汗国。

德米特里没有资本更没有勇气拒绝脱克的要求，他派遣亲信，携带大量礼物前往别儿哥萨莱拜见脱克，重申了包括莫斯科公国在内的斡罗斯诸公国（从月即别时代，莫斯科大公垄断着全斡罗斯大公之位）对金帐汗的藩属义务。

这是德米特里大公的权宜之计。他要为再次打败金帐汗国，获取斡罗斯的真正独立积蓄力量。

他不知道，这也是脱克的权宜之计。

曾经不幸，如今竟变成幸运之神的脱克，在击败对手马麦后，收复了金帐汗国极盛时期的绝大部分领土。其领土包括从阿思塔剌罕起直到不里阿耳为止的伏尔加河流域，北高加索，伏尔加河以西地区及克里木地区，只除花剌子模和斡罗斯诸城邦。

花剌子模早为帖木儿占据。脱克是靠着帖木儿的帮助才得以回到白帐汗国，继而成为金帐汗国的主人。脱克了解帖木儿的智谋与才能，他暂时还不想与他的恩主成为敌人。为避免腹背受敌，他在最初对帖木儿表现出了忠诚与恭顺。

对恩主可以如此，对斡罗斯诸公国的大公们，特别是莫斯科公国的德米特里大公，脱克却绝对不想放过他们。

脱克首先封锁了消息，接着以迅雷不及掩耳之势兵发莫斯科。与前者抗击马麦的决战不同，这次德米特里被脱克打了个措手不及，完全来不及组织起强大的联军与脱克决一雌雄。这且不论，多年来莫斯科大公一直垄断着全斡罗斯大公之位，早引起其他公国大公的不满，这些人各有各的打算，对于莫斯科被围，皆作壁上观。

德米特里不是一个肯轻易认输的人，他决定暂时离开莫斯科城征集军队，他将指挥权交给了一个受他信任的贵族奥斯帖。

在几个月的攻防战中，奥斯帖一次又一次打退了脱克的进攻。

脱克毫不气馁。他转换策略，向城中守军提出条件：如果他们投降，他就保有他们的职位和财富。诱人的蛋糕里往往藏着毒药，天知道奥斯帖究竟中了什么邪，居然同意开城投降，其结果只能是：人死城亡。

德米特里经过辛苦的努力，也只征集到部分军队，当他返回莫斯科时，发现这里变成了废墟。一百多年间经几代大公积累的财富被洗劫一空，一百多年间经几代大公积蓄的力量被摧毁殆尽。德米特里捶胸顿足，放声大哭。

痛哭后，是心如死灰。

他想到，这或许是斡罗斯的劫数。用上百年的屈辱代价等来的独立机会，一旦失去，再等到下个机会，恐怕还需要上百年的时间。

而那时，他，甚至他的子孙，早已身在另一个世界。

没有人可以安慰德米特里，不久他将明白，他完全没有必要如此垂头丧气。最终出面帮助斡罗斯大公们的，还是蒙古人自己。

在千疮百孔、满目疮痍之后，魔术般统一强大起来的金帐汗国，终将魔术般地消失。

伍

当脱克将斡罗斯各公国踩在脚下，他决定与恩主摊牌了。

脱克很清楚帖木儿需要什么。帖木儿需要的是一个傀儡，是王本人在金帐汗国的代理。清楚归清楚，脱克既不想做傀儡，也不想做代理，他要做金帐汗国真正的主人。他的理想是以金帐汗国为起点，重新统一三大汗国。

在他振兴蒙古帝国的道路上，"跛子帖木儿"是他必须首先清除的障碍。

帖木儿一生都想成为第二个成吉思汗。两个强者的雄心壮志硬是碰撞出了"火花"，其结果无论如何不会令人期待。

脱克要从帖木儿手中夺回富庶的花剌子模。趁着帖木儿第二次出兵征服波斯，他说服花剌子模总督速来漫竖起反旗。为使河中地区的统一不受破坏，帖木儿只得下令从波斯撤军，接着，他亲率大军出征降而复叛的花剌子模。

速来漫的血管里流动着勇敢和高傲的血液，他在脱克的挑唆下公然反叛。面对来势汹汹的帖木儿军，血液的力量敌不过刀箭的力量，双方交战，速来漫数战不敌。不得已，为了保全脑袋，他只能匆匆丢下王位和家室，一路逃往金帐汗国。他在金帐汗国成为脱克的侍从副官，后为将军，从此，他忠诚地追随在脱克左右。

帖木儿重又夺回了花剌子模，并很快占领了花剌子模的都城玉龙杰赤。他对速来漫和花剌子模人背叛的行径深感愤怒，下令将玉龙杰赤全部居民迁往撒马尔罕，同时摧毁玉龙杰赤，并在废墟上种植了许多大麦。

他派使者出使金帐汗国，对脱克给予父亲般的训诫。这等于告诉脱克，他要攻打金帐汗国了。脱克勇武不假，可他不是个莽撞的匹夫，他了解帖木儿的实力，担心自己现在与恩主决战为时尚早，决定先退一步。

脱克这个人，脸皮厚和善于随机应变是他最大的优势，对他而言，认错不过是一句话的事。演得入戏时，他也不妨声泪俱下，声称自己只是年轻气盛，一时糊涂，发誓以后断不会再犯同样的错误。

帖木儿得到脱克的答复，暂时停止了对金帐汗国的进攻。

明洪武二十三年（1390），因脱克再次背信弃义，公然挑起边界战争，帖木儿决定给予脱克严厉的打击。

北征金帐汗国，对帖木儿来说，将是一场艰难的并且无法预期的战事。

帖木儿军从撒马尔罕出发，渡过锡尔河，在塔什干地区过冬。次年一月，帖木儿统领大军朝讹答剌城方向而来。花剌子模国全盛时期，讹答剌是花剌子模的边城，战略地位十分突出。一百七十多年前，正是讹答剌守将亦纳勒残杀了成吉思汗派往花剌子模经商的四百五十名商人，才终于为花剌子模引来灭国之祸。

帖木儿甫至讹答剌城，脱克派出的使者来到他的面前。帖木儿按礼节接待了这一行人，正使以金帐汗国的宫廷礼节拜见了帖木儿王，然后，他用动听的语言祝愿帖木儿王福寿安康。

使者献上了脱克赠送给帖木儿王的礼物：一只猎鹰，九匹骏马。帖木儿为了不违反惯例，将鹰放在手臂上，同时，为了表示他对敌人的礼物不屑一顾，他连看也没看。使者跪呈国书，脱克在国书说：他从来不曾忘记恩主给予他的帮助和恩惠。若他犯下与恩主敌对的错误，也只是由于年轻和莽撞。如今，他为他轻率的行为感到后悔，希望恩主不计前嫌，仍将他视为忠诚的藩属。

帖木儿深知这动听的言辞无非又是脱克所耍的花招，也许脱克觉得此时决战无益，才使出这样的拖延战术。花招谁也会耍，帖木儿权且装出相信了脱克的诚意，答应再给脱克一次机会。

使者离去后，帖木儿继续进军。四月来到水草丰美的撒里黑兀辛河流域，在这里让疲惫的军队做了几天休整。

帖木儿并非不想对脱克穷追猛打，他无意给这个反复无常的金帐汗喘息之机。可是，他对金帐汗国的地理概况、民俗风情一无所知，他的进军本身就有军事冒险的成分。说起来，这正是帖木儿的特点，他一生都在冒险，冒险让他如愿成为继成吉思汗之后的又一位世界征服者。

脱克的想法同样简单明了。他领教过帖木儿在用兵上的狡猾，为了避免立刻与帖木儿决战，他采用了在汗国广袤的领土上与帖木儿捉迷藏的战术。他想充分利用地形熟悉，将帖木儿的军队拖惫拖垮。

帖木儿面临的困难显而易见。在一个地域如此广阔、地形如此复杂的国土上，脱克可以藏身于任何一个地方，找到他必定难上加难。可是，帖木儿不会半途而废，也不能半途而废。想当年，脱克走投无路时投奔了他，是他帮助这个年轻人重新据有了白帐汗国和金帐汗国那光彩夺目的汗位宝座，也是他数年间的慷慨相助才使得脱克迅速成为强国之主。帖木儿需要的是自己在金帐汗国的代理人，他不需要一个强大的敌人，也不允许这个敌人阻挡他成为世界征服者的道路。

考虑到脱克本人一向擅长使用成吉思汗和金帐汗别儿哥时期的游击战术，金帐汗国的领土又横跨欧亚大陆，境内既有平原，又有山地，既有森林，又有众多河流交错，地形与气候复杂多变，帖木儿一反他在统一中亚地区以及征战波斯、花剌子模时经常采用的方式，不是由他亲自指挥具体的战役，而是交由先锋军、侦察队的将领依据当时当地的情况灵活指挥，只有大的作战方针不变，就是务必找到脱克的藏身之处，歼灭他所掌握的有生力量。这种适当的放权，用来对付神龙不见首尾的脱克，无疑是最便捷、最有效的手段。

次日，几支侦察队离开牙昔，向托波尔河方向挺进。

半个月后坚持不懈的搜寻终于有了结果，侦察队渡河后发现了许多篝火。在侦察队继续寻找敌人藏身之处的同时，帖木儿率领主力向乌拉尔河附近进发，他幸运地抓到了三个金帐汗国的士兵。通过审问，帖木儿了解到脱克正在浑都儿察附近驻军，在脱克有意让自己"失踪"的这段时间里，他已经招募到了大量的骑兵和步兵，实力并不逊于帖木儿一方。

帖木儿深知掌握战斗的主动权有多么重要。考虑到脱克就在附近，帖木儿命儿子亲率两万人去确定脱克的驻营地，一旦确定，即向脱克发起攻击，迫使脱克的先锋军与之决战。他则将大军分成七个彼此不相隶属的战斗军团，以最快的速度向浑都儿察河流域包抄过来。

脱克的先锋军由富有作战经验的速来漫指挥，几天后，对手仿佛从天而降，速来漫开始有些猝不及防，即便如此，他仍然做了最顽强的抵抗。

陆

在四大汗国中，金帐汗国无疑是疆域最为广阔的汗国。

金帐汗国在斡罗斯南而偏东。这片土地在被蒙古人征服前，有许多分散的斡罗斯小邦存在，其范围大体在东欧平原。

在平原的东部，乌拉尔山脉纵贯，长度达四千里，中部有斯维德洛夫斯克山脉；在平原的西北部有山地与芬兰相接，可拉半岛北部的摩尔曼斯克一带有几个星期是太阳不落的极昼，冬季则会出现几个星期的极夜，美丽的北极光令人惊叹。

平原南端是高加索山脉，自西北斜向东南，穿过高加索中央，绵延两千四百里，最高峰厄尔布鲁士峰终年积雪不化。平原中部丘陵连绵起伏，莫斯科西北的瓦尔戴丘陵是重要的分水岭，许多河流发源于此，流向四方。其中最为人们熟知的有：伏尔加河向南流入里海，阿尼亚河、北德维讷河向北流入白海。平原的北部还有提曼山脉，其东有伯绍拉河，向北流入巴伦支海。

汗国气候一般为大陆性气候，北部最冷，西南部、西部较暖。

拔都汗统治时，金帐汗国是一个团结统一的整体，所谓白帐汗国、蓝帐汗国，都是金帐汗国的组成部分，这时汗国的疆域不仅包括第聂伯河以东的东南欧地区（其中有克里木与不里阿尔），而且包括伏尔加河中下游、南乌拉尔、北高加索、北花剌子模、锡尔河下游流域以及从锡尔河与咸海以北直到伊什姆河、萨雷苏河地区。但随着拔都和其兄斡尔多先后辞世，金帐汗已不能插手干涉白帐汗国的军政事务，白帐汗国出现了独立的趋势。到萨昔不花（1309年至1315年在位）成为白帐汗国的第四任大汗，他在汗国建立了自成一体的政权体系，至此，白帐汗国完全从金帐汗国分离出来，只在名义上还承认金帐汗的宗主权。

月即别虽是金帐汗国最有作为最有威望的大汗，即便是他，对白帐汗国也只能行使宗主权，而无实际统治权。将金帐汗国再度统一起来的人是脱克，这个原因与脱克本身是白帐汗，又以白帐汗的身份夺取金帐汗国的汗位有关。此外，他打败了多年来与白帐汗各执权柄一端，将金帐汗国折腾得体无完肤的权臣马麦，迫使斡罗斯诸大公再度对他俯首称臣。这些年，经过不懈的努力，除了阿哲尔拜展和花剌子模，脱克几乎恢复了拔都汗统治时的疆域范围。

众所周知，正是由于金帐汗国在中亚和西亚地区的领土与察合台汗国、伊儿汗国的领土犬牙交错，才造成几个汗国百余年来彼此攻讦、战火不断。

当两支先锋军展开鏖战时，脱克和帖木儿率领的主力也正向对方靠近。

帖木儿军队的精华是察合台汗国的蒙古骑兵，金帐汗国赖以立国的同样是自拔都汗以来就以骁勇善战闻名于世的蒙古骑兵，从这个角度来说，这一场争斗，是蒙古人之间的生死决战。

战争之初，脱克一度占了上风，可他时运不济，很快败下阵来。为了保存有生力量，脱克只能匆匆收缩兵力，向浑都儿察河退去。

帖木儿挥令大军穷追不舍。在浑都儿察河边，未及渡河的脱克不得不怀着懊丧的心情与曾经的恩主帖木儿面对面了。

帖木儿请脱克近前说话，他们接下来的交谈颇能反映出各自的立场与气场。

帖木儿的语言习惯一如既往，直截了当："我并未指望你能回忆起对我永远效忠的誓言，但至少，你我之间还可以和平相处吧？"

脱克以一种谦恭的语气回答："这也是我的愿望。"

　　帖木儿微笑："那么，我没听错的话，难道是这个愿望让你在我远征他国，国内兵力空虚时屡屡侵犯我国边城？"

　　"王此言差矣。身为金帐汗，我只是在努力恢复祖宗基业，再现汗国昔日辉煌而已。我觉得，身为成吉思汗的嫡系后人，这是我责无旁贷的使命。"脱克有意强调"嫡系"二字，对帖木儿的蔑视之意溢于言表。

　　帖木儿是恩人又能如何？在脱克心中，身份只是成吉思汗家族驸马的帖木儿，其取西察合台汗国而代之的行为，根本就是一种僭越和反叛。

　　何况，脱克执着于夺回花剌子模和阿哲尔拜展，也与它们被历代金帐汗视为传统领土有关。当年，成吉思汗分封诸子时，它们都是术赤封地的一部分。

　　这里得为脱克说句公道话。他的崛起在最初固然有得到帖木儿帮助的因素，这只是客观上的一种助力。而头脑清醒冷静，为人机智慷慨，具有较高的军事素养和组织能力，才是他得到拥护的内在原因。脱克颇有乃祖遗风，十分关心士兵，当年，在阿里吉河上战胜马麦的军队后，他将绝大部分战利品都分给了手下将士及亡者的家眷。对于手握重兵的军事贵族，他也不是空言笼络，事实上，许多时候，他能给予他们一定的信任，并与他们福祸共享。另外，他有野心，且不乏开疆拓土的热情，从成吉思汗开始，从拔都汗开始，这一点就是所有蒙古人以及在广阔地域里生活的金帐人最看重的品质。若非赢得了普遍的拥护，脱克绝不可能在短短的时间内积蓄起力量，战胜马麦，重新统一金帐汗国，迫使斡罗斯诸公国再度向他俯首称臣。

　　或许，帖木儿正是在脱克的身上看到了自己的影子，才没有过多介意他的失败，而是耐心地等待着他的成功。

　　对于脱克的讽刺，帖木儿丝毫没往心里去。现在不是打嘴仗的时候，他只说事："脱克，撒卜兰城从忽必烈汗在位时就是察合台汗国的城堡。"

　　"既然如此，这也是两个汗国之间的事情。"脱克的意思很明显，两个汗国的争端不需要一个与成吉思汗没有直接血缘关系的旁姓贵族插手。

　　两个人话不投机，没有再交涉下去的必要，唯一能做的事就是：打。

　　帖木儿和脱克各自回归本阵，一场厮杀随之展开。

　　金帐汗国的将士明知败无生路，抵抗变得异常激烈。这是一场短兵相接的恶斗，帖木儿手下的察合台将士固然身经百战，金帐汗国的勇士们同样视荣誉如生命，双方势均力敌，都没有退缩的余地。

战马的嘶鸣声中，烟尘遮天蔽日。脱克和帖木儿亲自冲杀于敌阵之中，帖木儿的对手是脱克手下一名武艺高强的侍卫长，帖木儿与他争斗良久，将他一刀砍在马下。谁知这人并未马上死去，他的手里还握着武器。在他倒地的瞬间，他挥刀砍向了帖木儿的战马。战马前腿被砍断，悲鸣着扑倒在地，帖木儿被重重地甩于马下，处境顿时变得异常危急。

做过花剌子模总督又追随了脱克的速来漫极端仇恨帖木儿，他发现这一天赐良机，当即催马挥刀，向帖木儿奔去。几乎同一时刻，帖木儿身边的人也看到这一险情，他们当即上前，将帖木儿团团围住。趁此机会，帖木儿上了从马。速来漫自悔失算，慌忙收马而退。

随着几员重要将领阵亡，金帐军败迹渐显。脱克又一次发挥了善于逃跑的优势，从帖木儿的重重包围中杀出一条血路，向阿哲尔拜展方向溃逃。

没能捉到脱克使胜利显得不那么尽如人意，帖木儿的心情还是相当愉快的。当他巡视战场时，看到他的步兵们每个人牵回了近二十匹马，而他的骑兵们则每个人牵回了不少于一百匹马。至于绵羊等牲畜，更不计其数。除此之外，各式各样、琳琅满目的战利品足足堆满了几十座帐子。这些还不算最让帖木儿满意的，最让帖木儿满意的，是此时正有五千名童男童女被集中于后营，在不久的将来，这些孩子们将被送回国内，充实撒马尔罕的人口。

柒

与脱克相比，帖木儿是一个比他更具有坚强意志和决断力的人，何况，他不想放过他的敌人。他循例检阅了军队的人数、装备与武器，将大量的战利品按军功大小分赐给所有将士，然后率领大军继续向阿哲尔拜展方向挺进。

浑都儿察一战的胜利给帖木儿带来了好运。军队刚到乌尔图巴，侦察队就抓到了脱克的一个俘虏，通过审讯，得知脱克的军队正在附近不远处驻营。帖木儿立刻布置兵力，采取突然袭击的战术向脱克发起猛烈攻击。脱克做梦也没想到帖木儿会突然出现在他的面前，他被这突如其来的攻击弄得蒙头转向，等他反应过来，只得匆匆集结兵力展开应战。

只用了一天的时间，金帐汗国的军队再次出现溃败的迹象。脱克边打边退，帖木儿将军队一分为二，一部奉命追击脱克，另一部则对脱克实施迂回包围。第二天拂晓，包围圈合拢，帖木儿指挥军队从前后左右四个方向对脱克发动了更加猛烈的攻击。

脱克失于防备，原本已是棋差一着。此时，面对如暴风骤雨般四面夹攻的帖木儿军，他既无还手之力，也无招架之功。从拂晓到下午，五十万军队损失过半，脱克只得在起儿漫等人的保护下，杀出血路，大败而逃。

与前次相同，帖木儿军得到了不计其数的战利品和给养辎重。他们稍作休整后，又攻入了高加索境内，洗劫并征服了亚美尼亚和谷儿只。

鉴于脱克已逃跑，短期内必然会隐藏在更加不易寻找的地方，加上帖木儿的军队自身损耗严重，他只得传令班师。

诚如帖木儿所料，脱克是个意志顽强的君主，拥有广袤的领土和可靠的力量，浑都儿察和乌尔图巴两次战役的失利还不足以让他伤筋动骨，只要他活着，他的兵源很快能得到补充，届时，他一定会再度兴兵，与恩主争霸世界。

不过暂时，脱克向帖木儿低头了。作为修好之约，他派人献上大量的珍奇礼物：有金帐汗国的精酿美酒、珊瑚树、翡翠车、珠宝器皿等等，另外还备有几匹上等的衣料，脱克点名赠与帖木儿的夫人们。

帖木儿对脱克早已不抱幻想，他知道总有一天，他与这位金帐汗还会在战场上相见。

脱克同样心知肚明。何况，从帖木儿的手中夺回阿哲尔拜展和花剌子模，是他作为金帐汗的夙愿。在这点上，他对帖木儿也决无人情可讲。

两次败于帖木儿之手，脱克实在心有不甘。他在蛰伏一段时间后，积极活动联络，得到各部贵族的支持，力量迅速壮大。这期间，他千方百计拉拢和说服埃及算端灭里·咱喜儿·别儿忽黑与他结盟，以对付他们共同的敌人帖木儿王。由于帖木儿的迅速扩张确实对埃及和金帐汗国都构成实际威胁，灭里·咱喜儿·别儿忽黑不得不握住了脱克向他伸出的橄榄枝。

在经过充分休整的第三年（1394 年）秋天，脱克带领军队穿过打耳班，攻下设里汪的城市、村庄。帖木儿此时正在舍乞作战，脱克的挑衅彻底激怒了他，他决定远征金帐汗国，打垮这位活着就会成为他心腹之患的金帐汗。

　　进入金帐汗国腹地后，为使自己一方师出有名，帖木儿派遣娴熟外交辞令的使臣前往脱克处送达国书。使臣来到脱克的军营，向脱克呈上帖木儿的书信，并以其特别擅长的辞令叙述了帖木儿提出的要求：双方停止敌对；重申父子之盟；对金帐汗国和帖木儿帝国现有领土保有尊重。这个看似简单的要求却有着复杂的内涵，若脱克予以认可，则等于承认自己对帖木儿负有藩属义务，同时也等于承认花剌子模和阿哲尔拜展已归帖木儿所有。

　　对于这个明显无理的要求，脱克毫不犹豫地拒绝了。他的确两次败于帖木儿之手，不过现在，他兵强马壮，复仇雪耻的愿望像火焰一样在他心头燃烧。

　　当使臣回到帖木儿身边时，军队已在撒木儿河谷上扎下军营。帖木儿将军队布置成战阵，与脱克的军队沿帖列克河两岸对峙。

　　帖木儿命令军队在军营周围挖了两道壕沟，钉上木桩，安上战壕护板，并规定士兵不得在营地上喧哗、走动，也不得在夜间点火，防备敌人偷袭。帖木儿这一战保持了浑都儿察、乌尔图巴两次战役的态势，仍将军队分成七个军团。稍稍有所变化的是，他将防御任务交给步兵。

　　双方的对峙持续了两个月之久。脱克将帖木儿的防卫策略当成软弱可欺，某天凌晨，他率先出击，攻打帖木儿军的左翼，帖木儿毫不犹豫地派遣担任后备队的二十七个精锐百户援助陷入困境的左翼部队，打退了脱克的进攻。

　　金帐军被迫退却，帖木儿麾下久经沙场的将领发挥了他们的作用，他们指挥军队追击逃敌，直到追出很远。脱克的目的正在于此。他见帖木儿的兵营出现空虚，立刻兵分两路：一路用于继续牵制追兵，一路借着夜色掩护突然回师撒木儿河谷，向帖木儿指挥的中军发起全面攻击。

　　脱克的回马枪让帖木儿有些猝不及防，当时的战斗激烈异常，帖木儿的百人长们都在战场上下了马，用大车与护板设立阻击点。士兵们跪着向敌人射击，箭如雨下。在战斗进行到白热化的时候，帖木儿的长孙、英勇的王子莎勒坛率领武器优良的另一支本军赶到，战局转而变得对帖木儿有利。

　　与此同时，脱克的左翼侧卫向帖木儿军的右翼诸百户展开了攻势。按照脱克的设想，他是想利用包抄战术，将帖木儿的军队各个击破。脱克不走运，遇到了顽强的对手，他的军队人数占有绝对优势，对方却是顽强抵抗，决不后退。金帐军的进攻一次次被打退，将士们渐渐失去耐心。

　　中军这边，帖木儿打败了脱克的进攻。他分出两支军队去援助右翼军，脱克的左翼军全线溃退。

金帐左翼军的失败奠定了帖木儿胜利的基础。偷袭不成，脱克接连失利，不得不酝酿逃跑。帖木儿夺取了脱克的汗帐，里面堆放着大量的金银财宝，他命人清点出来，绝大部分都用来赏赐立功将士。在慷慨方面，帖木儿与脱克不分伯仲。

帖木儿留下受伤的儿子看守辎重，他率领主力前去追歼脱克。脱克知道帖木儿必定不会放过他，他命士兵拆毁了帖列克河上的桥梁，帖木儿军无法渡河，只能沿河岸追击脱克。

帖木儿遣使质问脱克为何屡屡犯境？脱克辩解说，他无意与帖木儿为敌，他只是要收复金帐汗国的领土。帖木儿乘机提出与脱克再续盟好，以免生灵涂炭。脱克礼节性地招待了来使，心里却很清楚，帖木儿足智多谋，诡计多端，所言续盟之事绝不能相信。使臣转回王帐，将脱克的态度禀明帖木儿，帖木儿十分恼火，立下豪言，不消灭脱克誓不南返。

誓言固然豪迈，无奈其后三日，两支军队一直夹河上溯，帖木儿军根本找不到攻击敌人的机会。帖木儿深知己方给养粮秣消耗巨大，无法及时补充，这样拖延下去势必不战而败。他思虑一番，终于想出一个计策。

当天夜里，随军的女人、老人、奴隶，一律都被要求换上盔甲，装扮成士兵。帖木儿要求这些假扮的"士兵"留在大营，虚张声势，而本军则在他与王子们的率领下，每人携带一匹换乘的从马，星夜驰回水流和缓之处，然后从那里泅渡过河，出其不意地捣毁了脱克的大营。

第二天，捷报传来。帖木儿率大军大败脱克，脱克落荒而逃。这一战奠定了帖木儿征服金帐汗国的基础，不过这一次，帖木儿仍让脱克逃掉了。

帖列克河之战后，帖木儿回到丹河。不久，他率领军队突然向北方的斡罗斯进军。这仍旧是一次军事冒险，因为帖木儿同当时中亚与波斯的其他统治者一样，并不真正地了解斡罗斯。

金帐汗国疆域辽阔，消息闭塞，受其统治的斡罗斯各公国的真实情况从没有传播到金帐汗国之外的国家去。东方没有，西方也没有。帖木儿对中亚、前亚、伊斯兰教各国及各民族的地理和历史非常熟悉，但对斡罗斯、斡罗斯诸公国及莫斯科，甚至连起码的常识都没有。

尽管对斡罗斯的情况不甚了解，有一点帖木儿心中相当清楚，他必须摧毁脱克赖以复国的经济基础，而最直接最有效的方式，莫过于摧毁那些被脱克视为府库而事实上也确实能成为汗国府库的城市。

帖木儿率领大军首先侵入梁赞国，占领了耶列茨，活捉了耶列茨大公。在他向科洛姆纳城进军时，德米特里大公召集起庞大的军队，占据了奥卡河上的渡口。帖木儿尚未做好与德米特里发生冲突的准备，他的力量不足，没有必胜的把握。他转向伏尔加河下游，向巴勒赤木勒城进发，他攻取了这座城市，接着，他经过顿河下游前进，途中将阿咱黑城洗劫一空。

与脱克相比，帖木儿似乎更懂得随机应变，在完全陌生的环境里与一个又一个陌生的对手较量，他将自己随机应变的指挥才能发挥到淋漓尽致。

帖木儿绕开斡罗斯主力军团，从阿速夫向忽班河进发。对金帐汗忠心耿耿的撒尔柯思人烧掉了两地之间的牧场，帖木儿的军马因缺少饲料被饿了七八天。帖木儿盛怒之下，下令夷灭撒尔柯思人。

帖木儿原计划沿伏尔加河下游地区行进，但走了一段时间，他突然改变了行军路线，进入突厥斯坦。他准备攻克建在高山上的两个堡寨——忽里和塔兀思。为了攻克这两个堡寨，士兵们只能利用梯子从一个峭壁翻到另一个峭壁，忽上忽下，付出了沉重的伤亡终于攻克堡寨。帖木儿杀死寨主，宣布他是两个堡寨的主人，之后，他朝北高加索西姆西姆地区进发，沿途又占领了许多了堡寨。

冬季来临，帖木儿率领军队远征金帐汗国的首都别儿哥萨莱城和哈只·塔儿寨（阿思塔剌罕）。帖木儿第一次追击从帖列克河岸逃走的脱克时，没来得及破坏别儿哥萨莱城和哈只·塔儿寨。现在，他要将这两座象征着金帐汗国权力与财富中心的城市从大地上抹去。

捌

当时正值隆冬季节，伏尔加河的河面已经冰封，可以从河上直接攻打下来。哈只·塔儿寨除临河的一面外均修有坚固的防御工事，高墙从河的一端伸展到另一端围住全寨，再辅以塔楼防护，只有靠河的一面平常依靠武装船只进行防御。由于河面结冰，哈只·塔儿寨的守寨官兵和居民感到敌人可能从这个最薄弱的地方发动攻击，他们组织人力开凿厚冰块筑城，到了夜间再用水浇在聚成堆的冰块上，很快便形成了一道很难靠近的防御墙。许多年前，他们用这个办法多次战胜过其他敌人，这一次他们仍用相同的方法筑起了一道道高高的冰墙，他们把寨墙与这座冰墙连接在一起，开了一个寨门。寨门敞开着，修建了一个内高外低的冰坡，人马绝难攻进寨来。当帖木儿来到寨下时，看到这一奇特的防御屏障，不禁对他的将领们感叹：这冰墙看似简单，却不是随便什么人都能想出来的，以后，你们遇事也要多动脑筋。

帖木儿对寨内的情况了若指掌。这得益于他所建立的高效、便捷的情报网。帖列克河之战结束后，帖木儿一方面组织军队追击脱克，另一方面颇有预见性留下一部分能干之官员，分别散居于斡罗斯的城池及要塞之中。在哈只·塔儿寨，帖木儿留下了他的一位心腹爱将塔班，塔班是位出色的间谍和活动家，诙谐机智，口才惊人。住哈只·塔儿寨期间，他很快取得了当地人的信任，这为他全面掌握寨里的设防、居民的心态等创造了便利条件，正是这种卓有成效的工作使他能够将各类有价值的情报源源不断地送回帖木儿的总指挥部。这次帖木儿军大举压寨，寨主哈塔儿原本做好了与敌人决一死战的准备，可帖木儿事先交代塔班多方散布只有放下武器才有生路，抵抗者必死无疑的流言，当帖木儿的大军到达时，寨中许多将领和百姓反复陈诉动武之害，迫使哈塔儿不得不另外做出决定，出寨迎接帖木儿。帖木儿言而有信，没有对堡寨采取行动，只是补充给养后向另一目标别儿哥萨莱进军。

帖木儿在没有遇到抵抗的情况下轻取哈只·塔儿寨。守卫首都别儿哥萨莱城的军民进行了顽强的抵抗，最后，帖木儿攻下该城，将标志着金帐汗国强盛时期的萨莱城付之一炬。

就这样，曾经是四大汗国中最强大的金帐汗国被帖木儿踩在脚下，他将金带、金绣长袍这些象征着大汗尊严的标志赐给了另外一位术赤后裔忽都鲁，他让他所扶持的这位新汗作为他在金帐汗国的代理，并且允许新汗到伏尔加河左岸去召集军队，以此在金帐汗国重建秩序。

在帖木儿横扫金帐汗国和斡罗斯腹地时，脱克逃到了阿里不耳地区，打算在那里集结军队，以备东山再起。

经过帖木儿这一番无情的蹂躏，汗国内真正还能称得上富裕的地方只剩下克里米亚半岛了。但有一样，克里米亚半岛在脱克忙于同帖木儿征战时被热亚那人占领。脱克这个人也真是怪了，像被什么东西附体似的，碰到帖木儿就败，打别人却得心应手。他不仅重新夺回了克里米亚半岛，而且攻占了被热亚那人占据多年的卡法。当年，兵力强盛的札尼别汗在卡法寸步难行，而热亚那人的顽强抵抗也成为后来一场席卷欧洲的可怕瘟疫——黑死病的起因。

忽都鲁是一位性格温和的大汗，他的辅佐万户也迪该却是一位雄明刚毅、深谋远虑的杰出人物。他趁脱克羽毛未丰，采用突袭的方式出兵打败了脱克，脱克只得离开克里米亚半岛，逃往基辅。

如今的基辅已是立陶宛公国的领土。立陶宛大公维托夫特热情地接待了脱克，像当年的帖木儿一样，维托夫特也想通过扶立脱克，以达到插手干涉金帐汗国内部事务的目的。

很快，维托夫特取得了波兰国王瓦迪斯瓦夫二世和其他方面的支持，组织了一支庞大的装备有新式火器的联军,脱克由联军护卫着,准备回国夺取汗位。

忽都鲁感到胆怯，想要议和，也迪该说服了他，他说：从拔都汗时期，欧洲人就是蒙古人的手下败将，欧洲人虽人高马大，我们却没有必要惧怕他们。忽都鲁被也迪该说服，在沃尔斯克拉河摆下了战场。

这次会战因也迪该指挥有方，蒙古骑兵骁勇依旧，联军先胜后败，差不多有二十多位大贵族战死沙场。维托夫特狼狈逃回基辅，忽都鲁与也迪该穷追不舍，维托夫特只得通过缴纳三千卢布的赎金来换取金帐勇士退兵。

最后也是最有可能的一次复国机会就这样被也迪该剥夺了，脱克此后过着逃亡生活，其间虽曾几次复辟，终因势单力薄而中废。

在脱克被帖木儿打败的十年后（1505），脱克向帖木儿请求恕罪，他派出一个使节团求见帖木儿，帖木儿被脱克的哀求打动，准备让他复辟。可惜这个对脱克大好的承诺不久随着帖木儿的病逝化为泡影，脱克的政治生涯就此中断,后来他逃到西伯利亚,第二年在西伯利亚的图门被继任金帐汗的弟弟杀死。

在脱克的努力下，统一和强大了近二十年的金帐汗国转瞬间将辉煌变成了烟尘。对于这个结果最应该感到高兴的是斡罗斯的大公们。他们曾被蒙古人奴役，也在奴役中逐渐统一和壮大起来，他们有过战胜蒙古人的光辉战例，那次胜利让他们看到了独立的曙光。其后，命运之神似乎对他们开了个玩笑，原本按照他们的想法，金帐汗国早已四分五裂，就算马麦活着，也未必是斡罗斯大公的对手。而斡罗斯的大公们，只需要联合起来，给予金帐汗国最后一击。一切至此似乎都不再是问题。哪知突然间，不知从哪里冒出了个年轻的白帐汗，此人一出现，就没想只老老实实做他的白帐汗，他出兵攻占了别儿哥萨莱，自立为金帐汗。

更不可思议的是，当这个年轻人打败了在汗国权势熏天且最有可能对他的汗位产生威胁的马麦后，他向斡罗斯大公们展现了自己的魔力：他将金帐汗国的断胳膊断腿全都重新接上，使之再度成为无可匹敌的巨人。

斡罗斯大公无不被眼前的奇迹弄得目瞪口呆，心慌意乱，面对汹汹而至的巨人，他们畏缩了，像一百多年前一样，选择了逆来顺受。无人知道未来的出路在哪里，谁也看不到光芒。就在他们感到意志消沉的时候，另一个蒙古人很"无私"地赶来为他们出头了，这个不请自来的蒙古人，打断了巨人的四肢，不，不是打断，是打碎，打碎的四肢无法接起，巨人从此变成了废人。

难道是报应？曾被蒙古人剥夺的一切，到底还需要蒙古人偿还。

斡罗斯大公们欣喜若狂，未来，将是他们复国的日子。

脱克一蹶不振后，金帐汗国迅速呈现出衰败景象，花剌子模、克里木、保加尔等国家逐渐从金帐汗国中分裂出去，雪上加霜的是，金帐汗国又遭到中亚帖木儿帝国的侵袭。最后一个有能力统一金帐汗国的人是权臣也迪该，只是，也迪该没有这样的幸运，随着他的离世，金帐汗国进入大分裂时期。在短短的二十余年间（1437年至1460年），从金帐汗国的领土上，先后分裂出喀山汗国、诺盖汗国、克里米亚汗国、阿斯特拉罕汗国、西伯利亚汗国等独立国家。金帐汗国所辖只剩下有限的疆土，被称为大帐汗国，其大汗只在名义上保有宗主权。

明宪宗成化八年（1472），阿合马汗发动了与莫斯科公国的战争，战争以阿合马的战败告终。成化十六年，阿合马再次出兵进攻莫斯科公国，强迫其纳贡称臣，由于阿合马的同盟军立陶宛大公未能如期出兵援助，致使阿合马到乌格拉河后撤兵，回到伏尔加河下游时，被诺该人杀死，蒙古人对斡罗斯公国的统治到此宣告结束（统治时间长达二百三十八年）。

明孝宗弘治十五年（1502），末代大汗赛克赫阿里被克里米亚汗国击败，这一年被视为金帐汗国灭亡的年份。

十六世纪初期，卡马河沿岸和乌拉尔地区被莫斯科公国占领。中期，沙皇伊万四世统治时期先后占领了喀山、阿斯特拉罕、克里木三个汗国，金帐汗国领土全部并入莫斯科公国领地。

当金帐汗国的统治无以为继时，术赤的后人们像察合台的后人们一样，用自己的倔强，在另一片天地开创了另一个时代。

玖

退出斡罗斯的术赤后裔，分别建立了哈萨克汗国和乌兹别克汗国。

明景帝景泰七年（1456），术赤长子、白帐汗斡尔多的后裔克烈汗、贾尼别克汗率先脱离金帐汗国，在钦察草原建立了哈萨克汗国，定都突厥斯坦。汗国强盛时，国土面积约三百五十万平方公里。

汗国的建立对哈萨克民族的形成具有决定性作用。

明万历十七年（1589）年，哈萨克人及其分布地区分为三个玉兹，大玉兹分布于巴尔喀什湖南部及伊犁河到锡尔河之间的广阔地区；中玉兹分布在大玉兹之北，即巴尔喀什湖西北草原地带；小玉兹分布在现在的哈萨克斯坦西部。后来，大玉兹、中玉兹归附准噶尔部，小玉兹则被沙俄出兵吞并。

第三代大汗哈斯木（1511 年至 1518 年在位，汗国主要奠基者之一贾尼别克汗之子）即位后，国势大盛，曾击败昔班尼汗，一度几乎占领塔什干，也曾在突厥斯坦接见过叶尔羌汗国的赛德汗。哈斯木汗是成吉思汗长子术赤的后裔，赛德汗是成吉思汗次子察合台的后裔，他们达成了一致对抗昔班尼汗的协议，而昔班尼汗，同样是术赤的后裔。印度莫卧儿帝国的开创者巴布尔在他的自传中对哈斯木汗及赛德汗二人均有提及，对哈斯木击败昔班尼一事尤其赞赏备至。

汗国早期以《成吉思汗法典》即《大札撒》为立国大典，遵行蒙古习惯法。哈斯木即位后，为稳定社会秩序，巩固统治，遂结合当时的社会情况，在自古相传的习惯法基础上进行整理，制定并通过了哈萨克汗国第一部法典，即《哈斯木汗国国名鉴》，世称《哈斯木汗法典》或《明显法律》。其中包括财产法：条文中涉及解决牲畜、牧场、土地诉讼的规定；刑事法：条文中涉及关于杀人、抢掠人口和牲畜、盗窃等刑事犯罪的判刑规定；兵役法：条文事涉及有关组建军队、兵役义务规定；使臣法：条文事涉及挑选使臣的条件规定，比如使臣必须具有丰富的知识，熟悉各国情况，能言善辩，精通外交礼节等等；民事法：条文对婚丧等礼俗和节日庆典等都有具体规定。

不仅如此，哈斯木十分重视经济发展，他当政期间，汗国与邻近地区特别是中亚农业区及城市的商业贸易极为频繁。经济的发展与社会的稳定，使汗国人口增至一百余万，兵员达三十万。

哈斯木汗去世后，国内发生争夺汗位的斗争，汗国处于分裂状态。明嘉靖十七年（1538），哈斯木之子哈克那札尔夺取汗位，哈克那札尔统治的四十二年，重又奠定了汗国兴盛的基础，此后的九十年间（1538年至1628年），为汗国中兴时期。

明隆庆二年（1568），哈克那札尔汗带领哈萨克军队在恩巴河滨打败诺盖汗国人（诺盖汗国与哈萨克汗国一样，都是在金帐汗国开始走向衰落之后，从汗国分离出来），哈萨克汗国的势力延至阿斯特拉罕。塔武凯勒汗行使大汗权力时（1583年至1598年），哈萨克汗国的军力与政治影响力达到高峰。明万历二十六年（1598），塔武凯勒汗亲自带军占领撒马尔罕城，并包围了布哈拉和哈烈，当年秋季，哈萨克与布哈达汗国签订了布哈拉—哈萨克条约，条约规定，哈萨克斯坦和塔什干以南全部地区，撒马尔罕包括费尔干纳由布哈拉汗国并入哈萨克汗国。

其时，因受到北元政权挤压，西蒙古（明称瓦剌，清称卫拉特）诸部逐渐西迁，随着双方领土接壤，西蒙古与哈萨克汗国的"两百年战争"拉开序幕（1525年至1719年），在这场漫长的战争中，双方互有胜负。哈萨克汗国曾击败西蒙古，占领了准噶尔汗国的西部地区。江格尔汗（1628年至1652年在位）即位后，哈萨克汗国与布哈拉汗国、叶尔羌汗国形成联合，共同反击准噶尔汗国的进攻。江格尔汗在一次战争中阵亡，汗国随之发生汗位争夺战，处于四分五裂的状态，此后，哈萨克汗国在与准噶尔汗国的争斗中处于劣势。直到头克汗（1680年至1718年在位）即位，才将汗国重新统一起来。直到头克汗去世，汗国才运势日衰。

清乾隆十三年（1748），阿布莱汗即位，他是一名伟大的军事家，聪明的外交家。在他统治时期，哈萨克汗国重新兴盛，收复了塔什干和七流河域等东南地区的大片领土。不久，准噶尔汗国被清朝灭亡，清军继续西进，却无法征服哈萨克汗国，双方对峙多年，签订了和平协议，粗定了现在的中哈边界线。

十八世纪后期，部分哈萨克部落进入北疆居住和放牧，清道光二十七年（1847），哈萨克汗国沦为斡罗斯殖民地。享国三百九十一年。

脱克汗时代，白帐汗国的统治区域不断向西移动，蓝帐汗国的统治区域则发生南移，渐渐接近帖木儿帝国的河中地区。当金帐汗国（这是一个通称，包括在金帐汗国的领土上由术赤的后代们各自建立的蒙古汗国）对斡罗斯的统治不能继续时，又一位昔班的后人在逆境中崛起。

这位后人自名昔班尼，意即继承祖先昔班遗风的人。昔班尼虽无法恢复金帐汗国在斡罗斯的统治，却率领他的乌兹别克将士转进河中地区，消灭了盛极而衰的帖木儿帝国。昔班尼建立的国家被称作乌兹别克汗国，也称布哈拉汗国，这个汗国的建立，使术赤家族昔班一支的汗统又多延续了一百年。

昔班尼掌握着行将灭亡的金帐汗国最后一支精锐铁骑，挟汗国余威向中亚、西亚扩张。而在中亚、西亚立国近百年的帖木儿帝国走向衰落，金帐汗国与帖木儿帝国利益冲突的结果，是进一步削弱了两大蒙古集团的力量。

明弘治十三年（1500），昔班尼率领乌兹别克人进入河中地区，占领撒马尔罕，短短几年间，昔班尼以武力攻取了花剌子模和哈烈，七年后，帖木儿帝国灭亡。明正德五年（1510），昔班尼败于波斯军队，在谋夫阵亡。其侄速云赤（1510年至1531在位）打败了莫卧儿帝国建立者巴布尔，恢复和巩固了乌兹别克人在河中地区的统治。

速云赤在布哈拉立国，这就是乌兹别克汗国，亦称布哈拉汗国。

乌兹别克汗国为政教合一的军事封建国家，奉伊斯兰教逊尼派为国教。汗国主要居民为乌兹别克人，次为塔吉克人。

统治汗国的第一个王朝是昔班尼王朝。该王朝在阿卜杜拉汗二世（1583年至1598年在位）统治时达到极盛，重新征服呼罗珊、花剌子模，夺取费尔干纳和塔什干，并侵入哈萨克草原腹地。其疆域除泽拉夫尚和卡什卡河流域的基本领土外，还包括今土库曼、塔吉克和阿富汗部分地区，以及锡尔河北岸土耳其斯坦城及其附近一带。

阿卜杜拉汗二世死后，内乱复起，呼罗珊等地复失。其后统治布哈拉汗国的分别是札尼王朝（1599年至1785年）和曼吉特王朝（1785年至1920年）。这两个王朝在实施统治时都曾出现过英睿之主。其一是札尼王朝伊玛目库里汗。库里汗在位时，政治经济相对稳定和繁荣。其后乌兹别克氏族势力日渐强大，王族内讧加剧，被曼吉特王朝取代。其二是曼吉特王朝的第三个统治者沙穆拉德。沙穆拉德在位时，大力发展农业生产，兴建水利灌溉工程，在财政、行政等方面推行改革，他所采取的一系列措施，加强了汗国的中央政权。

十六世纪至十七世纪，布哈拉汗国工商业发达，纺织品、陶器、纸张等远销国外。文化传统得到保存和发展。这时新建的许多清真寺和穆斯林神学院，如撒马尔罕的希尔达尔伊斯兰经学院，可与帖木儿帝国时期的建筑物媲美。文学、史学等盛极一时，绘画、书法等也达到了很高的艺术水平。十八世纪，由于长期战乱等原因，经济文化普遍衰落。十九世纪，经济有较大发展，文化生活也有所恢复。

公元 1920 年，苏俄红军推翻曼格特王朝，建立布哈拉苏维埃人民共和国。乌兹别克汗国灭亡，享国四百二十一年。

结束了。

蒙古人退出了曾经占主导地位纵横驰骋六百余年的历史舞台，却有许多人留在了曾经征战和生活的土地。无论境遇是好是坏，也无论命运如何变迁，他们都在顽强地繁衍生息。

这种力量，或许可以归结为从蒙古民族形成和开始崛起的那一天起，就在血脉中流淌的骄傲，当然，还有祖先的荣光。

至今仍留在中亚诸国、留在俄罗斯和东欧、留在中国随处可见的蒙古语地名，被视为珍品、美轮美奂的元青花，新疆的音乐文化遗产《十二木卡姆》，内蒙古的上都遗址，还有印度的泰姬陵、红堡、大清真寺……所有或这样或那样，或有形或无形的印记，都证明着一件事：蒙古人曾经来过。

其实也没有太多的遗憾。只有永恒的时间，没有永恒的世间万物，一切终将消失在不可预知的未来。

即使辉煌不再，毕竟有过辉煌的往昔可供追忆。

足矣！